地方発

外国人住民

との

徳田 剛／二階堂裕子／魁生由美子 [編著]

地域づくり

多文化共生の現場から

晃洋書房

目　次

序　章　日本の地方部における多文化化対応の現況 ……………… *1*

　　　　　　　　　　　　　　　　　　　　　　　　　徳田　剛

　　1　地方在住外国人の増加傾向　(*1*)

　　2　地方在住外国人の人口動態の将来的な見通し　(*7*)
　　　　── 先行研究と調査データより

　　3　本書のねらいと各章の概要　(*9*)

　　お わ り に　(*13*)

Part I　多文化化への対応事例

第1章　中山間地域における多文化化対応 ……………………… *20*
　　　　── 京都府京丹後市，島根県雲南市の事例から ──

　　　　　　　　　　　　　　　　　　　　　　　　　徳田　剛

　　は じ め に　(*20*)

　　1　京丹後市における多文化化対応　(*21*)

　　2　雲南市における多文化化対応　(*27*)

　　3　中山間地域における多文化化対応の課題と展望　(*31*)

第2章　中山間地域における外国人技能実習生の受け入れ政策
　　　　── 岡山県美作市の事例から ── ……………………… *35*

　　　　　　　　　　　　　　　　　　　　　　　　二階堂 裕子

　　は じ め に　(*35*)

　　1　人口減少対策としての地方創生　(*36*)

　　2　日本における外国人労働力の導入　(*38*)

　　3　地方自治体による多文化共生政策をめぐる課題　(*40*)

　　4　岡山県美作市における行政主導の外国人技能実習生の
　　　　受け入れ　(*42*)

　　お わ り に　(*49*)

第3章　地方都市における外国人住民の集住化への対応 ……… 52
── 島根県出雲市の事例から ──

徳田　剛

は じ め に　（52）

1　島根県と出雲市の外国人住民数の推移　（53）

2　「出雲市多文化共生推進プラン」の概要と策定の経緯　（56）

3　出雲市における多文化共生施策の実施主体　（57）

4　公立小中学校におけるブラジル人児童・生徒の急増と
　　学校側の対応　（61）

5　出雲市における多文化の地域づくりの現状と課題　（64）

第4章　地方・農村における多様なルーツの外国人住民との共生
── 長野県飯田市の事例から ── ………………………………… 67

武田里子

は じ め に　（67）

1　飯田市の特徴　（69）

2　エスニック・コミュニティの形成　（71）

3　多文化共生施策の役割　（76）

お わ り に　（78）

第5章　静岡県焼津市におけるブラジル人とフィリピン人 …… 82
── 教育的課題を中心に ──

高畑　幸

は じ め に　（82）

1　東海地方におけるブラジル人の減少とフィリピン人の
　　増加　（83）

2　焼津のブラジル人とフィリピン人 ── 教育的課題を中心に　（86）

3　焼津市の多文化共生と教育の施策　（91）

お わ り に　（94）

Part II　生活基盤の整備

第6章　外国人住民の散住地域における地域国際化協会の役割と課題
── 愛媛県国際交流協会の取り組みから ──　…………………… *98*

大森典子

は じ め に　(*98*)

1　愛媛県在住の外国人の状況　(*99*)

2　散住する外国人住民の支援ニーズの把握と対応　(*102*)

3　「EPIC キャラバン支援隊」の活動から見えてきた課題　(*105*)

4　地域国際化協会が果たすべき役割　(*107*)

お わ り に　(*109*)

第7章　地方部における日本語学習支援　……………………………… *111*
── 愛媛県南宇和郡愛南町での取り組みから ──

髙橋志野・新矢麻紀子・向井留実子・棚田洋平

は じ め に　(*111*)

1　愛媛県内の日本語教室について　(*112*)

2　移住女性への日本語支援の課題　(*114*)

3　国際結婚移住女性をめぐる地域社会の現状　(*118*)

4　課題と展望── 多文化共生の町づくりに向けて　(*122*)

第8章　《基礎体力と瞬発力と》 ………………………………………… *125*
── 3.11 の経験を踏まえた地方部における災害時対応の取り組みから ──

大村昌枝

はじめに「結び」を　(*125*)

1　あらためて「東日本大震災」を振り返る　(*126*)

2　強力なカウンターパートに変容していた移住者たち　(*132*)

3　激変する地域の多文化化に伴う新たな課題　(*135*)

第9章　地方在住の外国人住民への医療・福祉対応……………139
　　　　── 兵庫県および島根県の取り組みから ──

田村周一

はじめに　(139)

1　外国人医療における問題と対応　(140)

2　NPO 法人による言語支援 ── 兵庫県の事例　(143)

3　地域医療における多言語対応 ── 島根県の事例　(147)

4　多言語対応の方策と課題　(151)

第10章　地方に暮らす外国人のメンタルヘルスと異文化適応過程
　　　　── 結婚移住女性を中心として ──　………………………153

一條玲香

はじめに　(153)

1　東北地方に暮らす外国人の特徴　(153)

2　移住者のメンタルヘルスと影響因　(155)

3　事例の概要　(157)

4　地方に暮らす外国人のメンタルヘルスと異文化適応　(163)

Part Ⅲ　子ども・若者の教育とキャリア形成

第11章　地方の民族学校と在日コリアンコミュニティ………168
　　　　── 四国朝鮮初中級学校のフィールドワークから ──

魁生由美子

はじめに　(168)

1　四国朝鮮初中級学校のコミュニティ　(168)

2　「ウリマル」と「ウリパンチャン」　(174)

3　地域の中の民族学校　(179)

第12章　地方に暮らす外国ルーツの子どもたちを支える ····· *183*
　　　　── いずも多文化こどもプロジェクトの実践から ──

　　　　　　　　　　　　　　　　　　　　　　　　堀西雅亮

　はじめに　(*183*)
　1　出雲市の状況　(*184*)
　2　NPO 法人エスペランサの沿革，活動　(*185*)
　3　「いずも多文化こどもプロジェクト」の取り組み　(*186*)
　4　地方における多文化共生の取り組みの意義
　　　── 出雲市の強みを活かす　(*193*)
　おわりに ── 一人ひとりの人生のために　(*196*)

第13章　地方大学の留学生の就職活動に関する実態と課題
　　　　── 愛媛県松山市の台湾人元留学生を事例として ── ············ *198*

　　　　　　　　　　　　　　　　　　　　　　　大黒屋 貴稔
　はじめに　(*198*)
　1　台湾人元留学生の就職活動調査の概要　(*199*)
　2　調査結果と考察 ── 日台での就職活動結果と日本語能力　(*200*)
　おわりに　(*211*)

あ と が き　(*215*)
索　　　引　(*219*)

序　章

日本の地方部における多文化化対応の現況

徳田　剛

1　地方在住外国人の増加傾向

1-1　人口減少の進行と地方在住外国人の増加

日本の地方部においては，高度経済成長期に沸いていた 1960 年ごろからすでに「過疎」という言葉とともに将来的な人口減少と活力低下が懸念されてきた[冬月 2016]。それから半世紀が過ぎて日本の総人口が減少局面に差し掛かるとともに，少子高齢化や人口減少への対応がごく近い将来における不可避的な課題として広く認識されるに至っている。そして，いち早く人口減少が進んでいた中山間地域などでは，「地方消滅」[増田編 2014]という言葉が人口に膾炙するほどに差し迫った問題として現前しつつある。

その一方で，本書の主題である地方在住外国人については，2010 年代に入ってからはその数が増加傾向にある。[1] その主たる要因のひとつとして，地場産業や農漁業に関連する食品加工業，生産コストが安い地方部に生産拠点を移転したメーカー企業等において労働力の確保が喫緊の課題となっていることが挙げられる。その不足しがちな労働力の空隙を埋めているのが技能実習生や日系人労働者（ブラジル，フィリピンなど）というわけである。とりわけ近年では，地方部においてもベトナム人技能実習生の増加傾向が著しく，地方に立地する製造業の現場などにおいて欠かせない存在となっている[二階堂 2016]。それ以外にも，地方都市や中山間地域には，国際結婚によって海外より来住した人たちや大学・短期大学・専門学校などに学ぶ留学生もいる。留学生は就労時間の制限はあるものの，アルバイトで周辺地域の店舗や工場などで働いており，貴重な労働力となっているところもある。

1-2　統計データに見る地方在住外国人の人口動態

　それでは，地方在住外国人の居住分布や人口動態はどのようになっているのであろうか。実際に統計データを参照しつつ，確認してみよう。以下の分析は，法務省のまとめによる在留外国人統計（旧登録外国人統計）のデータをもとに，外国人住民数の多寡によって都道府県を3つのグループに分けてクロス集計を行ったものである。2017年12月現在での外国人人口数を基準として，その時点の外国人人口が10万人以上の都道府県を「第1群」，2万5000人〜10万人未満を「第2群」，2万5000人未満を「第3群」と分類した（表序-1）。

　簡単に各群の特徴を見てみると，第1群は東京・大阪・名古屋の三大都市を含む都府県とその隣県ということになるので，日本の大都市圏在住の外国人住民の特徴が主に反映される。第2群は，北関東，中部・東海，関西の郊外部と中国地方の製造業集積地域（1990年代以降に日系南米人が集住した圏域と重なる）を含む府県と北海道，福岡県を加えたラインナップとなる。そして第3群が本書の主要ターゲットとなる地域である。もとは外国人人口がそれほど多くなかった県が多く含まれており，とりわけ第3群の上位層は近年になって外国人人口が増加傾向を示している地域である。[2]

　表序-2は，上記の3区分に基づいて合算した外国人人口数の2006年から2017年までの推移を表したものである。まず，日本全体の外国人人口の総数は，2017年末時点では256万1848人となっている。近年で最も外国人人口数が少ない年が（リーマンショック後の大不況と東日本大震災の影響があった）2012年の203万

表序-1　外国人人口数の多寡に基づく全国の都道府県の3区分

	都道府県名（外国人人口数の多い順）
第1群 （外国人人口数が10万人以上）	東京都，愛知県，大阪府，神奈川県，埼玉県，千葉県，兵庫県
第2群 （外国人人口数が2万5000人〜10万人未満）	静岡県，福岡県，茨城県，京都府，群馬県，岐阜県，三重県，広島県，栃木県，長野県，北海道，滋賀県，岡山県
第3群 （外国人人口数が2万5000人未満）	宮城県，富山県，新潟県，沖縄県，山梨県，山口県，石川県，福井県，熊本県，福島県，大分県，奈良県，愛媛県，香川県，長崎県，鹿児島県，島根県，山形県，岩手県，和歌山県，宮崎県，佐賀県，徳島県，青森県，鳥取県，高知県，秋田県

出所：2017年12月現在の在留外国人統計をもとに筆者作成。

序　章　日本の地方部における多文化化対応の現況 | *3*

表 序-2　地域の 3 区分ごとに見た外国人人口数の推移

	2006	2007	2008	2009	2010	2011	2012
第 1 群	1,254,533	1,301,359	1,349,800	1,354,338	1,336,982	1,307,343	1,275,517
（増減率）		103.7%	103.7%	100.3%	98.7%	97.8%	97.6%
第 2 群	588,297	606,439	619,582	588,717	562,607	546,582	531,529
（増減率）		103.1%	102.2%	95.0%	95.6%	97.2%	97.2%
第 3 群	242,089	245,175	248,044	243,066	234,562	224,583	222,812
（増減率）		101.3%	101.2%	98.0%	96.5%	95.7%	99.2%
未定・不詳							3,798
総数	2,084,919	2,152,973	2,217,426	2,186,121	2,134,151	2,078,508	2,033,656
（増減率）		103.3%	103.0%	98.6%	97.6%	97.4%	97.8%

	2013	2014	2015	2016	2017
第 1 群	1,303,052	1,347,369	1,423,060	1,521,814	1,632,617
（増減率）	102.2%	103.4%	105.6%	106.9%	107.3%
第 2 群	534,263	540,799	561,025	595,762	643,344
（増減率）	100.5%	101.2%	103.7%	106.2%	108.0%
第 3 群	225,948	231,770	246,881	264,122	283,789
（増減率）	101.4%	102.6%	106.5%	107.0%	107.4%
未定・不詳	3,182	1,893	1,223	1,124	2,098
総数	2,066,445	2,121,831	2,232,189	2,382,822	2,561,848
（増減率）	101.6%	102.7%	105.2%	106.7%	107.5%

注：各年 12 月末時点の人口数。
出所：旧登録外国人統計・在留外国人統計をもとに筆者作成。

3656 人であるから，ここ 5 年ほどの間で 50 万人以上の外国人人口が増加したことになる。また，第 1 群から第 3 群の外国人人口数の増減率を見ると，2009-2010 年あたりの第 2 群の減少幅がやや大きいものの[3]，3 つのグループのいずれも全国とおよそ同じ割合で推移している。

　続いて，外国人人口の内訳を見てみよう。**表 序-3** は，2017 年 12 月末時点において日本の外国人人口の 1 位から 5 位までの国や地域の人数を，先ほどの 3 つの地域区分に分けて表したものである。2017 年末の時点において，全国では人数の多い順に，1 位が中国，2 位が韓国・朝鮮，3 位がベトナム，4 位フィリピン，5 位ブラジルの順になっている。全体的な傾向としては，中国は 2010 年前

表 序-3　外国人人口の地域 3 区分別の比率（国籍別，上位 5 か国）

	統計	中国	韓国・朝鮮	ベトナム	フィリピン	ブラジル
第 1 群	1,632,617	517,834	344,545	142,866	141,124	82,552
	63.7%	70.8%	71.6%	54.4%	54.5%	43.1%
第 2 群	643,344	137,557	94,356	74,502	83,213	92,894
	25.1%	18.8%	19.6%	28.4%	31.9%	48.5%
第 3 群	283,789	75,272	42,372	44,927	36,008	15,822
	11.1%	10.3%	8.8%	17.1%	13.8%	8.3%
未定・不詳	2,098	227	249	110	208	94
総計	2,561,848	730,890	481,522	262,405	260,553	191,362
	100.0%	100.0%	100.0%	100.0%	100.0%	100.0%

注：数値は 2017 年 12 月現在のもの。
出所：在留外国人統計をもとに筆者作成。

後をピークに微減，韓国・朝鮮はオールドタイマーの在日 1 世・2 世世代の高齢化とともに減少傾向にある。3 位のベトナムはここ 5 年ほどで急増を見せており，とりわけ技能実習生と留学生の増加が目立つ。フィリピンは微増傾向で，ブラジルは 2008 年ごろのリーマンショック後の不況期に多くの失業者や帰国者が出た関係で減少傾向にある（近年は再増加）。

　この地域の 3 区分ごとに各国籍の人口動態を見てみよう。日本全体の外国人人口の分布では，第 1 群が 63.7%，第 2 群が 25.1%，第 3 群が 11.1% という内訳になっている。これを基準値としてそれぞれの国・地域ごとに見ていくと，中国と韓国・朝鮮は第 1 群，ブラジルは第 2 群の比率が高くなっており，ベトナムとフィリピンについては第 3 群の比率が全国と比べて高くなっている。傾向として，韓国・朝鮮は東京圏と大阪圏，ブラジルは中部・東海・北関東のあたりでの集住傾向が見られるが地方部では人口数が比較的少なく，逆に地方部ではベトナム・フィリピンなどの東南アジア系の人口の割合がやや高くなっていることが示唆される。その一方で，特に地方部の多くの地域において中国籍住民の減少傾向が見られることが別稿の統計データから確認できる［徳田 2016a：24-25］。

　表 序-4 は，2017 年 12 月時点の在留資格別の数値を地域の 3 区分でまとめたものである。それによれば，在日コリアン住民の多くが集住する第 1 群においては特別永住者の割合が高く，日系人人口の多くが保有する定住者資格は第 2 群において全国平均よりも高い割合となっているなど，表 序-3 で示された傾向との

序　章　日本の地方部における多文化化対応の現況 | 5

表 序-4　外国人人口の地域 3 区分別の比率（在留資格別，一部を抜粋）

	総計	特別永住者	永住者	定住者	留学	技能実習総計
第 1 群	1,632,617	228,975	481,849	101,924	216,560	89,835
	63.7%	69.4%	64.3%	56.7%	69.5%	32.8%
第 2 群	643,344	72,764	194,269	63,441	62,764	108,934
	25.1%	22.1%	25.9%	35.3%	20.1%	39.7%
第 3 群	283,789	28,059	73,015	14,365	32,055	75,342
	11.1%	8.5%	9.7%	8.0%	10.3%	27.5%
未定・不詳	2,098	24	58	104	126	142
総計	2,561,848	329,822	749,191	179,834	311,505	274,233
	100.0%	100.0%	100.0%	100.0%	100.0%	100.0%

注：「技能実習総計」は，技能実習 1 ～ 3 号イ・ロを合算したもの。数値は 2017 年 12 月現在のもの。
出所：在留外国人統計をもとに筆者作成。

相関関係が見て取れる。第 3 群について特筆すべきは，やはり技能実習生の割合の高さと，特別永住者，定住者などの割合が全国比よりも低いことであろう。筆者らによる地方部での多文化化対応についての聞き取り調査でも，最近のベトナム人技能実習生の急増で，言語面（通訳や読み書きの指導など）での対応が十分に取れていないという声を各地で耳にしている。また，地方の在日コリアンコミュニティの規模の小ささ（第 11 章）や，島根県全体の特徴とは異なってブラジル人人口がにわかに増加し集住化が進んでいる，島根県出雲市の外国人人口構成が地方部では異例のものであること（第 3 章，第 9 章，第 12 章）も，ここでのデータから説明できる。留学生の分布については，基本的には第 1 群の大都市圏に多く分布している。これは，各種学校の立地が後背人口の多い大都市圏に集中しがちであることによるものだが，本書の第 13 章で詳述されるように，地方都市に立地する各種学校にも留学生が少なからず学んでおり，少子化に伴う経営問題を抱えるそれらの学校にとっても重要な存在となっている。

1-3　地方在住外国人数の増加と外国人材の受け入れ拡充策の影響

以上の動向から，どのような示唆が得られるであろうか。ひとつに，「2010 年代以降は，地方部も都市部と同じ割合で外国人人口が増加している」事実がある。しかし，その変化が地域社会に与えるインパクトは地域性の違いによって全く異

なったものとなるだろう。地方部での多文化共生に関する諸施策や外国人住民へのサポート活動には「外国人住民の散住傾向」,「国際交流活動の優勢と多文化共生意識の希薄さ」,「マンパワーや活動のための予算の不足」,「諸活動の経験の習得や共有機会の過少」といった共通特性が見いだされる。元より外国人人口の母数が小さな地方部においてその人数が増えることの地域社会へのインパクトは,都市部よりも大きなものとなろう。ぎりぎりの人数や予算で切り盛りしているこうした地域では,数百人,いや数十人規模の増加であっても,現場での諸活動にさらに大きな負荷がかかることとなり,対応にあたってのホスト社会側のキャパシティを超え出てしまうことも十分に起こりうる。

　もうひとつは,こうした外国人人口のナチュラルな増加傾向に加えて,もし政策誘導的に外国人材の導入が何らかの形で進んだとしたらどうなるか,という問いの浮上である。人手不足のところに海外から人を呼ぶ動きに「お墨付き」が与えられて,上述のような受け入れ態勢の不十分さが改善されないままに各地で外国人材の獲得競争が横並びに始まってしまったとしたら,どうなるであろうか。そのような状況は,現状からして外国人住民とホスト社会の住民の双方にとって決して良いことにはならないのではないか。

　この論点について,ちょうどこの序章の脱稿直前のタイミングで,菅義偉官房長官の以下のような談話のニュースが飛び込んできた。それによれば,菅氏は講演の中で,各省庁による業界へのヒアリングの結果として「外国人材がいなければ十数業種で事業に大きな支障が出る」として,農林水産,建設,介護,宿泊,飲食などの業種において,2019 年 4 月からの受け入れ開始を目指して,秋の臨時国会への法案提出を準備中とのことである（毎日新聞のネットニュースより。https://headlines.yahoo.co.jp/hl?a=20180926-00000061-mai-pol　閲覧日 2018 年 9 月 27 日）。また,2018 年 8 月 23 日付のニュースによれば,菅氏が西日本新聞の単独インタビューに応じ,「外国人材なくして日本経済は回らない」としたうえで,「安倍晋三首相が 2 月の経済財政諮問会議で外国人の就労拡大に向けた新制度を検討するよう指示し,6 月の骨太方針で就労目的の新たな在留資格創設を明記して一気に走り始めた。来年 4 月からスタートできるようスピード感を持って対応していく」と述べている（西日本新聞のウェブニュースより。https://www.nishinippon.co.jp/feature/new_immigration_age/article/443663/　閲覧日 2018 年 9 月 27 日）。このような政策展開は,地方在住外国人の人口数をさらに押し上げる方向に作用すると思われる[4]。

2 地方在住外国人の人口動態の将来的な見通し
―― 先行研究と調査データより

2-1 先行研究における人口減少問題と移民政策の関連性への問い

　こうした動向を受けて，人口減少社会を見据えての移民政策の検討や転換について言及する議論や言説も出始めている。毛受敏浩編著『自治体がひらく日本の移民政策――人口減少時代の多文化共生への挑戦』［毛受編 2016］では，人口減少傾向とそれへの対策としての「地方創生」の諸施策，戦後の「国際交流」政策の流れをくむ「多文化共生」政策の展開を概観し，それを将来的な人口減少対策の政策軸のひとつとして据えながら，地域社会のパワーを維持していくことを提案している。その際には，（本書と同様に）長年にわたって国際交流・国際協力・多文化共生の諸活動に従事してきた各地での取り組みを紹介し，この流れを「自治体移民政策」へと展開することで将来的な展望を見いだそうとしている。

　本書第 5 章の筆者である高畑幸は，「人口減少時代の日本における『移民受け入れ』」［高畑 2017］において，これまでの人口問題を念頭に置いた「移民受け入れ」議論についてのレビューを行ったうえで，各地での海外移民の積極的な受け入れ事例の紹介と，そうした取り組みを考える際の留意点（在日外国人の過疎地への転居・就労支援，在日外国人の永住化に伴う高齢化対策の必要性など）を示している。

　また，加藤真は同様の論点整理を行う中で，日本では全就業者に占める「外国人依存度」が高まり続けており，将来推計に基づけば，総人口が減り続ける一方で，外国に由来する人口は増え続ける社会が到来することが見込まれている，と指摘する。そのうえで，「社会統合政策として，① 日本で暮らす外国人の処遇に関する根拠法の制定，② 主に外国人の日本語習得にかかる社会的費用負担への合意形成，③ 外国人の散住が進む中で，受け入れ地域が連帯していくこと」といった形で，今後の課題を実にクリアな形で提示している［加藤 2017］。本書のねらいとするところは，ここで加藤が最後に指摘している③の，受け入れ地域側の施策展開の可能性を探るものとして位置づけることができる。

　さらに，人口地理学者の石川義孝は『流入外国人と日本』（海青社，2018 年）の第 V 章において，都市部と地方部の人口分布の偏りを軽減させるための施策として海外からの移民の地方圏への政策的誘導策について，カナダやオーストラリア

での実践例を参照しつつ，踏み込んだ提案を行っている。とりわけ，日本の地方部への外国人材誘導政策の制度設計の提案，その具体案としての新在留資格「地方創生」の提案や，国による法整備および国・地方双方の担当組織のあり方の検討など，将来的な地方部における外国人材の導入・受け入れに向けた積極的な提案を行っている［石川 2018］。これらの論考は，地方在住の外国人やそこでの多文化共生施策の展開についての希少な先行研究であり，本書の問題設定やアプローチ方法の検討に資する知見を与えてくれている。

2-2　自治体の多文化共生施策に関する調査結果からの示唆

　このような諸提案の趨勢および実現可能性を規定する要因として重要なのは，ひとつには国の移民政策がどのような方向に向かっていくのか，そしてもうひとつは，受け入れ主体となる地域社会（とりわけ地方自治体）がこの流れをどう受け止め，諸課題に取り組んでいくかということである。後者の視点に関しては，日本の各自治体がこの「人口減少と海外移民」というトピックについてどのように考えているかを問ういくつかの調査が実施されている。

　三菱 UFJ リサーチ＆コンサルティング社が 2012 年に実施した「基礎自治体の外国人施策に関するアンケート調査」[5] 調査概要では，「今後の外国人住民の受け入れ方針」について，次のような回答結果が得られている。調査全体では「積極的に受け入れを進めている」と回答した自治体は 6.0%，「今後積極的に受け入れる予定である」は 2.6%にとどまり，「特に積極的に受け入れることはない」とする回答が 89.2%を占めるなど，総じて多くの自治体では移民受け入れについて，この時点では消極的である。しかし，地域ブロック別で見れば，中国地方の自治体で 20.6%，北海道で 15.4%，九州・沖縄で 10.9%が「積極的に受け入れを進めている」と回答している。また，回答自治体の人口規模別にみるとおよそ 10 万人以上の自治体で現在および今後の積極的な受け入れへの回答が多いことからも，この調査の時点では，地方の中規模以上の都市において外国人住民の誘致への強い意向が見て取れる。逆に，人口規模の小さな市町村（その多くは地方部と考えられる）では消極的な回答傾向が目立っている［三菱 UFJ リサーチ＆コンサルティング 2013］。

　2016 年には，共同通信社が全国の地方自治体に対して同様のアンケート調査を行っており，外国人の増加についての受け止めや意向について聞いている

（『愛媛新聞』2016 年 7 月 24 日付朝刊・1 面ほか。全都道府県および全国の 1612 の市町村より回答があり，回答率は 93%）。それによれば，外国人住民の受け入れについて「不要」「どちらかといえば不要」とした自治体は計 13% にとどまる一方，「必要」「どちらかといえば必要」との回答は 32% となっている。また，同調査の分析で外国人受け入れの拡大が必要という回答のあった自治体が 50% を超えていたのが香川県（63%），大分県（58%），愛媛県（53%），新潟県，熊本県の 5 県，40% 以上50% 未満となっているのが岩手，栃木，千葉，富山，島根，宮崎の 6 県であり，明らかに地方部に位置する県が多くなっている。また，同調査では外国人受け入れが必要・不要とする理由についても問うている。必要とする理由は「産業を支える働き手確保」（67%），「国際交流が進む」（50%）の順，不要とする理由は「現状で十分」「対応できる自治体職員がいない」（ともに 48%），「住民とのトラブルや治安悪化」（32%）の順となっている。これについては解釈の域を出ないが，ここでの「不要」とする理由についても，もし人口状況が「現状で十分」ではなくなったり自治体での体制整備で対応の見通し（国などからの何らかの予算措置があるなど）が立ったりした時にはどうなるかを想像すると，状況次第ではこれらの自治体が外国人材の導入へと政策転換する余地はあるように思われる。

　「外国人の受け入れ」という政策案件は，地方行政にとっては国の施策方針と世論およびマジョリティ住民の感情の両方に左右されやすいデリケートな課題と言えるが，2 つの調査結果から見えてくる各地の自治体の態度や意向はあいまいで，アンビバレント（両価的）なものとなっている。つまり，多くの地域では「外国人受け入れ」という案件については国や世論の動向を横目に見ながら「模様眺め」の態度をとっている。仮にどこかの時点で外国人材の積極的な受け入れへとトレンドが一気に傾いたとするならば，まさに国内外の観光客や移住者（I・J・U ターン者など）の獲得競争などと同様の状況が生じ，そこでは自治体および地域社会がどこまでそれに対応できるだけの「知恵」の蓄積と政策実行のための「体力」をもっているかが問われてくるだろう。

3　本書のねらいと各章の概要

　第 1・2 節で確認した現状と課題を踏まえながら，本書のねらいと各章の構成について簡単に述べる。本書の考察の目的は，（先の分類の第 3 群にあたる）地方都

市や中山間地域などに暮らす外国人住民の生活状況や課題を踏まえたうえで，近年ますます顕著となりつつある地方部の地域社会の多文化化（外国人人口の増加）とそれへの対応のあり方について明らかにすることである[6]。本書の各章は，主要テーマによって大きく３部に分けられる。第Ⅰ部では地域社会（自治体，地域国際化協会，市民団体等）による多文化化対応，第Ⅱ部では外国人住民の生活インフラの基盤整備，第Ⅲ部では外国につながる子ども・若者の教育およびキャリア形成についての議論が展開される。

第Ⅰ部　多文化化への対応事例

第１章では，日本国内の市町村の中でも数的には多数を占める，いわゆる中山間地域の自治体内での外国人人口の増加の現状と，それに対してどのような対応・対策が採られているかについて，京都府京丹後市と島根県雲南市の事例を参照しつつ論じられる。第２章では，人口減少傾向への危機意識に基づきながら，他地域に先駆けて国外からの移住者・就労者の増加に向けて積極的に取り組んでいる岡山県美作市の事例が取り上げられる。これまでに触れたように，将来的に人口減少がますます深刻となっていく中で外国人材の誘致策へと舵を切った場合にどのような課題に直面し，どの取り組みが有効となるかを先取りする議論となるだろう。第３章では，近年ブラジル人人口が急増している島根県出雲市の事例を紹介する。出雲市では産業構造や工場の立地といった，地元の意向を超えた要因によって外国人人口が急増し，その対応に迫られている。地方部において飛び地的な形で集住地域が形成された時にどのような対応が実行可能なのかを知る貴重な地域事例である。

第４章と第５章では，中部地方の地方都市が取り上げられる。この地域は，1990年代以降に日系南米人が大挙来日し，製造業などの労働力として定住していた。2010年代に入っての南米系人口の減少とアジア系人口の急増傾向を受けて，この地方の各自治体では外国人人口の構成のドラスティックな変化への対応に苦慮しているところが少なくない[7]。第４章で取り上げられる長野県飯田市には，ブラジル・フィリピン・中国のエスニックグループが存在し，加えて戦前に大陸に多くの移住者を送り出した地域であることから中国からの帰国者も暮らしている。このような複雑なエスニック状況で求められるのは，まさに字義通りの「多文化共生」の地域づくりである。本章では同市の行政の施策，地元の支援者のサ

ポート，当事者同士の連携と協働について詳述される。第5章は，静岡県焼津市の事例である。同市は遠洋漁業と食品加工が主要産業であり，2010年ごろまでは日系ブラジル人が主要な労働力を担っていたが，最近ではフィリピン系が急増し，人口の逆転現象が起こっている。このような外国人人口の構成の急激な変化を受けて，1990年代から蓄積されてきたこの地域での外国人受け入れ経験をいかに継承・補強しつつ，新しい事態に対応するかが考察される。

第Ⅱ部　生活基盤の整備

　第Ⅱ部の各章では，地方部における外国人住民の生活基盤の確立，具体的には，外国人住民の生活上の悩み等への相談対応，日本語学習支援，災害時対応，医療対応，メンタルヘルスについて論じられる。第6章では，愛媛県国際交流協会の諸活動，とりわけ散住傾向にある中山間地域などの市町村を訪問し，行政担当者や外国人住民と直接やり取りをしながら課題や支援ニーズを聞き取っていく「EPICキャラバン支援隊」の活動などが取り上げられる。そこで明らかにされたのは，人口の少ない地域に暮らす外国人住民にとって，日本語の会話や読み書きの習得機会を希求する声であった。第7章では，そうしたニーズに応えてきた地方部での日本語学習支援のあり方がテーマとなる。同章では，愛媛県愛南町での日本語学習支援の取り組みが紹介され，とりわけ国際結婚による移住女性が抱える日本語関連の困難の内容や，彼女らをサポートする活動のための環境整備の重要性が指摘される。

　異国の地での生活においては，時には心身の不調や生活・生命の危機に直面するような事態も起こる。特に地震や豪雨などの災害が頻発する傾向にある日本での生活においては，大きな災害が発生した時の対応が外国出身の人びとの安否を大きく左右する。第8章では，2011年3月の東日本大震災で大きな揺れと津波に見舞われた宮城県における発災当時の状況と，宮城県国際化協会によるその後の対応のようすが克明に描出される。津波に見舞われた同県の沿岸部の被災地から支援組織等の所在する都市部（仙台市）の距離が離れており，発災当初は（公共交通や道路網の被害や極度のガソリン不足等により）交通アクセスが麻痺状態となった。こうしたことを考えると，現地の日本語教室の先生といったキーパーソンの役割や動きが外国人住民への初期対応において極めて重要である。そして未曽有の大災害下にあって異国の地に暮らす外国人住民の人たちが決して支援を要する存在

ではなく，日本人市民と共に暮らす，時には助ける存在として立ち振る舞ったことがここで述べられる。

第9章では，地方に暮らす外国人住民が医療機関に受診したり福祉サービスを受けたりする時の対応のあり方が問われる。病名や症状，体の部位などを表す言葉は日常会話の習得によってカバーできる範疇を超えており，何らかの形での通訳や翻訳のサポートが必要となる。そのようなニーズを地方部において充足するための工夫や取り組みが紹介される。第10章では，未知なる環境や人間関係によって大きなストレスがかかりがちな外国暮らしにおけるメンタルヘルスについて，生活上のストレス要因や治療対応の方法などが具体的な事例をもとに示される。

第Ⅲ部　子ども・若者の教育とキャリア形成

第Ⅲ部は，異文化に暮らす子どもや若者の教育や就労がテーマとなる。外国からの移住の後しばらくすると，移民2世，3世などの次世代の子どもたちの誕生と成長の局面に入っていく。日本で生まれた外国ルーツの子どもたちは，一方で当面の生活やキャリア形成に必要な現地の言語や文化を習得する必要があるが，同時に自らのルーツを知り，誇りを持つためには母語・母文化の習得機会を十分に持つことも重要となる。しかしながら，異国の地でこれら両方のニーズを満たすような教育環境を確保・維持することは並大抵の努力では成し遂げられない。そのような苦悩を抱えながら日本で長い年月にわたって次世代教育を担ってきたのは，在日コリアンの民族学校であり，それを支えてきたエスニック・コミュニティであった［魁生 2016］。第11章では，愛媛県松山市の四国朝鮮初中級学校の歴史と現状，そこに学ぶ子どもたちのようすが克明に描かれる。コミュニティにとってこの学校の存在はかけがえのないものであり，先生方や父母，コミュニティのリーダー層の人たちがギリギリの状態で支えつつ子どもたちを見守り育む営みが継承されている。

比較的最近に来日したニューカマーの人たちにとっても，子どもたちの教育は重要な課題である。第12章では，工場勤務の日系ブラジル人家族の来住により日本の学校に学ぶことになった子どもたちを支える，島根県出雲市での活動が紹介される。NPO法人エスペランサでは，行政や外国人労働者を実際に雇用する請負会社，地元の小中学校などとの連携を図りながら，「いずも多文化こどもプ

ロジェクト」を展開している。それらの活動を通して見えてくる，地方部における多文化共生の地域づくりの意義と課題が示される。第13章では，地方大学で学ぶ留学生のキャリア形成について取り上げる。日本の地方部の各種学校にも多くの留学生が学んでいるが，この章では彼ら・彼女らがどのような目算で日本の留学期間を終えたのちの就職やキャリア形成について展望しているかについて，聞き取り調査のデータをもとに示される。

おわりに

　この序章では，本書の背景要因としての2010年代以降の在日外国人数の増加，とりわけ人口減少に悩まされる地方部の諸地域における動向について概観した。このような地方部の多文化化対応について共同研究に取り組むに至った理由は，これまでの日本の移民・エスニシティ研究の多くが大都市圏や外国人集住地域（その多くは日系南米人の集住地域）を取り上げたもので，地方在住外国人の生活課題やそこでの多文化共生施策の展開などについては，単発の事例研究を除くとほとんど議論の俎上に載せられてこなかったからである。そして，われわれが地方部で調査を行う中でしばしば耳にした，「自分たちの目の前の活動が精いっぱいで，似たような地域性をもつ他の地域でどのような取り組みが行われているかがわからない。よその地域のこともぜひ知りたい」といった現場の声に応えたい，という筆者ら共通の思いが本書を生み出す原動力となった。

　研究上の視点からすれば，社会学分野を中心とした既存の在日外国人研究の多くが「外国人労働力へのインパクトを，彼らの分布や居住地変更といった空間的観点から分析する研究は乏しいと言わざるを得ない」［石川 2018：49］とする，人口地理学者の石川義孝の指摘への応答という意味合いもある。本書での考察では，限られた地域事例からではあるが，外国人住民の受け入れ態勢の整備や活動資源の確保・蓄積において，外国人人口の多寡に基づく（端的には都市部と地方部の間の）地域特性の違いがどの程度の影響力を持ち，諸活動の「地域差」となって表れてくるかを明らかにしたい，という目論見を持っている。総務省は2017年3月に『多文化共生事例集』［総務省 2017］を発表しており，そこでは地方部での各地の取り組みについて紹介されていることからも，かつてのような大都市や外国人集住地域に偏重した論調はずいぶんと是正されつつある。とはいえ，2006年に総

務省が発表した「地域における多文化共生推進プラン」［総務省 2006］などの政策
指針において，地方部での諸活動から得られた知見や提言が十分に反映されてい
るとは言い難いのが現状である。そのためにも，地域社会の多文化化への対応に
ついて「地方部では何が起こっていて，どのような施策やサポートが求められて
いるか」をクリアにしていくことは，今後ますます重要となってくるだろう。本
書が果たすべき役割はそこにこそある。

　くり返し述べてきたように，将来的に人口減少がさらに進行するにつれて，国
内での移住・交流人口の増大に依存した地域振興策の行き詰まりと，海外からの
人口誘致への政策転換が起こる可能性がますます高まってゆくと考えられる。そ
うした中で，非常に限られた活動資源をもとにして，地方部の各現場での多文化
化対応に際してどのような取り組みや工夫が可能なのか。そのような知見をスト
ックし，多くの読者にアクセス可能な形で提示することが，本書の最大のねらい
とするところである。どの程度そのようなニーズに応えられているかは本書を手
に取ってくださった方々の評価に委ねるばかりであるが，この主題に関心をお持
ちの読者諸氏，とりわけ各地で多文化共生や外国人住民に関わる活動に取り組ま
れている方々に対して何らかのお役に立つことができれば本望である。

●注─────────────

1）加藤真は，2013 年を 1 としたときの 2016 年の外国人人口の増減率を検証したうえで「北
　海道，東北，四国，九州等，これまで必ずしも外国人集住地域ではなかった地域でも，外国
　人が増加傾向にあることが認められる」と指摘している［加藤 2017：39］。この方法論を踏
　襲して，在留外国人統計の 2012 年 12 月末を 1 としたときの 2017 年 12 月末の都道府県別・
　人口増減率を計算してみたところ，増加率が 30％を超えた都道府県は 19 あり，そのうち 13
　の自治体が後の分類における第 3 群に含まれていることが分かった（表序-5）。元は外国人
　人口が少なかった地域（特に地方部）において直近の 5 年で外国人人口が 3 割から 4 割以上
　の増加を示しているという事実は，地方部における多文化化対応の難易度が急激に増してい
　ることを示唆するものと言える。

表 序-5　2012 年～2017 年の外国人人口の増加率が 30％以上の都道府県

①沖縄県 168.5%	②熊本県 149.1%	③北海道 147.1%	④島根県 146.6%	⑤鹿児島県 144.1%
⑥宮城県 143.6%	⑦埼玉県 141.9%	⑧香川県 140.6%	⑨宮崎県 140.2%	⑩長崎県 140.2%
⑪福島県 140.2%	⑫千葉県 138.7%	⑬東京都 136.6%	⑭福岡県 135.0%	⑮群馬県 133.9%
⑯栃木県 132.6%	⑰佐賀県 132.0%	⑱愛媛県 131.9%	⑲青森県 130.3%	

出所：総務省「在留外国人統計」の 2012 年・2017 年 12 月の数値より筆者が算出。強調は第 3 群の県。

2）ここで採用した区分法は，ある時点の外国人人口数によって分類し，地方部（ここでの第

序　章　日本の地方部における多文化化対応の現況 │ *15*

　３群）の特徴を浮き彫りにするために採用した便宜的な手法である。特に，第１群と第２群の「違い」については，第２群の特徴を色濃く持つ愛知県が第１群に入っていたり，大阪都市圏内にある京都府，奈良県がこの分け方では別カテゴリーになっていたりしているために，十分な説明力を有していない。なお，同種の試みとして，石川義孝による「三大都市圏」とそれ以外（＝「地方圏」）の二分法，および「三大都市圏」「大都市隣接地域」「地方圏」の三分法による各都道府県の分類・考察が挙げられる［石川 2018：101-102］。

３）各都道府県の外国人人口の動態については，徳田［2016a］において都道府県の上位20県それぞれの国籍・地域別の外国人住民数の推移を整理している。それによれば，愛知県，静岡県，長野県，岐阜県，三重県などの日系ブラジル人などが多く暮らす地域では，2000年代末以降の人口減少傾向がより顕著に表れている［徳田 2016a：24-25］。

４）以上の菅氏の談話やインタビューの内容の中で，本書の基本的な問いに照らしてみた時に気になる点が２点ある。ひとつは，今回の新在留資格の導入の趣旨についてである。「今回の新在留資格は一定の専門性と技能を有する外国人材を，在留期限に上限を設け，家族帯同を認めない前提で受け入れるのが基本的な考え方だ。移民とは違う」と菅氏はここで述べているが，「移民政策と誤解されないよう配慮しつつ……」という2014年４月の安倍首相の発言でも示された，政府の外国人受け入れに対する基本的な立場が踏襲されている。これらの発言に見られる姿勢は，期間限定的で必要に応じて外国人労働力を受け入れようとする，かつてのドイツの「ガストアルバイター」的な受け入れを彷彿とさせるものであり，定住化した外国籍者や帰化などによって日本国籍を保有する外国ルーツの人たちに向けた諸施策（移民政策論における社会統合政策）に本腰を入れようというような熱意をそこに感じ取ることはできない。

　　菅氏は，外国人受け入れ拡充への手当として，監督庁としての入国管理庁の設置，留学生の日本企業への就職支援，日本語教育の充実，ゴミ出しなどの日本の生活習慣を相談できる自治体の窓口の一本化，外国人を受け入れる病院の体制整備などの支援を行っていくことを表明してはいる。しかしながら，それらの諸施策が，各地の多文化化対応の現場でのニーズや課題についての正確な把握の上でのものかどうか，それらの諸施策の実施で外国人の流入数の増加によっていっそう高まる現場の負荷をどこまで軽減できるものとなっているのかが問われてくる。しかし，とりわけ地方部の現状や課題については，これだけのスピード感をもって展開している外国人受け入れ拡充に比して，量的・質的なデータの収集とその検証がどこまで行われているかについて，このテーマに関する研究上の知見の蓄積が著しく不足している現状を鑑みれば，はなはだ心許ないと言わざるをえない。

５）この調査は2012年11月から12月にかけて実施され，外国人人口50人以上の基礎自治体1246団体に調査票を配布した。有効回答535件で回答率は42.9％。なおこの調査の結果については，石川義孝による考察の中で言及・参照されている［石川 2018：102-103］。

６）われわれの共同研究の成果を公表した前著では，地方在住外国人の現状と生活課題を論じる際のキーワードとして「非集住地域」という用語を用いた［徳田 2016a］。これは外国人住民の居住分布を第一変数とした呼称であるが，大都市部や南米日系人の集住地域との対比において意味を持つものの，"どこまでが集住でどこからが非集住なのか"といった線引きの問題や，地方にあっても地方中心都市などでは外国人住民の「集住」も起こっているのではないか，などの指摘をいただいた。本書においては，島根県出雲市や静岡県焼津市のように一定程度の外国人人口の集住が見られる地域も考察対象に含むため，むしろホスト社会側

の人口分布の特徴（都市部か地方部か）による地域特性の違いに照準している。また、「多文化化対応」という言葉にあるように、外国人人口の増加に対するホスト社会側の受け止めや対応に主眼が置かれている点も本書の特徴である。

7）2018年7月28日付の日本経済新聞・朝刊に「外国人政策曲がり角──「集住都市会議」脱退相次ぐ」との記事が掲載された。それによれば、2016年度に東京都新宿区・同大田区・群馬県伊勢崎市、2017年に滋賀県長浜市・愛知県蒲郡市・同新城市、2018年には静岡県下の磐田市・富士市・袋井市など6市、滋賀県甲賀市などが脱退した。その結果、2001年に設立された「外国人集住都市会議」（2018年度事務局：群馬県太田市）の加盟都市がピーク時の29都市から15都市へと減少している。この事象からは、アジア系人口の増加などによって各自治体の外国人人口のマルチエスニック化が進行し、同会議の活動指針である日系南米人の集住への対応というアジェンダ設定が実情と合わなくなってきている背景が見て取れる。

8）文部科学省が2016年に行った調査によれば、公立高校に通う日本語教育が必要な生徒とそれ以外の生徒と比べた時に、中退率では7倍以上、非正規の就職率でも10倍近く高くなっているなど、日本語の運用能力が外国ルーツの子どもや若者の進学・就職などのキャリア形成にきわめて大きな影響を与えていることが浮き彫りになっている（2018年9月30日付の朝日新聞ウェブニュースより。https://www.asahi.com/articles/ASL9W4DYZL9WUTIL00Z.html）。

表 序-6　日本語教育が必要な高校生と公立高校生の中退率と進路状況

	日本語教育が必要な高校生	公立高校生
中退率	9.61%	1.27%
進学率	42.19%	71.24%
非正規就職率	40.00%	4.62%
進学も就職もしていない生徒の率	18.18%	6.50%

注：文部科学省まとめ。日本語教育が必要な高校生は2017年度、公立高校生は16年度の数値。

● 参考・引用文献 ─────────────

石川義孝［2018］『流入外国人と日本──人口減少への処方箋』海青社.

魁生由美子［2016］「『非集住地域』における民族的コミュニティの研究──四国の小さな民族学校を支える諸活動を中心に──」、徳田剛・二階堂裕子・魁生由美子『外国人住民の「非集住地域」の地域特性と生活課題──結節点としてのカトリック教会・日本語教室・民族学校の視点から──』創風社出版.

加藤真［2017］「人口減少社会における外国人の受け入れ・社会統合に関する論点」『季刊 政策・経営研究』vol. 3.

総務省［2006］『地域における多文化共生推進プラン』総務省自治行政局国際室.

──── ［2017］『多文化共生事例集〜多文化共生推進プランから10年　共に拓く地域の未来〜』総務省自治行政局国際室.

高畑幸［2017］「人口減少時代の日本における『移民受け入れ』──政策の変遷と定住外国人の居住分布──」、大久保史郎・樋詰誠・吉田美喜夫編著『人の国際移動と現代日本の法

——人身取引・外国人労働・入管法制』日本評論社.

徳田剛［2016a］「『多文化社会・日本』の現況」，徳田剛・二階堂裕子・魁生由美子『外国人住民の「非集住地域」の地域特性と生活課題——結節点としてのカトリック教会・日本語教室・民族学校の視点から——』創風社出版.

————［2016b］「『非集住地域』における外国人支援セクターとしてのカトリック教会の意義」，徳田剛・二階堂裕子・魁生由美子『外国人住民の「非集住地域」の地域特性と生活課題——結節点としてのカトリック教会・日本語教室・民族学校の視点から——』創風社出版.

二階堂裕子［2016］「『非集住地域』における日本語学習支援活動を通した外国人住民の支援と包摂——ベトナム人技能実習生の事例から——」，徳田剛・二階堂裕子・魁生由美子『外国人住民の「非集住地域」の地域特性と生活課題——結節点としてのカトリック教会・日本語教室・民族学校の視点から——』創風社出版.

冬月律［2016］「過疎と宗教——30年をふりかえる」，櫻井義秀・川又俊則編『人口減少社会と寺院——ソーシャル・キャピタルの視座から』法蔵館.

増田寛也編［2014］『地方消滅——東京一極集中が招く人口急減』中央公論新社.

三菱 UFJ リサーチ＆コンサルティング［2013］「基礎自治体の外国人施策に関するアンケート調査」http://www.murc.jp/publicity/press_release/press_130521.pdf（2018年9月25日閲覧）.

毛受敏浩編［2016］『自治体がひらく日本の移民政策——人口減少時代の多文化共生への挑戦』明石書店.

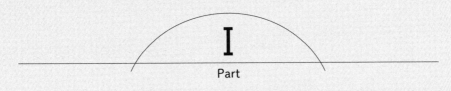

Part I

多文化化への対応事例

第1章

中山間地域における多文化化対応
—— 京都府京丹後市，島根県雲南市の事例から ——

徳田　剛

はじめに

　日本の中山間地域は，戦後の農林業の衰退と若年層を中心とした都市部への人口流出などによって人口が減り続けており，将来的には相当数の集落が"消滅"の危機に直面すると言われている［増田 2014］。こうした事情を抱える地域にとって第一の政策課題となるのは「人口減少対策」，すなわち人口流出を食い止めつつ，地域外からの訪問や移住をいかに促進するかに置かれるのが通例である。将来的に人口減少がいっそう進んで地域の危機的状況が深刻化していくにつれて，海外からの移住促進に活路を見いだそうとする地域や自治体も出てくることだろう。

　しかしながら，多くの中山間地域ではこれまでに多数の外国人住民を受け入れた経験に乏しく，外国人住民の受け入れや定住支援，そして地域住民との「多文化共生」の地域づくりについての先例やノウハウが蓄積されてこなかった。そうしたところに，人手不足のあまりに拙速な海外からの移住者招致に走ったとしたならば，来訪した外国人住民とホスト社会の双方にとって「不幸な」結果を招くにちがいない。

　本書の第Ⅰ部では，現代日本における「地方部での多文化化対応」についての地域事例を取り上げるが，この章では，中山間地域で取り組まれている外国人住民の定住支援や「多文化共生」施策の実施状況を概観する。具体的には京都府京丹後市と島根県雲南市を取り上げるが，両市は人口減少がいち早く進行していてそれに対する積極的な対策を打ち出している，外国人住民（その多くが国際結婚による女性移住者と技能実習生である）の散住傾向が強い，「平成の大合併」による市域の

広域化によってごく少数の支援者が各地の外国人住民に個別対応すべく飛び回っている，などの共通点が見られる。以下，両市の概要と人口動態，外国人住民の状況と多文化共生関連施策の展開について明らかにする。

1 京丹後市における多文化化対応

1-1 京丹後市の沿革と概況

　京丹後市は，京都府最北端に位置する自治体で，2004年4月に峰山町，大宮町，網野町，丹後町，弥栄町，久美浜町という6町の合併によって市制へと移行した。市の面積は501.43 km^2 となっており，2018年7月末時点の人口は5万5363人，2万2786世帯である。**表1-1**は，京丹後市の人口動態と高齢化率を国勢調査の結果からまとめたものである。合併から1年半後の2005年10月時点の人口数が6万2723人であるから，約13年の後に7000人以上の人口を減らしたことになる。また，全人口における65歳以上人口が占める割合（高齢化率）も，2005年国勢調査では28.0%であったのが2015年国勢調査では35.3%と大きく上昇しており，少子高齢化と人口減少の進行が見て取れる。

　その一方で，合併後の京丹後市は地域活性化のための諸施策を積極的に展開している。田畑暁生は，旧町の各庁舎に「市民局」を置いて窓口機能を持たせ各支所に「地域パートナー（地域振興担当職員）」を配置したり，丹後地方の魅力を全国にPRするために2004年8月，「丹後の魅力発信拠点整備推進室」を設立したりするなどを同市の施策として挙げている［田畑 2013］。他にも，費用の少なくて済むインターネット通販サイトとして2005年4月，楽天市場に「京の丹後屋」をオープンするなどの創意工夫が見られる［田畑 2013］。また野村実によれば，京丹後は分散居住する高齢住民の足を確保するために公共交通の整備に力を入れており，民間バス会社との連携を軸とした「上限200円バス」の導入や，住民ドラ

表1-1　京丹後市の人口動態と高齢化率

	2005	2010	2015
京丹後市人口数	62,723	59,038	55,054
人口増加率		94.1%	93.3%
65歳以上人口比	28.0%	30.9%	35.3%

出所：国勢調査をもとに筆者作成。

イバーの運転による自家用有償運送（丹後町始発に限る）の仕組みを構築・運用するなどの工夫がなされている［野村 2016］。このように，合併後の京丹後市の施策は，地域住民の生活の利便性の向上や地域振興に向けた取り組みにおいて高く評価されている。

1-2　京丹後市の外国人人口動態

　次に，京丹後市の外国人住民の人口動態を明らかにする。**表 1-2** は合併後の京丹後市在住外国人数の推移である。これによれば，市全体ではリーマンショックの直前の約 440 人をピークに漸減し，ここ数年増加に転じている。国籍別で見ると，韓国・朝鮮は大きく減少，フィリピンは 2007 年をピークに減少，中国は 2012 年まで大きく増加してから急減といった傾向が見て取れる。そして 2015 年ごろから東南アジアの人数が急増しているが，これはベトナムなどから来た技能実習生の増加分と考えられる。

　後述の「京丹後市多文化共生推進プラン」には，2014 年度の同市の在留外国人の性別，年齢，在留資格の内訳が示されている。10 歳ごとの年齢別人口が男女別に示された図には，最も割合が高いのが 20 歳代女性で 93 名（25.9%），次に 30 歳代女性 75 名（20.9%），40 歳代女性 61 名（17.0%）とある。また，在留資格別人口を男女別に示した図では，最も多い順に永住者 106 名（うち女性が 95 名，90.0%），特別永住者 92 名（うち女性が 44 名，47.8%），技能実習 80 名（うち女性が 80 名，100.0%），日本人の配偶者等 38 名（うち女性が 37 名，97.4%）であった。このことから分かるのは，特別永住者の資格を持つオールドタイマーの在日コリアン住

表 1-2　京丹後市の外国人人口数

	2006	2007	2008	2009	2010	2011	2012	2013	2014	2015	2016	2017
韓国・朝鮮	144	135	133	125	120	119	108	104	100	86	87	74
フィリピン	140	161	147	143	142	134	117	119	113	115	113	114
中国	72	81	70	62	93	117	115	109	110	95	77	53
米国	8	6	7	8	8	7	8	6	8	14	14	15
ベトナム							6	6	10	40	86	131
その他	11	13	17	12	13	18	17	24	21	28	30	33
総数	375	396	374	350	376	395	371	368	362	378	407	420

注：各年 12 月末時点のデータ。
出所：法務省「登録外国人統計」「在留外国人統計」をもとに筆者作成。

民の男性・女性，国際結婚のためにやって来た20歳代から40歳代の女性と技能
実習生の女性（フィリピン・中国・ベトナムなど）が，京丹後市在住の外国人住民の
多くを占めているということである。そして，同市の外国人住民数にはカウント
されていないが，米軍の経ケ岬通信所に勤める軍関係者とその家族も市内に暮ら
している［京丹後市 2015］。

1-3 京丹後市の多文化共生施策（1） 京丹後市国際交流協会の沿革

　それでは，京丹後市における多文化共生に関する施策や活動はどのように展開
しているであろうか。大きな特徴としては，合併からほどなく京丹後市国際交流
協会が設立され，国際交流や定住外国人のサポート等の活動を展開していること
と，「多文化共生推進プラン」が同市にて策定され（京都府内で初），市の総合計画
とリンクした形で明文化されていることの2点が挙げられる。

　京丹後市国際交流協会は，2008年3月に設立されている。設立の経緯は，丹
後半島の豊富な薬草の活用のため，中国漢方の薬都とも呼ばれる中国の亳州市
（安徽省）と京丹後市の間で2006年10月に友好都市協定が締結されたが，その後
の交流の窓口として設立されたのが同協会であった［京丹後市国際交流協会 2017：3］。
その後，同協会は市民の多文化理解を深めるための催しや講座，京丹後市在住の
外国人住民等のための日本語教室の開催など，国際交流や多文化共生に関する諸
課題に取り組んでいる。具体的な活動内容としては，国際理解教室（海外からのゲ
ストやALT，国際的な活動に携わる日本人ゲストによる講演会，民族音楽の演奏会など），市
民向け語学講座（英語・中国語・韓国語），インターナショナルクッキング（カナダ，
フィリピン，中国，ポーランド，韓国，フランス，タイ，ベトナム，ニュージーランドなどの各
国料理），交流パーティー，日本語教室（市内在住外国人・米軍関係者向け），日本語ボ
ランティアや在住外国人通訳ガイド向けの講座，多文化共生への意識啓発のため
の講座・研修会，他地域・他団体との連携などである［京丹後市 2017：4-12］。

　こうした諸活動の運営や日本人・外国人ともに住民が暮らしやすい地域づくり
のための基盤整備も進められている。市が準備を進めていた「多文化共生推進プ
ラン」策定へのサポートや，災害時の備えとして安芸高田市国際交流協会（特定
非営利活動法人，広島県），西宮市国際交流協会（公益財団法人，兵庫県），城陽市国際
交流協会（京都府）との「パートナーシップ協定」の締結，京丹後市と同市国際
交流協会間での「災害時における外国人支援に関する協定」の締結などもその成

24 │ 第Ⅰ部　多文化化への対応事例

果である。このように，合併後の京丹後市では国際交流や多文化共生に関連する
幅広い活動の展開が見られるが，この 10 年ほどの京丹後市国際交流協会が果た
してきた役割は非常に大きい。

　なお，同協会の運営体制であるが，会長 1 名，副会長 2 名，理事 4 ～ 8 名，監
事 2 名で構成されており，イベントの開催や諸行事・講座等の運営，各種事務作
業や外国人住民からの相談対応などは事務局長 1 名が担当している。協会の事務
局は峰山町の京丹後市役所内の企画総務部（2018 年 3 月より市長公室政策企画課）に
置かれており，市の担当課・職員と事務局長の綿密な連携のもとに諸施策が運用
されている。

1-4　京丹後市の多文化共生施策（2）
「京丹後市多文化共生推進プラン」の策定経緯と概要

　そして，京丹後市の多文化共生施策の展開におけるもうひとつの特徴は，「多
文化共生推進プラン」の策定とそれに基づく施策展開がなされていることである。
同プランの策定の経緯としては，2015 年 3 月に「第 2 次京丹後市総合計画」が
策定され，その基本計画のひとつとして「国際交流による多文化共生と地域間連
携の活性化」が掲げられていることから，「この計画を具体化し，外国人を含め
たすべての市民が真に住みやすいまちづくりの実現」のために策定された［京丹
後市 2015：はじめに］。

　以下，同プラン策定の経緯を述べる。きっかけとなったのは，2012 年 9 月に
京丹後市で開催された多文化共生の研修会である。1 日目は多文化共生に関する
講演会と他地域での事例紹介，2 日目は地域の実情を検討しつつプラン策定に向
けたワークショップが行われた。2013 年には市役所内での「多文化共生研修会」
によって問題意識の共有が図られ，国際交流協会から市長へ「多文化共生推進プ
ラン」の策定についての要望がなされた。2014 年度には「京丹後市多文化共生
のまちづくり庁内検討委員会」，2014 年には「京丹後市多文化共生推進プラン策
定委員会」において検討がすすめられた（京丹後市国際交流協会からの提供資料より）。

　次に，京丹後市多文化共生推進プランの内容について，**表 1-3** より確認する。
同プランでは，京丹後市の多文化施策の諸課題が基本目標と基本方針に基づいて
体系的に整理されている。まず，外国からの来住者が安心して住める生活基盤の
整備（子育て・教育，就労，保健・医療・福祉，防災・防犯など）と，日本人住民と外国

第1章　中山間地域における多文化化対応　25

表1-3　「京丹後市多文化共生推進プラン」の政策体系

基本理念：「国籍，民族，文化などのちがいを認め合い，ともに豊かに暮らせるまちへ」

基本目標	基本方針
Ⅰ　安心して生活ができるまち	1　子育て・教育体制の充実 2　就労環境の整備，新たな担い手の育成 3　健康で安心して暮らせる環境づくり 4　災害に対する備えと，安心安全な生活環境の整備
Ⅱ　言葉の壁を乗り越えるまち	5　日本語教育の充実 6　多言語での情報提供・相談体制の充実 7　外国語の学習機会の充実
Ⅲ　フレンドシップを育むまち	8　地域社会に対する意識啓発 9　外国人市民の自律と社会参画
Ⅳ　国際色豊かでにぎわうまち	10　京丹後市の魅力発信 11　交流人口の増加 12　他地域・他団体の連携・協力

出所：「京丹後市多文化共生推進プラン」をもとに筆者作成。

人住民の双方がおたがいの言語や文化を学ぶ機会の提供や外国人住民向けの多言語での情報提供や相談体制の充実が志向されている。それとともに，住民間の相互理解・意識啓発や国内外の他地域への魅力発信や来訪者の増加などによる地域活性化についても配慮された内容になっている。なお，2018年3月には「第2次京丹後市多文化共生推進プラン」が発表されており，**表1-3**の各項目の達成状況と課題が検証され，次の5年間（～2022年）に向けた取り組みが始められている。

1-5　京丹後市の多文化共生推進の現状と課題

　以上に見てきた同市における多文化共生社会づくりの取り組みは，市町村合併とその後の地域政策の展開と連動した形で公式に位置付けられた上で，国際交流，外国人住民へのサポート，各種イベント・行事を通じた相互理解の促進といった幅広い施策が実行に移されている点が高く評価できる。特に地方部においては「多文化共生」という考え方が浸透しにくく，旧来の国際交流関連の活動が中心となりがちだが，京丹後市では日本語教室や外国語での情報提供・発信などの定住化支援の施策にも早くから取り組まれている。こうしたことの背景には，「多文化共生推進プラン」の策定プロセスにも見受けられたように，国際交流協会が行政各部署，地域の協力者・団体等からの協力や連携を得ながら諸案件を進めら

写真1-1　京丹後市における日本語教室のようす
（筆者撮影）

れていること，そして外部の有識者や他地域の協力団体等からのサポートや情報・ノウハウの供与を受けられていることが挙げられるだろう。

その一方で，課題もある。京丹後市の外国人住民は広域にわたって分散居住しているのが現状であり，外国人住民のニーズ把握とサポート活動（相談業務や日本語の学習機会の提供など）の現場も広く分散していることが諸活動の展開を難しくしている面がある。例えば，協会が主催している日本語教室の運営にあたっては，対象者の人数が少なくライフスタイルも多様であることから「集団授業」ではなく「個別授業」の形が基本となっている（写真1-1）。日本語指導のボランティアと受講希望者のマッチングおよび日程や実施場所（市内各町の公民館等）の調整を行い，受講者の予定変更や諸連絡もすべて国際交流協会スタッフで行われている。これ以外にもさまざまな講座や研修会，行事・イベントなどが旧6町のあちこちで開催されるので，準備や運営で現地を訪れる際のスタッフの移動負担は大変なものとなる。

このような広域対応に伴う業務負担とともに懸念されるのが，国際交流・多文化共生にかかるマンパワーの確保・維持の問題である。まず，上記の膨大な実務を実際に担っているのは1名の国際交流協会の専任スタッフであるため，ニーズの変化や増大が起こった時の対応が困難であるうえ，業務に関する情報やノウハウの共有や継承といったことが難しい状況にある。また，日本語教室がマンツーマン方式であるために利用希望者のニーズに対応するには一定数の日本語指導ボランティアの確保が必要であるが，新規のボランティア希望者を発掘するのも容易ではない。これらの活動を継続し展開していくためには，スタッフやボランティアとして支えてくれるようなサポーター住民をいかに発掘し育成していくかが課題となってくる。ただ，運営側も受講側も少人数であるがゆえの「顔が見える」関係の構築のしやすさという利点もある。そうした良さを保ちながら，いかにして今後も持続可能な取り組みとして展開していくかが検討課題と言えよう。

2 雲南市における多文化化対応

2-1 雲南市の沿革と概況

　雲南市は島根県東部に位置し，北に松江市，北西に出雲市，東に安来市と接している。南は中国山地の広島県との県境に近く，市域（総面積は553.18 km²）の多くは林野や山間地域となっている。雲南市も「平成の大合併」によって誕生した自治体であり，2004年11月1日に大東町，加茂町，木次町，三刀屋町，吉田村，掛合町の6町村の合併により誕生した。

　合併後の雲南市の人口動態について確認する。**表1-4**にあるように，合併直後の2005年7月の人口数は4万5846人であったが，2018年7月の時点ではおよそ13年で7000人の人口が減っていることが見て取れる。また，市全体の高齢化率は38.0％と高い数値を示しており，吉田町（46.3％）と掛合町（43.5％）では特に高齢化が進んでいる（雲南市ホームページより）。

　こうした人口動態を背景に，雲南市では「『課題先進地』から『課題解決先進地』へ」「人口の社会増への挑戦（チャレンジ）」などのスローガンをもとに，人口減少対策と地域活性化などの諸課題に積極的に取り組んでいる。雲南市では，地域が目指すべき目標を「協働・行政経営」「定住環境」「保健・医療・福祉」「教育・文化」「産業」の5分野で設定し，各種施策が展開されている。とりわけ特筆すべきは，主に「定住基盤の整備」の一環としての「地域自主組織」という小地域ごとの住民参加型地域運営の仕組みと，「社会増」すなわち外部からの来訪者・移住者を呼び込み，人材育成と地域の担い手づくりの取り組みである。

　「地域自主組織」とは小学校区をおよその単位とし，それぞれの地域課題に対して「住民が自分たちで考え，自分たちで動き，自分たちで解決する」ための活動を担う住民組織である。各自主組織は，かつての公民館である「交流センタ

表1-4　雲南市の人口数の変化と増減率（推計人口）

	2005.7	2010.7	2015.7	2018.7
雲南市人口数	45,846	43,383	40,693	38,765
増減率		94.6%	93.8%	95.3%

出所：雲南市ホームページをもとに筆者作成。

ー」の管理を受託し，その利用料収入と市からの指定管理料，活動資金としての交付金を主財源としている。取り組み内容はその地域に固有の課題やメンバー（住民）の意向によって多様であり，子育て世帯や移住者向けの支援をメインに据える地域もあれば，高齢住民の見守り活動や買い物・生活支援に注力する地域もある［『季刊地域』編集部 2015：207-215］。

　また，「子ども」「若者」「おとな」のそれぞれが地域課題解決に「チャレンジ」し，それらを連動させながら地域内外の人びとの交流機会の創出と地域社会の担い手たる人材の育成が進められている。「子どもチャレンジ」では，幼児期から高校生・大学生に至る各年代において地域のことを学んだり，地域住民や NPO などとの協働による体験型・課題解決型学習を行ったりしている。とりわけ大学生を対象とした人材育成プログラム「雲南コミュニティキャンパス」や，地域の課題解決や活性化を担う「地域プロデューサー」の養成を目的とする「幸雲南塾」は，地域外からまちづくりや地域課題解決に関心のある若者を受け入れて，先述の地域自主組織や住民らとともに地域課題に取り組みながら地域づくりについて学んでいる。ここからは，訪問看護事業の立ち上げや地元の生産物を活かした商品開発・販売事業などがスピンアウトし，卒業生が同市にとどまって中間支援の NPO を立ち上げるなど，地域課題解決と人材の育成・確保の両面において大きな成果を上げている（雲南市政策企画部地域振興課の提供資料より）。多文化共生関連の諸課題（後述）に取り組むスタッフも，この「幸雲南塾」の卒業生である。

2−2　雲南市の外国人人口動態

　次に，雲南市在住の外国人人口の特徴について整理する。表1-5 によれば，雲南市に最も多く暮らしているのが中国籍住民であった。2010 年までは 200 名足らずで推移してきたが，その後に減少に転じ，近年では 70 名前後で推移している。次に多いのがフィリピン籍住民でおおよそ 40 人台を維持してきたが漸減傾向にある。韓国・朝鮮籍住民は 20 人台でほぼ横ばい傾向である。近年増加しているのはベトナム籍住民で，最近では中国籍住民の数と拮抗している。2018 年 7 月時点の数値によれば，1 位 中国 61 名，2 位 ベトナム 54 名，3 位 フィリピン 32 名の順となっており，総数は 215 名である。

表1-5　雲南市の外国人人口数

	2006	2007	2008	2009	2010	2011	2012	2013	2014	2015	2016	2017
韓国・朝鮮	26	26	28	31	30	26	26	28	27	26	25	22
フィリピン	57	47	41	41	44	41	42	43	40	38	36	32
中国	198	190	195	197	183	133	135	119	103	76	70	69
米国	6	3	4	5	7	5	6	7	10	10	13	12
ベトナム							1	16	15	35	52	75
その他	17	10	7	8	6	6	5	5	8	18	22	30
総数	304	276	275	282	270	211	215	218	203	203	218	240

注：各年12月末時点のデータ。
出所：法務省「登録外国人統計」「在留外国人統計」をもとに筆者作成。

2-3　国際交流活動と多文化共生施策の展開

　雲南市における国際交流の活動の主力を担ってきたのは，2006年4月に発足した雲南市国際文化交流協会である。この地域では，合併以前から各町で独自の取り組みを進めてきており，大東町・木次町・旧吉田村には国際交流のための団体がすでに存在していた。同協会は，2004年の合併の後に雲南市全体で国際交流等の事業を推進していく趣旨で新たに設立された団体であり，この3団体と日本語ボランティア教室，日韓親善の活動に取り組んできた2つの市民団体によって構成される。主な活動内容としては，米国や韓国との間での中高生や大学生の派遣・受け入れ，早稲田大学ホームステイ事業，島根大学の留学生との交流会開催，英語スピーチコンテストの開催などである（〔雲南市国際文化交流協会 2016〕を参照）。

　また，雲南市内在住の外国人支援・相談業務や地域住民を対象とした多文化理解の促進に向けた取り組みも進められている。具体的には，外国人住民向けの情報提供・相談・同行業務，学校等での通訳業務（保護者への説明など），外国人住民とその家族の交流の場づくりの一環としての「多文化サロン」の開催，市民向け多文化イベント（「多文化理解講座」）の開催などが行われている。また，地元の子どもたちへの多文化理解・意識啓発の取り組みに特に力が入れられており，市内在住の外国出身者が小学校を訪問し子どもたちとの交流やワークショップを通じた意識啓発を行う「多文化教室」の実施（**写真1-2**）や，雲南市の小学校の統一給食として外国の食文化に触れる機会を提供する「うんなん多文化給食」なども取り組まれている。

写真 1-2 「多文化教室」のようす（2018 年 3 月，雲南市立西日登小学校）
（筆者撮影）

そして，雲南市に暮らす国籍・文化の異なる人びとが互いに尊重し合い，安心して暮らせるまちづくりを推進するための組織として「うんなん多文化共生推進委員会」が設置され，定期的に会合を重ねている。同委員会は，外国人住民を含む 10 人以内の委員で構成されており（2017 年度の委員 8 名のうち 5 名は外国出身者），事務局としては雲南市役所の地域振興課とうんなんグローカルセンターのスタッフで運営されている。会合では，外国人住民の生活課題や悩みごとについての情報共有や意見交換，多文化共生を推進するための取り組みについての企画の検討などが行われている。

　雲南市におけるこれらの多文化共生関連の施策をより展開しやすくしていくために，定住外国人のサポートや地元地域における多文化共生意識の浸透などに重点的に取り組む団体である「うんなんグローカルセンター」が，2018 年 6 月に新たに立ち上げられた。この団体の設立趣旨として「多文化・多様性を受け入れる魅力ある地域と人づくり」をスローガンとして，「日本人外国人という区別なく，国籍や言語，文化，民族などの異なる人々が同じ地域に暮らす市民として互いを尊重し，共に生きる多文化共生社会を目指す」というビジョンが示されている。主な事業内容は，①在住外国人支援，相談業務，②在住外国人の情報交換，交流の場づくり，③関連機関との連携強化，④多文化共生意識の啓発・高揚，⑤日本語指導支援員派遣事業コーディネート業務となっている（「うんなんグローカルセンター」総会の資料より）。以上の内容は，**表 1-3** で確認した「京丹後市多文化共生推進プラン」の政策体系や事業内容と軌を一にするものである。雲南市では，上述のように「多文化共生のまちづくり」を自治体施策の基軸のひとつとしたり，市独自の「多文化共生推進プラン」を策定するところまでには，行政・地域社会の双方ともに多文化共生の意識が醸成されていない。同センターの設置は，定住外国人の存在と（地元地域にとっての）その意義を少しずつ浸透させ，地域づくりと多文化化対応に関する諸施策をうまく連動させるための環境整備を促すものとして位置づけることができる。

2-4 雲南市における多文化共生の課題
── 国内定住策や国際交流活動との連動の可能性

　2000年代半ばの日本の外国人政策の大きな転換の中で，それまでに各地で数十年にわたる分厚い活動の蓄積を持つ国際交流関連の活動に「接ぎ木」する形で，日本人住民と外国人住民の共存（多文化共生）の取り組みが政策課題として明示的に位置付けられた。この措置は，多文化共生という新しい政策トピックを各地域にとってなじみのある国際交流の施策との関係性のもとに理解し，実効性を持たせていくことができるというメリットをもたらした。しかし同時に，多文化共生という（地方では特に）なじみのない政策内容が国際交流と混同されやすいという副作用を伴うものでもあり，雲南市の国際交流および多文化共生の諸施策の展開においても，その傾向が散見される。それゆえに，合併以前から各地域で国際交流に関連する活動が活発に行われてきた雲南市では，多文化共生という政策課題の重要性をいかに浸透させ，いっそう問題関心を喚起させていくかという課題に直面している。

　先に述べたように，雲南市では地域を元気にするためにさまざまな形で（主に日本国内の）移住者や来訪者を招き入れ，地域づくりに地域外の人間を関わらせるような取り組みをいち早く進めてきた実績がある。こうした外部人口との関係形成の対象は日本以外の国や地域であってもかまわないわけで，一連の多文化共生の活動を，（国境の向こう側の）外部からのマンパワーの到来と定着，それを通じた地域振興の取り組みとして周知し，市民や各セクターの協働を取り付けることができれば，国内移住者とともに海外からの移住者を地域振興のパワーに変えていくことができるのではないか，という期待感を筆者は持っている。

3　中山間地域における多文化化対応の課題と展望

　本章では，外国人住民の数がけっして多くなく，日本人・外国人ともに分散して居住する傾向の強い中山間地域における多文化化対応の現状について，京丹後市と雲南市の事例を参照しつつ明らかにした。外国人住民へのサポートや多文化共生の取り組み事例については多くの研究者や現場の活動従事者によって紹介されてきたが，その多くは大都市圏や集住地域で取り組まれたものであった。しかし，大村昌枝がかつて指摘したように，日本の都道府県や市町村の数から見れば，

外国人の集住が見られない地域の方が多数を占めているのが実情である［大村2012：34-35］。とりわけ，本章で取り上げた両市もそうであるが，「平成の大合併」によって人口減少傾向が見られる多くの地域が広域自治体となり，多文化化対応におけるこうした地域特有の難しさが増してきている。

　このような諸地域の現状および研究動向を踏まえるならば，本章で取り上げた京丹後市と雲南市は，① 市域の多くで深刻な人口減少が進行しその対策が急務である，②「平成の大合併」で広域化したがそれと併せて積極的な地域振興策を展開している，③ 散住する外国人住民に対するニーズの把握や対策，定住外国人へのサポートや共生についての地元住民のいっそうの意識啓発など，多くの共通課題を抱えている。今後の人口減少の進行とともに海外からの積極的な人材誘致に着手する地域の増加が見込まれる昨今において，両市の取り組み状況や直面している課題は大いに参考になる事例と言える。

　こうした前提の上で，本章で見てきた両市の事例を踏まえながら，日本の中山間地域における多文化化対応の課題について，3点ほど指摘したい。1つ目に，（地方都市や大都市圏の自治体と比較して）外国人住民数がさほど多くなく，しかも広域化した範域に散住しているがゆえの，活動の難しさがある。来日してから日が浅かったり適応に苦労したりしている外国人住民にとって，通訳・翻訳などの言語面でのサポートと生活上の諸課題についての相談・助言が主要な支援ニーズと言えるだろう。特定の地域に集住している場合であれば専門家やスタッフによる相談の場を設けたり，翻訳サポートや日本語習得の機会を提供したりすることがまだしやすい。しかしながら，対象者の母数が少ない地域ではこうした現地に出向いての対応がしづらく，（京丹後市での日本語教室のように）個別での対応にならざるを得ない。この傾向は第6・7章で述べられる愛媛県の実情とも共通する点である。

　地域住民向けの国際交流や多文化理解等のイベントの実施に際しても，これと同じことが言える。海外からの来訪者や移住者との接触機会が比較的少ない地方部において，そのようなイベントへの参加が意識啓発のための重要な手段となる。しかし，中山間地域に位置する自治体では地元住民も散住しているため，1回のイベントに対して参加が見込める人数が少なく，旧町村あるいは小地域単位での比較的小規模なイベントを重ねていくしかない。このような，多文化共生に関する諸施策を進めていく上での非効率性が，地方部での取り組みにはついて回るこ

とになる。

　２つ目に，マンパワーの確保の難しさがある。京丹後市・雲南市の両方に見られたのは，外国人住民のニーズへの対応やサポート，地元住民との交流促進などの実務の大半が１名ないしは数名以内のごく少人数で担われていることである。これには，昨今の厳しい財政事情の中で人件費の制約が大きいこともちろんあるが，多文化共生の理念に共感し（多様かつ専門性の高い）諸業務に従事できるような人材がそもそも限られていることがある。その結果，どうしても特定のキーパーソンに負担がかかりやすく，何らかの事情で業務への従事が困難になった時に施策の継続性が途切れてしまうようなリスクにもつながる。そこでは，多文化共生施策を遂行するうえでいかに行政や地域住民からの協力やサポートが得られるか，とりわけイベント時のサポートスタッフや日本語指導のボランティアの確保が重要となる。筆者の取材時の印象では，京丹後市・雲南市のいずれのスタッフも行政や地域のキーパーソンからの信頼も厚く協力や連携もできているが，マンパワー的にはぎりぎりのところで，新しいことをやりたくても既存の業務遂行で手一杯な様子であった。とりわけ，日本語指導のボランティアについては，広域・散住状況への対応のためには一定人数の確保が必要だが，慢性的な人手不足の状態が続いている。

　そして最後に挙げられるのが，従来から取り組まれてきた「国際交流」と比較的新しい考え方である「多文化共生」をどう関連づけ，同じ地域に暮らす外国人住民を交えた地域づくりの必要性や意義を地域内で浸透させていくか，という課題である。この点では，京丹後市は合併直後から「多文化共生」の考え方を同市の地域振興の理念や計画と連動させながら施策展開ができている点で，多文化化対応の施策展開がしやすい状況となっている。「多文化共生推進プラン」がすでに同市で策定されていることもその証左と言えよう。それに対して，従来の国際交流活動の蓄積が分厚い雲南市では，もう一方の「多文化共生」の推進に向けた意識啓発や施策展開がスムーズに進んでいない傾向が見られる。先に見た，定住外国人支援や多文化共生を主に担う組織を国際交流協会とは別に立ち上げる動きなどは，「多文化共生」の取り組みが往々にして従来の「国際交流」の活動へと収斂してしまいがちな地域が多い中で，その首尾が注目される。先述の通り，雲南市では日本国内における来訪者・移住者の招致や交流において，先進的な取り組みがなされている。こうした同市の「得意分野」の存在は，国境の向こうから

の来訪者や移住者を（人口減少が一層進む）地元の地域社会の活力へと結びつける
ような施策を展開するうえでの大きなポテンシャルを有していると思われる。

謝　辞

本章の執筆にあたっては，京丹後市国際交流協会，京丹後市役所，うんなんグロー
カルセンター，雲南市役所の関係者のみなさまからの情報・資料の提供を受けた。
ここに篤く御礼申し上げます。

付　記

本章は，平成28〜30年度科学研究費補助金（基盤研究(C)）「人口減少時代の地方
都市・中山間地域の多文化化と地域振興に関する社会学的研究」（課題番号：16K
04130，研究代表者：徳田剛）の研究成果の一部である。

● 参考・引用文献

雲南市国際文化交流協会［2016］『雲南市国際文化交流協会　10年のあゆみ』．
大村昌枝［2012］「未曽有の大災害，外国人散住地域では，なにが起きたのか——地域におけ
　　る「共生」を問う」，駒井洋監修・鈴木江理子編著『東日本大震災と外国人移住者たち』
　　明石書店．
『季刊地域』編集部［2015］『Series 田園回帰 2　人口減少に立ち向かう市町村』農山漁村文化
　　協会．
京丹後市［2015］『京丹後市多文化共生推進プラン』．
――――［2017］『第2次京丹後市総合計画「基本計画」』．
京丹後市国際交流協会［2017］『京丹後市国際交流協会10周年記念誌　10年の歩み』．
田畑暁生［2013］「丹後半島における地域情報化政策——持続的視点と自治体間連携の必要性」
　　『社会情報学』第2巻第2号．
野村実［2016］「人口減少時代における次世代型地域交通に関する事例研究：兵庫県丹波市と
　　京都府京丹後市の事例から」『国際公共経済研究』第27号．
増田寛也編著［2014］『地方消滅——東京一極集中が招く人口急減』中央公論新社．

第2章

中山間地域における外国人技能実習生の受け入れ政策
—— 岡山県美作市の事例から ——

二階堂 裕子

はじめに

　近年，日本国内の慢性的な労働力不足を背景に，外国人労働者の受け入れがますます拡大している。なかでも，1993年に創設された外国人技能実習制度（以下，「本制度」）による外国人技能実習生（以下，「技能実習生」）の受け入れは，ここ数年，増加の一途をたどっている。2017年11月には，本制度の適正化と拡充を図ることを目的とした「技能実習法」が施行され，外国人技能実習機構が認可法人として新設されるとともに，実習期間が3年間から最長で5年間に延長することが可能となった。また，本制度創設当初は，認定職種が製造業と建設業の17職種に限られていたが，2017年12月6日時点で，農業や漁業のほか，介護などを含む77職種139作業に拡大され，今後はさらに，コンビニエンスストア業界などの領域における受け入れの可否も検討されている。これらの動向は，技能実習生に対する需要の高さを如実に物語るものである。とりわけ，人口減少や少子高齢化，産業の衰退といった地域課題が都市部よりもさらに深刻である中山間地域において，技能実習生への依存がますます高まることは必須である。

　しかしながら，現状において，技能実習生の受け入れは，海外の送り出し機関，日本の受け入れ機関，および就労先企業の裁量に委ねられており，自治体が直接関与しておらず，実態も掴んでいない場合がほとんどである。そのため，必要な地域政策が十分に講じられず，技能実習生の適応や地域社会への統合が図られていない場合が多い。そうした事態が生まれるのは，何よりも，日本政府が外国人労働者の受け入れを移民政策として講じていないことにその原因がある。けれども，地域社会の衰退を食い止め，持続可能な社会を建設するという喫緊の課題に

直面する地方自治体は，技能実習生を「地域社会（産業）の貴重な担い手」と認識することが必要である。そのうえで，地域のニーズや労働市場のありようを十分にふまえながら，彼・彼女らの受け入れに必要な独自の施策を推進していくことが求められる。

このような問題意識のもと，本章では，まず，多くの地方自治体による地方創生に向けた政策や多文化共生政策について，問題点を明らかにする。そのうえで，岡山県美作市の外国人受け入れをめぐる政策を事例として取り上げる。美作市では，人口減少と少子高齢化が著しく進むなか，外国人材の活用を成長戦略のひとつとして位置づけ，なかでも技能実習生の受け入れに活路を見出している。当該市における政策について，その現状と課題を整理したのちに，人口減少対策としての外国人受け入れのあり方を検討したい。

なお，本研究の土台となるのは，2016 年 8 月から現在に至るまで，岡山県美作市において実施しているフィールドワークから得たデータである。より具体的には，美作市役所，技能実習生の受け入れ機関であるみまさか商工会，技能実習生の就労先企業，多文化共生に関わる市民団体などが調査の対象となった。これらの調査をもとに，データの分析と考察を進めることとする。

1　人口減少対策としての地方創生

1-1　人口減少の深刻化

日本の総人口は，2008 年の 1 億 2808 万人をピークとして，その後減少に転じた。国立社会保障・人口問題研究所 (2017) の推計によると，2040 年には 1 億1092 万人，さらに 2053 年には 1 億人を割って 9924 万人になることが見込まれている。同時に，生産年齢人口の割合は，2015 年の 60.8％から下降し，2065 年（出生中位推計）には 51.4％にまで落ち込むとの推計が示されている。一方，老年人口の割合は，2065 年に（出生中位推計）38.4％にも達し，2.6 人に 1 人が老年人口という時代の到来が予測されている。

こうした人口変動の将来推計を都道府県ごとに見ると，大都市部を含む，もしくは近接しているか否かによって，著しい差異がある。2010 年から 2040 年までの 30 年間の人口減少率が高い上位 5 県は，秋田県（2040 年の人口は 2010 年の64.5％），青森県（同 67.9％），高知県（同 70.3％），岩手県（70.5％），山形県（71.5％）

である。また，2040年の時点で，生産年齢人口割合の低い上位5県は，秋田県（47.9%），高知県（49.8%），青森県（49.9%），長崎県（50.3%），島根県（50.4%）となっている（国立社会保障・人口問題研究所ホームページ）。三大都市圏はもちろん，地方の中枢都市へのアクセスが不便な地域において，人口減少と生産年齢人口割合の低下が進むことが見込まれており，当該地域で深刻な労働力不足が今後さらに加速することは不可避の情勢である。

1-2 「まち・ひと・しごと創生法」の施行

　以上のような社会動向を背景として，日本政府は，2014年12月2日に「まち・ひと・しごと創生法」を施行し，人口減少への対応と東京圏への人口集中の是正に国をあげて全力で取り組む姿勢を打ち出した。続いて，同年12月27日には，今後日本が目指すべき将来の方向を示す「まち・ひと・しごと創生長期ビジョン（長期ビジョン）」と，2015年度を初年度とする今後5か年の政策目標や具体的な施策などをまとめた「まち・ひと・しごと創生総合戦略（総合戦略）」が閣議決定された。

　こうした動きに対し，毛受敏浩は，現行の地方創生政策によって人口減少に歯止めがかかるという科学的根拠はないと批判している［毛受編 2016：47］。そのうえで，地方創生の議論では，一部の自治体を除いて，外国人の受け入れという視点が欠落していると指摘し，「地方創生に加えてもう一つのシナリオ，つまり，外国人の定住化という政策を準備しておく賢明さが求められる」と主張している［毛受編 2016：47-49］。

　このように，地方創生のための取り組みが本格的に進行するなかで，多くの地方自治体では，人口減少とそれにともなう労働力不足の緩和に向けた解決策として，外国人材の導入を明確に位置づけてはおらず，その具体的な道筋を真摯に議論することもないまま，今日にいたっている。その一方で，実際の労働現場，とくに「3K」と呼ばれる日本人の若年労働者が敬遠しがちな領域の職場では，外国人労働者の導入が著しく進んでおり，外国人の存在がなければ存続すらも危うい産業が少なくない。そこで次節では，そうした現状について，近年の動向を概観しよう。

2 日本における外国人労働力の導入

2-1 外国人労働者受け入れ議論の再燃

　グローバル化の波が本格的に押し寄せてきた 1980 年代後半以降，日本社会では外国人労働者の受け入れをめぐる議論がたびたび浮上してきた。近年では，2014 年 1 月に産業競争力会議が「成長戦略進化のための検討方針」として外国人材受け入れを提言したのを皮切りに，同年 6 月に第二次安倍内閣で決定された「日本再興戦略」改訂 2014 年版においても，技能実習制度の見直しを含む 4 点の政策目標が掲げられた。こうして，2014 年以降，これまで「外国人労働者問題」といわれてきたテーマが，「外国人材」という外国人労働者よりも広い概念でくくられて登場するようになり，移民政策を正面から取り上げる気運が生じた〔上林 2015：1-2〕。

　さらに，高齢化にともなう介護需要のほか，2020 年の東京オリンピック開催に向けた建設需要や訪日観光需要の高まりを背景に，2018 年 6 月に日本政府は，2019 年 4 月より新たに「特定技能」の在留資格を創設することを表明した。それ以降，「特定技能」に関する審議が継続して行われ，2018 年 11 月現在，受け入れの対象となる業種として，慢性的な人手不足に陥っている「建設」「農業」「宿泊」「介護」「造船」などの 14 分野が検討されている。この在留資格には「特定技能 1 号」と「特定技能 2 号」の 2 種類があり，前者は最長 5 年間の就労，後者は条件を満たせば永住申請がそれぞれ認められる見込みである。これまで政府は，専門的技能を持たない非熟練労働者の海外からの受け入れを認めないという建前を維持してきたが，この新制度の開始により，非熟練労働分野における外国人の就労を事実上解禁する方向へ舵を切ったことになる。

2-2 非熟練労働市場における近年の動向

　日本政府の意向はともかくとして，ここで改めて言及するまでもなく，現実には非熟練の外国人労働者の導入が着々と進んできた。

　1990 年 6 月の「出入国管理及び難民認定法」（以下，「入管法」）の改正により，不法就労者の雇用主に対する罰則規定が盛り込まれた一方で，日系 2 世，3 世やその家族の就労が合法化された。ブラジルを中心とする南米出身の日系人の来日

は，1980年代後半よりすでに始まっていたが，この法改正を契機として，日系人の大量流入の動きがさらに加速した。とくに，自動車産業や電機産業の集積地域である愛知や静岡県などの東海圏では，日系人が地方労働市場における周辺的労働力として組み込まれ，安定雇用の日本人労働者を補完する不安定な下層労働者としての役割を担うようになった［大久保 2005］。これにともない，当該地域では，彼・彼女らとその家族が集住する日系人コミュニティが誕生した。

　しかし，日系人としての受け入れ範囲が日系3世までに制限されたことから，2000年代に入ると，日系人労働市場の規模拡大が頭打ちとなった。また，2008年に発生した世界経済危機の影響による輸出産業の不振から，多くの日系人が解雇の対象となった［上林 2015：33-35］。これらの社会変動を受けて，日系人の多数を占めるブラジル人は，2007年の約32万人をピークに，その後減少に転じている（ただし，2016年から再び微増傾向を見せている）。また，近年，日系人労働者の高齢化や家族をともなった定住化が進んだことから，日系人はかつてのように高賃金を求めて転職・転居を繰り返す労働者ではなくなった。つまり，昨今の日系人労働市場は，日本企業にとって，かつてのような柔軟性に富んだ労働力供給源ではなくなりつつあり，日系人労働市場が経済変動の雇用調整機能を担うことはきわめて困難となっているのである［上林 2015：36］。

　一方，こうした動きとは対照的に，近年，拡大を続けているのが技能実習生労働市場である。技能実習生は，日系人よりも低賃金で確保できる合法的な就労者であり，不法就労者を主体とするアジア人労働市場に代わって，現在では技能実習生労働市場がそうしたニーズの高い小零細企業への労働力供給源となっている［上林 2015：36］。

　図2-1は，技能実習生と研修生の合計人数の推移を示したものである。これまで技能実習生は，増加の一途をたどってきたことがわかる。特に2016年以降は，それまで最多を占めていた中国人に代わって，ベトナム人の急増ぶりが目立つ。

　冒頭でも述べたように，こうした技能実習生の増加傾向が今後しばらく継続するのは明らかである。また，技能実習生に加えて，日本政府が外国人に非熟練労働市場への門戸を広げることにより，今後さらに，合法的に就労する，いわゆる「単純労働者」の数が膨れ上がるのは必須の情勢である。このような日本社会の将来が展望される今日，専門的技能をもつ高度人材の外国人に限らず，多様な役割を担う外国人の受け入れ体制を整備することが急務である。

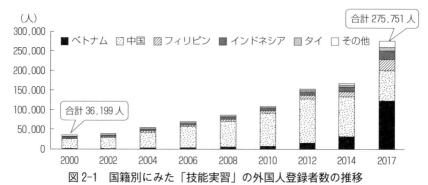

図 2-1　国籍別にみた「技能実習」の外国人登録者数の推移

注：2008年までは在留資格「研修」と「特定活動」の合計。2010年以降は、「研修」と「技能実習」の合計。
出所：入管協会『在留外国人統計』（各年版）より作成。

3　地方自治体による多文化共生政策をめぐる課題

3-1　「多文化共生推進プラン」の策定

　以上のような現状のもと，全国の地方自治体では，多文化共生のための取り組みが展開されている。しかし，結論を先取りして言えば，上述した外国人労働者の受け入れの観点に立つと，自治体が実施する現行の多文化共生政策では，十分に対応しきれない部分が多い。そこで，地方自治体による多文化共生政策について，現状と課題を整理しよう。

　1990年代より，当時の定住外国人の急増を受けて，従来の国際交流を中心とした事業や，一部地域で行われていた「内なる国際化」の取り組みに代わり，多文化共生という用語が全国的に普及するようになった［毛受編 2016：63］。また，2001年には，日系南米人を中心とした外国人住民の集住都市を会員とする「外国人集住都市会議」が設立され，同年10月に静岡県浜松市で開催された第1回目の会議において，外国人をまちづくりのパートナーと認識し，真の共生社会の形成をうたう「浜松宣言及び提言」が採択された。

　国による多文化共生政策はこれよりも遅く，2006年3月，総務省は「地域における多文化共生推進プラン」を策定し，各都道府県と政令指定都市の外国人住民施策担当部局長に通知した。これを受けて，多くの自治体で多文化共生の推進に向けた指針や計画が策定された。

毛受は，これらの多文化共生政策の限界として，定住外国人に対する活動が支援に偏りがちであり，彼らの社会貢献を積極的に引き出すという視点が不十分であること，また，外国人住民の役割や重要性についての理解を一般市民に求める活動も不十分で，出身国の文化を紹介するイベントの開催にとどまる例が多いことを指摘している［毛受編 2016：182-183］。前者については，外国人住民に対する「他文化強制」の実践となりかねない危うさもはらんでいるだろう［二階堂 2017］。

　さらに毛受は，多くの自治体による多文化共生の推進策は，自治体の産業政策や人口政策との繋がりが希薄で，定住外国人の増加についてその是非を問う議論が不足していると批判する［毛受編 2016：184］。序章でも言及されているように，多くの自治体では，今後の外国人の受け入れ方針に関する根源的な問い，すなわち，外国人の増加そのものを肯定的に捉えるのか否かについて，十分検討を加えていないというのが現状である。

3-2　喫緊の課題

　では，地域社会の存続の危機に直面する自治体が，従来進められてきた多文化共生政策としてではなく，人口政策の一環として外国人の受け入れを位置づけ，必要な施策を講じていくにあたって，どのような取り組みが求められるのだろうか。

　再び毛受の議論を援用すると，彼は，移民を「国境を越えて他国に移住し，そこで生活基盤を確立しようとする人」と定義している。そのうえで，今後必要な移民政策として，第一に，外国人に地域の魅力を積極的にアピールして呼び込むための「外国人誘致政策」，第二に，外国人の安定的な定住を図るために，従来の多文化共生を土台として実施する「地域社会へのソフトランディング政策」，そして第三に，外国人の活力や潜在力を引き出すことで，地域の発展を促すための「潜在能力の活性化政策」を，それぞれ実施すべきであると提案している［毛受編 2016］。

　これらに加えて，今後，定住外国人のほか，短期，あるいは中期滞在が見込まれる外国人労働者も視野に入れた総合的な外国人受け入れ政策が必要である。技能実習生のほか，2019 年 4 月以降，受け入れが進むと見込まれる単純労働者の一部は，在留期間の制限が設けられており，定住化することが認められていない（その是非についてはここでは問わないでおく）。こうした「非定住型」外国人の増加が

今後さらに加速することは必須であるにもかかわらず，従来の多文化共生政策が暗黙の前提とする「外国人」とは定住外国人のことであり，長期滞在の外国人を主な対象とした取り組みに偏るきらいがあることは否めない。そこには，「非定住型」外国人が，多文化共生のまちづくりのパートナーとして必ずしも認識されていない状況が影響しているだろう。

こうした現状のなか，岡山県美作市は，「非定住型」外国人を地域社会にとって不可欠な構成員として位置づけ，産業政策や人口政策と関連させた政策を積極的に推進している自治体であり，注目に値する。美作市では，行政主導により大規模な技能実習生の受け入れを実施しているほか，多岐にわたる領域で外国人材を活用することをとおして，地域の再生を実現させようという見取り図を描いている。次節では，美作市の外国人受け入れ政策を概観し，その成果について検討したい。

4 岡山県美作市における 行政主導の外国人技能実習生の受け入れ

4-1 美作市の概要

美作市は，岡山県の北東部に位置し，兵庫県および鳥取県と境を接している（図2-2）。2005年3月31日に，勝田郡勝田町，英田郡美作町・大原町・作東町・英田町・東粟倉村の5町1村が合併して誕生した。ただし，合併後も人口減少と少子高齢化が著しく進行し，県内の市の中で最も人口の少ない自治体となっている（表2-1）。

美作市の過疎化を促す要因のひとつとして，県庁所在地である岡山市からの交通アクセスの不便さがあるだろう。岡山市からは電車で約2時間，車で約1時間30分を要する距離に位置しており，岡山市内への通勤や通学に関しては条件不利地域であるといえる。一方で，関西と九州を結ぶ中国自動車道が市の中心を東西に走っており，この高速道路を利用すれば約2時間で大阪へ到着する。この立地条件を活用し，美作市では産業振興の一環として高速道路のインターチェンジ近くに工業団地を整備し，企業誘致に力を入れている。

また，後で言及するように，美作市は技能実習生の受け入れを精力的に推進している。全国的な傾向と同じく，美作市における技能実習生も2008年頃よりそ

第2章　中山間地域における外国人技能実習生の受け入れ政策 | 43

図2-2　岡山県美作市の位置

表2-1　岡山県美作市の世帯数・人口総数・高齢化率の推移

	2000年※	2005年	2010年	2015年	2000～2015年の増減率（%）
世帯数（戸）	11,767	11,608	11,205	10,881	92.5
人口総数（人）	34,577	32,479	30,498	27,977	80.9
高齢化率（%）	31.1	33.7	35.2	38.9	―

注：※2000年は，勝田郡勝田町，英田郡美作町・大原町・作東町・英田町・東粟倉村の合計。
出所：『岡山県統計年報』各年版より作成。

れまで多数を占めていた中国人からベトナム人へシフトする傾向が見られる（図2-3）。2016年8月に市の職員から聞いた話によると，技能実習生の受け入れ企業は10社ほどで，そのほとんどが製造業であるという。また，ベトナム人技能実習生80人のうち，約半数はすぐ前で述べた工業団地内の企業A社で就労していた。美作市が産業振興のために誘致した企業で，多数の技能実習生が活用されていることからも，若年層の労働力確保が困難な中山間地域において，彼らが地域経済の一端を担っているようすがうかがえる。

では，技能実習生，とりわけベトナム人技能実習生の受け入れが，美作市の政策においてどのように位置づけられているのかを，「美作市まち・ひと・しごと創生総合戦略」のなかから明らかにしよう。

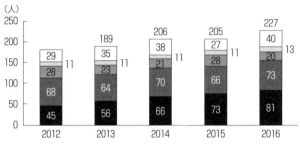

図 2-3　美作市における国籍別外国人登録人口の推移
注：※2012～2014 年は韓国と朝鮮の合計。
出所：入管協会『在留外国人統計』（各年版）より作成。

4-2　行政による外国人材活用への期待

（1）「美作市まち・ひと・しごと創生総合戦略」に見る外国人の活用方針

　美作市では，2015 年 8 月 31 日付けで，「美作市人口ビジョン」および「美作市まち・ひと・しごと創生総合戦略」を策定した。「創生総合戦略」［美作市 2016］では，冒頭で，「人口の大幅な社会増を実現していくためには，若い世代をターゲットとして『育・職・住』の各分野に複合的に効果の高い施策を積極的に打ち出すことにより，しごとがひとを呼び，ひとがしごとを呼び込む好循環を確立し，自然と笑顔が輝くまち・美作市を創造していく必要がある」という市の方針が明示されている (p.3)。そのうえで，以下の 4 つの政策分野ごとに基本目標を設定するとともに，具体的な施策ごとに重要業績評価指標を提示している。このうち，とりわけ，外国人材の受け入れに関わる部分を抜粋したい。

　第一の政策分野は，「安全で安心して暮らせる福祉の充実」である。医療や介護の需要増大を背景として，介護・看護等専門職を確保するための専修学校を誘致し，2018 年 4 月の開校をめざすことがうたわれている。また，兵庫県宍粟市・上郡町・佐用町，鳥取県智頭町，岡山県美作市・西粟倉村による「三県境地域創生会議」との広域連携を通して，専修学校への入学生を継続して確保するという方針を打ち出している。この学校を開校することにより，介護・看護等専門職が育成されることに加えて，学生の市内転入や教員・事務職員としての雇用創出といった効果も期待されている。さらに，市の職員によると，学生 360 人定員のうち，ベトナム人 40 人の受け入れを見込んでいるほか，将来には外国人看護師等

の受け入れ機関としての機能も持たせる予定であるとのことであった。2018 年
4 月，美作市スポーツ医療看護専門学校が，予定通り開学した。看護学科，介護
福祉学科，柔道整復スポーツトレーナー学科に加えて，日本語学科（2018 年 8 月現
在で認可申請中）が設置され，日本の医療や福祉，スポーツなどの分野における活
躍が期待されている（美作市スポーツ医療看護専門学校ホームページ）。

　第二の「個性を伸ばす教育・文化・芸術の充実」に関しては，岡山国際サーキ
ットなど，美作市のスポーツ関連施設を有効活用し，全寮制の「レーシング・ス
クール」がすでに開校している。今後は，海外からの留学生も受け入れて，モー
タースポーツの分野における有為な人材育成に取り組む方針である。

　続いて，第三は「地域産業の活性化と観光振興の充実」であり，この政策分野
がもっともベトナム人材の受け入れに関わっている。まず，みまさか商工会等と
連携し，ベトナム人を中心とした技能実習生の受け入れをさらに推進することと
し，2020 年までに 500 人の技能実習生を受け入れることを目標に設置している。
そして，ベトナム人の生活支援を充実させるため，日本語が堪能なベトナム人を
市の嘱託職員として雇用し，ベトナム語による生活情報や観光情報の発信のため
の施設も整備する。さらに，アジア諸国からのインバウンド観光客の年間宿泊者
数の目標を 1 万人に設置し，その実現を図るため，三県境地域の資源を活かした
体験型観光事業を整備するほか，多言語標識の設置や，海外展示会への出展を通
した情報発信などを推進していく。

　そして，第四は「自然豊かな地域環境を活かした魅力ある地域づくり」である。
この政策分野では，外国人材の受け入れと直接結び付けた施策は設定されていな
いものの，空き家を活用した UIJ ターン移住者の積極的な受け入れや，既存住
民と新規定住者の交流支援などを行い，社会増を図ることが示されている。

　このほか，美作市では，過疎地域の集落支援員である地域おこし協力隊を多数
受け入れ，積極的に活用している。また，市は NPO 法人との協働により「ニー
ト」や「ひきこもり」の若者の自立支援組織を創設し，そこで共同生活を送る若
者が耕作放棄地の再生や古民家の改修活動に参加しながら，美作市での就職や就
農を果たすことができるよう，取り組みに力を入れている。

　これらの状況をふまえると，美作市が実施している地方創生政策とは，外国人
を含む「よそ者」の積極的な受け入れとこれら新規流入者の適応支援を進めるこ
とにより，地域社会の担い手となる人材の確保や新たな雇用の創出を実現させ，

地域再生を図ろうという戦略が，その主軸となっているといえる。

（2）公民連携およびベトナム・ダナン大学との協定関係による事業

　今述べたような外国人材の活用を盛り込んだ美作市の政策は，「地域再生のためにはベトナムとの関係強化が不可欠である」という方針を掲げた改革派市長，萩原誠司氏の強力なリーダーシップのもとで展開されている。

　萩原市長は，通商産業省職員，岡山市長，衆議院議員，大学教員などを経て，2014 年 3 月に美作市長に就任し，2018 年 8 月現在で 2 期目を務めている。通産省職員の時代にベトナムと関わる業務の経験があったことが縁となり，市長就任直後，ベトナム中部に位置する同国第三の都市，ダナン市のベトナム国立ダナン大学より市長へ講演の依頼があった。このときの市長の訪越を直接の契機として，それ以降，ダナン市との実質的な相互交流が始まった。以下，その具体的な実施状況をいくつか示そう。

　まず，市長の講演後，ダナン大学からの要請により，2015 年 4 月にダナン大学と相互協力協定を締結した。萩原市長は，目覚ましい経済成長ぶりを見せるベトナムに将来性を見出し，現地から豊富な若年層の人材を受け入れることが地域再生の鍵を握ると考え，協力関係構築の申し出に対して，積極的に応じる姿勢を示した。こうして，自治体としては初めてのベトナムの大学との協定が成立することとなった。また，ベトナム人技能実習生の受け入れ体制をより強化するため，みまさか商工会が現地の技能実習生派遣会社である TTLC 社と事業協定を締結し（2015 年 8 月），2016 年以降，商工会が受け入れ機関としての機能を実質的に果たすようになった。

　2016 年 4 月には，ベトナム人技能実習生の生活支援を目的として，美作市役所にダナン大学を卒業したベトナム人が嘱託職員として採用された。この職員は，技能実習生の生活相談窓口となり，通訳として病院に付き添うこともあるほか，技能実習生の就労先企業からのさまざまな相談にも応じる。また，同じ 2016 年には，ベトナム政府関係者 8 人からなる視察団の訪問を受け，市内にホーチミン主席像を設置することについて協議を行った。このほか，ベトナムの文化や歴史を学ぶため，在大阪ベトナム社会主義共和国総領事館の総領事やダナン大学総長を講師として招聘し，市内の公民館やホテルにおいて「ベトナムセミナー」を 2 回開催している。

　さらに，ベトナムとの親善友好促進，経済・文化・教育・観光などにおける交

流を図るため，美作市の企業，商工会，住民団体，市役所による公民協働組織，美作日越友好協会が 2016 年 4 月に設立された。設立総会には約 70 人が出席し，ダナン大学総長による記念講演も行われた。この協会は，ベトナム視察団訪問時の協力など，市の交流事業を全面的に支援するほか，2017 年 6 月より，美作市民を対象としたベトナム語講座を開始している。ベトナム人嘱託職員が講師を務め，月に一回，美作市民センターで開催される。講座では，ベトナム語のあいさつや会話を学ぶだけではなく，ベトナムの伝統行事や食習慣，ベトナム各地の生活様式なども紹介される。筆者もこれに数回参加したが，参加者は平均 30 人ほどで，時にはベトナム人技能実習生が就労先企業の役員とともにこれに加わり，ベトナム語と日本語で自己紹介をする場面も見受けられた。

　2017 年以降は，さらにベトナムとの結びつきを強化する事業が展開されている。その一環として，美作市は，ダナン大学に美作市嘱託職員を日本語教師として派遣している。また，ダナン市で開催された「ダナン市越日文化交流フェスティバル」に出店し，特産の鹿肉を使ったカレーや日本酒の提供，美作市の観光 PR などを行って，現地の人びとから好評を得たという。

　同様に，2017 年以降，美作市内におけるさまざまな交流事業も積極的に実施されてきた。一例を挙げると，市が美作日越友好協会や他の市民団体との連携のもと，市内で行われるイベントの「作東地域愛と長寿のふるさとまつり」に美作日越交流村を出店し，そこでベトナム人技能実習生とともにベトナムの伝統的な料理であるフォーや春巻きを提供した。また，美作市は，みまさか市観光ボランティアガイドを務める市民や技能実習生の就労先企業の協力を得て，技能実習生を対象とした市内バスツアーも開催している。ツアーでは，市内の観光名所めぐり，いちご狩り，武道場での剣道体験など，技能実習生が日常的にほとんど体験することのない（体験することが難しい）活動が盛り込まれている。そこには，彼・彼女らに美作での生活を楽しんでほしいという主催者の意図が感じられる。また，参加した技能実習生らにとっては，他の企業で就労する技能実習生と交流を深める機会ともなっているようである。

　このように，美作市では，行政が旗振り役となって技能実習生の受け入れを推し進め，それにともなって，ベトナムのダナン大学との連携や住民と技能実習生の交流事業などを活発に展開している。今後は，美作市が 2020 年東京オリンピックの開催時にベトナムの「ホストタウン」として選出されたことを受けて，ベ

トナムとの関係がさらに強化されるとともに，技能実習生の受け入れ体制の整備がより一層促進されると見込まれる。

4-3　地方創生政策と結びついた技能実習生の受け入れの成果

以上，美作市が，地方創生政策の一環として外国人材，とくにベトナム人技能実習生の活用を位置づけ，地元商工会，企業，市民を巻き込みつつ，技能実習生受け入れ関連の取り組みを多岐にわたって推進しているようすを記述した。改革派市長がリーダーシップを発揮して，前例のない事業を精力的に展開するのは，著しい人口減少という今日の切迫した事態への対応が必要であるからにとどまらない。市長は，近い将来，技能実習生の受け入れをめぐり，労働力不足が深刻な自治体間で競合が生じるだろうと予測している。つまり，技能実習生が生活しやすい環境を整備することにより，今後も継続して彼・彼女らに「選ばれる」自治体であり続けなければ，自治体の存続も困難となるという強い危機感がそこにある。

加えて，技能実習生をはじめとする外国人に対し，「よそ者の目から美作の魅力を発掘してほしい」という期待も抱いている。今後の地域再生にとって，新たな地域資源の発掘とその活用は不可欠であるものの，地元住民はそうした資源に気づきにくい。「よそ者」ならではの視点から美作の魅力を指摘してもらい，今後，インバウンド観光の促進につなげていこうという戦略である。こうした発想には，外国人材の受け入れを単なる労働力の補充として捉えるのではなく，新たな価値観の獲得契機でもあると認識しているようすが見て取れる。

行政が外国人材の受け入れに関して，こうした意向を明確に示し，率先して技能実習生の受け入れ体制の整備を図ることの意義は小さくない。まず，技能実習生にとっては，ベトナム人の嘱託職員が配置されることにより，ベトナム語での生活相談が可能となるほか，さまざまな事業を通じて，他の企業で就労するベトナム人とのネットワーク形成が促される。そうしたネットワークから，ベトナム人のサッカーチームが結成された。また，交流事業によって，日本の社会や文化に対する理解と日本語能力の獲得が促される。それによって帰国後，観光ガイドや日系企業での通訳者などとして活躍するなど，キャリアアップの可能性が広がる。

また，技能実習生の就労先企業に目を向けると，技能実習生の生活環境を企業

が単独で整備することは困難であることから，ベトナム人の嘱託職員が生活相談の窓口となり，関係機関にもつなぐしくみはきわめて貴重である。また，工業団地に立地する企業の従業員と地域住民は普段それほど接点がないため，市のイベントや地元の祭りに技能実習生が参加することを通して，地域住民との間に「顔の見える関係」を構築できるのは，地域社会におけるトラブル回避の方策としても大きな意義がある［二階堂 2019］。

　さらに，行政が多文化共生のまちづくりを目に見える形で推し進め，異文化理解の姿勢を明確に打ち出すことにより，地域住民の外国人に対する意識にも少なからず影響があると考えられる。とりわけ，美作日越友好協会が主催するベトナム語講座や，ベトナム人技能実習生とめぐる美作バスツアーは，参加した住民にとって，ベトナム社会やベトナム人に対する関心と理解を深める機会となっているだろう。

　今後は，技能実習生による地域資源の発掘など，「よそ者」としての立場や視点を地域再生に活用するための具体策について検討すること，また，「多文化共生」に対する地域住民の理解をさらに深めていくことが課題となる。

おわりに

　最後に，これまでの議論をふまえて，中山間地域の自治体における外国人の受け入れのあり方について考察を加えたい。

　中山間地域では，少子高齢化や人口減少にともなう労働力不足が深刻であることに加えて，美作市のように，自治体の企業誘致による外来工場の人材需要に応えるため，外国人労働者の導入を図る必要性が高いところも多い。その一方で，大都市と比べて，外国人住民の生活支援を行う NPO などの市民活動が少ないうえ，「異質な存在」としての外国人に対する否定的な感情をもつ日本人住民も少なくない。

　こうした状況を背景に，外国人を地域社会の担い手と位置づけた「外国人誘致政策」として，長期的な展望にもとづく総合的な外国人受け入れ体制の構築が求められる。すなわち，地域社会における経済・産業の活性化，高齢化に対応しうる福祉の充実，教育機関の整備，地域資源を活かした観光化の推進，およびそれらにともなう雇用機会の創出など，地域活力の再生を総合的に行うことと連動さ

せつつ，地域外からの人材の活用の一環として，外国人労働者の受け入れを体系的に進めることが必要である。

また，地域社会との「顔の見える関係」の形成に向けた「地域社会へのソフトランディング政策」として，行政が商工会，地元企業，市民団体との有機的な連帯を進めることが重要である。さまざまなステークホルダーが，それぞれの果たしうる役割を媒介として連携することにより，技能実習生をめぐる今日の課題，すなわち，技能実習生の孤立化や孤独化，企業による技能実習生への人権侵害，企業の孤立無援状態，技能実習生と地域住民の関係悪化（あるいは無関係状態）などについても，解決の糸口が見出せる可能性がある。

さらに，「潜在能力の活性化政策」による地域の再生に向けて，地域社会の多様性を活用した地域課題の解決の道筋を探求することも，今後，ホスト社会が取り組むべき仕事であるだろう。例えば，「よそ者」としての視点から，外国人にその地域の魅力を発掘してもらい，それらを観光資源として活用する，あるいは，外国人の多様な価値観や「異質性」を地域資源として，それまでにない新たなビジネスを展開する，といった取り組みが考えられる。

これらの実現に向けて，従来の多文化共生政策とは異なる視点に立ち，産業政策や人口政策と関連させた実効性のある外国人受け入れ政策を真摯に検討する時期であることは，間違いないだろう。

追　記
本章は，以下の研究成果の一部である。

① 平成27〜29年度科学研究費補助金（基盤研究（Ｃ））「日本語学習活動を核とした移住労働者の社会的統合——ベトナム人技能実習生を事例に」（研究代表者：二階堂裕子）

② 平成28〜30年度科学研究費補助金（基盤研究（Ｃ））「人口減少時代の地方都市・中山間地域の多文化化と地域振興に関する社会学的研究」（研究代表者：徳田剛）

③ 平成30〜33年度科学研究費補助金（基盤研究（Ｃ））「外国人技能実習制度の課題と可能性——環境保全型農漁業の技能移転を焦点とする実証研究」（研究代表者：二階堂裕子）

● 参考・引用文献

大久保武［2005］『日系人の労働市場とエスニシティ――地方工業都市に就労する日系ブラジル人――』御茶の水書房.

上林千恵子［2015］『外国人労働者受け入れと日本社会――技能実習制度の展開とジレンマ――』東京大学出版会.

国立社会保障・人口問題研究所［2017］『日本の将来推計人口――平成28（2016）年〜77（2065）年――』.

国立社会保障・人口問題研究所ホームページ「人口統計資料集（2018年版）」http://www.ipss.go.jp/syoushika/tohkei/Popular/Popular2018.asp?chap=12&title1=%87%5D%87U%81D%93s%93%B9%95%7B%8C%A7%95%CA%93%9D%8Cv（2018年8月15日最終閲覧）.

首相官邸ホームページ「まち・ひと・しごと創生総合戦略――概要――」https://www.kantei.go.jp/jp/headline/chihou_sousei/（2018年8月15日最終閲覧）.

富澤拓志［2010］「地方分工場経済における企業誘致型産業振興の行方」，鹿児島国際大学地域総合研究所『地域総合研究』第38巻第1号.

二階堂裕子［2017］「多文化共生」，上水流久彦他編『東アジアで学ぶ文化人類学』昭和堂.

―――――［2019近刊］「外国人技能実習生と地域住民の「顔の見える関係」の構築――岡山県美作市における地域再生の試み――」，日本社会分析学会『社会分析』46号.

美作市スポーツ医療看護専門学校ホームページ　https://www.msmn.ac.jp/（2018年8月15日最終閲覧）.

美作市役所［2016］『美作市まち・ひと・しごと創生総合戦略（改訂版）』.

毛受敏浩編［2016］『自治体がひらく日本の移民政策――人口減少時代の多文化共生への挑戦――』明石書店.

第3章

地方都市における外国人住民の集住化への対応
──島根県出雲市の事例から──

徳田　剛

はじめに

　地方部においては，少子高齢化や都市部への転出による人口減少傾向が，暗黙の前提として想定されている。したがって，移住人口であれ交流人口であれ，地域外からの人口流入は，基本的には歓迎されるべき傾向である。その流れからすれば，日本国内の（とりわけ都市部からの）観光客や移住者の誘致，そして第2章で取り上げられたような，外国人住民の積極的な誘致による地域振興や人材確保を積極的に打ち出していく自治体や地域が，今後はさらに増えていくだろう。ただ，そうした取り組みが功を奏し，外国人が住民として大挙到来するような事態に至った時に，地方部の自治体や地域社会に何が起こり，どのような対応が求められるかについても考えておく必要がある。

　地方部の自治体においては，少子高齢化や各種産業の低迷などによる活力低下や税収減に加えて，2000年代以降に進められた市町村合併や行財政のスリム化によって，地方自治体や公的セクターの政策実行力や対応力が低下している現状がある。また，地方行政の政策課題の中で，国際交流や多文化共生に関連するものは優先順位が低くなりやすく，行政機構における専門的な部署やスタッフを確保することは容易ではない［徳田 2018］。そして，ボランティア団体やNPOなどの市民セクターもマンパワーや活動資金の不足など厳しい条件の下で活動しており，とりわけ広大な外国人散住地域を抱える地域においては多様な課題に対応しきれていない場合が多い（本書第1章および徳田・二階堂・魁生［2016］参照）。そのような中で外国籍の移住者や来訪者が急増したならば，当該地域は限られたマンパワーや予算，多文化共生や外国人住民のサポートについての問題意識の弱さや政

第3章　地方都市における外国人住民の集住化への対応 | 53

策面での未整備といった問題を抱えながら，さらなる綱渡り状態での対応を迫られることになる。

　島根県出雲市は，合併後の市域内に日系ブラジル人労働者を多く雇用する製造業の生産拠点を有し，その業績の好調さを背景に，同市の在住外国人人口数（とりわけブラジル籍住民）が増加し続けている。島根県は中山間地域など多くの人口減少地域を抱えているため，県全体の政策上の重点課題は過疎化対応や地域振興に置かれ，外国人住民の生活環境整備や多文化共生などの諸施策の優先順位は低くなりがちである。そうした地域性を背景に持ちつつも，出雲市では市の担当課や関連部署，市民団体や地域の日本語教室，日系ブラジル人労働者を雇用する請負業者などが協議・調整をしながら諸課題に対応している。

　そこで本章では，島根県と出雲市の人口動態を明らかにしたうえで，出雲市の多文化共生施策の骨子について概観する。次いで，市内在住の外国人住民に関連する諸セクターの顔ぶれと活動内容，さらには公立小中学校の現場から明らかになった，地方部での外国人住民の集住傾向への対応の課題点を明らかにする。

1　島根県と出雲市の外国人住民数の推移

1-1　島根県と出雲市の人口動態

　本節では，出雲市の外国人人口の動態について，県および市全体の人口数の変化を参照しつつ概観する。表3-1は，国勢調査のデータをもとに1980年以降の島根県と出雲市の人口数の推移をまとめたものである。県全体の傾向を5年ごとの数値で見ると，1985年に80万人近くまで増加したのちは，一貫して人口は減少している。2018年7月現在では68万437人となっており，20年ほどで約10万人の減少となっている。高齢化率は32.5%（2015年）で，秋田県，高知県に次いで全国で3番目に高い。県外への人口流出による社会減少に加えて，近年では出生者数を死亡者数が上回る，自然減少によって人口減少のスピードが増しており，さらなる少子高齢化の進行と県内各地の活力低下が危惧されている。

　その中にあって，出雲市の人口数はおおよそ17万人台で推移している。1980年以降の人口数（合併以前の2市5町の人口の合算）を見ても大きな減少は見られず，ここ数年では微増傾向が見て取れる。これは主に，近隣自治体からの転入増と市内企業に勤めるブラジル人とその家族の転入増によるものである［出雲市 2018：

表 3-1　島根県および出雲市の人口動態

年	島根県		出雲市	
	人口数	増減数	人口数	増減数
1980	784,795	―	166,280	―
1985	794,629	9,834	170,529	4,249
1990	781,021	−13,608	171,422	893
1995	771,441	−9,580	172,001	579
2000	761,503	−9,938	173,776	1,775
2005	742,223	−19,280	173,751	−25
2010	717,397	−24,826	171,485	−2,266
2015	694,352	−23,045	171,938	453
2018.07	680,437	−13,915	175,390	3,452

注：出雲市の 2005 年以前の数値は旧市町の人口数を合算
　　したもの。
出所：国勢調査の結果をもとに筆者作成。

10]。

1-2　島根県と出雲市の外国人人口数の推移

　次に，島根県と出雲市の外国人住民の人口動態を確認する。島根県文化国際課
の資料によれば，島根県全体の外国人住民数は 1990 年代前半までは 2000 人台で
あったが 1990 年代後半から 2000 年代半ばにかけて増加傾向が続き，ピーク時は
リーマンショック前（2007 年）の 6189 人であった。不況期に入った 2008 年に大
きく減少し，**表 3-2** にあるように 2010 年代前半は 5000 人台半ばで推移した後，
2014 年あたりから島根県の外国人数は大きく増加している。国籍別でみると，
ここ 10 年では中国籍と韓国・朝鮮籍の減少，フィリピン籍の微増，そして最近

表 3-2　島根県の外国人人口の推移（国籍別）

	2008	2009	2010	2011	2012	2013	2014	2015	2016	2017
ブラジル	902	1,131	1,222	1,112	1,115	1,164	1,518	1,974	2,215	2,874
中国	2,457	2,377	2,255	2,096	2,051	1,908	1,838	1,630	1,521	1,392
フィリピン	812	801	826	828	825	847	832	831	856	844
ベトナム	71	46	29	30	51	92	158	350	552	810
韓国・朝鮮	868	826	803	809	777	769	766	759	724	711
その他	529	565	560	550	524	521	595	736	911	1,058
総数	5,639	5,746	5,695	5,425	5,343	5,301	5,707	6,280	6,779	7,689

出所：島根県文化国際課の提供資料をもとに筆者作成。

表 3-3 島根県の外国人人口（市町村別）

市町村	人数	県内比	前年比（人）
1 出雲市	3,730	48.5%	722
2 松江市	1,380	17.9%	91
3 浜田市	602	7.8%	−19
4 大田市	387	5.0%	47
5 益田市	355	4.6%	36
6 江津市	289	3.8%	−3
7 雲南市	222	2.9%	4
8 安来市	186	2.4%	25
その他	538	7.0%	7
計	7,689	100.0%	910

出所：島根県文化国際課の提供資料をもとに筆者作成。

図 3-1　出雲市の外国人住民数の推移（国籍別）
出所：出雲市文化国際室提供の資料をもとに筆者作成。

5年間では特にブラジル籍とベトナム籍人口の急増が見られる。

　このような島根県全体の外国人人口の動態は，出雲市の動向を色濃く反映したものである。島根県内の各自治体の外国人住民数を示した**表 3-3** にあるように，2017年12月末の時点での島根県の外国人住民数7689人のうち，およそ半数近くにあたる3730人が出雲市に住んでいる。そして，出雲市の外国人人口を国別に表した**図 3-1** からは，2015年以降のブラジル籍住民の人口数の急増など，**表 3-2**で確認した島根県全体の国籍別の人口動態と同型であることがわかる。

56 ┃ 第Ⅰ部　多文化化への対応事例

2　「出雲市多文化共生推進プラン」の概要と策定の経緯

2-1　プランの方針と施策内容

　こうした状況を受けて，出雲市では日本人住民が外国からの来住者を地域住民として受け入れ多文化の地域づくりを進めていくため，「出雲市多文化共生推進プラン」を 2016 年に策定し，同市の多文化共生に関する諸施策を遂行するにあたっての指針としている。

　「出雲市多文化共生推進プラン」は，2012 年に策定された出雲市の総合振興計画「新たな出雲の國づくり計画　出雲未来図」の分野別個別計画として策定されたものである［出雲市 2016：5］。その内容は，総務省が各自治体に策定を促した「地域における多文化共生推進プラン」（2006 年）に準拠したものとなっている。

　次に，「出雲市多文化共生推進プラン」の内容について見ておきたい。本プランの全体的な政策目標として，「互いの国籍や民族・文化の違いを尊重し共に暮らす多文化共生のまち」を目指すことが標榜されている［出雲市 2016：27］。そこでは，総務省の多文化共生推進プランに準拠しつつ，「国際交流」「国際協力」に続く第 3 の指針として「多文化共生」を位置づけ，地域に暮らす外国人住民を交えた地域づくりが目指される。そして，この出雲市のプランの特徴として，具体的な数値目標が設定されていることが挙げられる。それは，2015 年 3 月末の外

表 3-4　「出雲市多文化共生推進プラン」の施策の体系

1．外国人住民のコミュニケーション支援
　（1）情報発信の多言語化と情報伝達手段の確保
　（2）日本語の習得と地域社会で共に暮らしていくための支援
2．外国人住民の生活支援
　（1）快適な暮らしのための環境づくり
　（2）子ども・若者支援の充実
　（3）健康で生活をするための支援
　（4）災害（危険）にそなえるための支援
3．多文化共生の地域づくり
　（1）地域社会での多文化共生の意識啓発
　（2）自立支援と地域社会への参加・交流
4．多文化共生推進のための体制整備
　（1）行政・民間団体等との連携強化

出所：出雲市［2016：29］より抜粋。

第3章　地方都市における外国人住民の集住化への対応 | 57

国人住民数を基準として，この先5年以上引き続き住んでいる外国人住民の割合を30％台にすることを目指すというものである。その趣旨は，外国人住民が長く暮らす「出雲市」であることが，誰にとっても住みやすいまちとしての「出雲市」であることを証明する，という考え方にある［出雲市 2016：28］。同プランの具体的な諸施策は，**表3-4**のような内容となっている。

2-2　プラン策定の背景

次に，「出雲市多文化共生推進プラン」の策定の背景要因について考察する。同プランが策定された2016年はブラジル人人口の急増期と重なっており，時節に合ったプラン策定であった。とはいえ，同プランの策定の経緯としては，2回の市町村合併を経た新しい出雲市における，外国人人口数とその構成の大きな変化への対応という側面が大きい。

出雲市の市町村合併は，2005年3月に旧出雲市，平田市，佐田町，多伎町，湖陵町，大社町の2市4町による合併が行われ，2011年10月に斐川町が加わることで現在の出雲市の範域が形成された。斐川町には多くの日系ブラジル人労働者を雇用する製造工場が立地している。したがって出雲市と斐川町の合併は，新しい出雲市に暮らすブラジル人人口数を押し上げることにつながり，多文化共生政策を新たな地域づくりの軸に据えることがより重要な政策課題となっていったのである［出雲市 2016：4］。

それでは，この「出雲市多文化共生推進プラン」に挙げられている諸施策，すなわち市内在住の外国人住民へのサポートや多文化共生の地域づくりに向けた諸々の課題は，どのような人びとや団体によって担われているのであろうか。

3　出雲市における多文化共生施策の実施主体

3-1　出雲市役所

市外からの転入者にとって，国籍にかかわらず転出入の届け出や各種手続き，医療・教育・福祉などの公共サービスの享受，市民生活に際しての相談など，さまざまな場面で市役所との関係が生じる。とりわけ，地域に暮らす外国人住民に関する案件や多文化共生施策の遂行を担っているのは，出雲市政策企画課文化国際室である。スタッフは正職員3名，市役所業務に関する翻訳・通訳業務を行う

ポルトガル語通訳者2名，国際交流員3名（2018年7月時点では米国，フィンランド，ブラジル）で構成されている。

2014年のデータでは，市役所の窓口における通訳対応の回数が特に多かったのが市民課（622件），市民税課（255件），子育て支援課（230件），建築住宅課（85件）の順となった［出雲市 2016：12］。それぞれ具体的にどのような案件が多かったかというと，市民課では住民登録・印鑑登録・婚姻届など，市民税課では入国管理局に提出する証明書の申請や確定申告の相談など，子育て支援課では子育てに関する相談，建築住宅課では公営住宅に関することが挙げられた（文化国際室員への聞き取りより，2017年8月）。

また，文化国際室では，庁内各部署において通訳対応が必要な場合のサポートや，生活情報（特にごみの捨て方など）を外国語や「やさしい日本語」で記載したパンフレットの作成，窓口での口頭対応や文書・掲示物などで使われる日本語表記についての注意点のレクチャー，外国人住民へのサービスに際しての多言語対応等に取り組んでいる。

3-2　医療関連機関（病院，消防署）

外国人住民が増加すると，病気やケガなどによる通院や救急搬送が生じた際の多言語対応の重要性も増してくる。出雲市在住の外国人住民の多くが工場勤務のブラジル人とその家族であり，請負会社の通訳などの同伴で来院する場合が多いようだが，定住が長期化するとさまざまな状況において医療現場における多言語対応の必要性が高まる。出雲市内の基幹病院のひとつである島根県立中央病院では，外国人住民の来院への対応としてタブレット端末を用いた医療通訳システムや多言語での院内表示の仕組みを導入している（第9章参照）。

また，急病や事故時の対応においては，外国語を母語とする人たちが救急医療システムを利用しなければならないケースも出てくる。出雲市消防本部では，通報を受けた署員が日本語話者ではないと判断した時に外部の緊急時コールサービスに接続し，通報者・現地の消防本部・通訳の3者でのやり取りにより状況の把握と対応を短時間で行う仕組みを導入している（出雲市消防本部での聞き取りより，2018年2月）。

3-3　公立の小中学校，幼稚園・保育園など

　プラン策定時のデータである 2015 年 12 月末時点の年齢別データによれば，この時点のブラジル籍住民数 1756 人のうち 20 歳代から 40 歳代の人口数は 1298 人で，実に 73.9％となっている。そして特に近年では，この世代のブラジル籍住民が家族を本国から連れてきたり，渡日後に結婚し子どもが日本で生まれたりするケースが増えてきている。出雲市在住の 0 歳から 15 歳までの外国人人口数は 183 人であるが，そのうちの 126 人（68.9％）がブラジル籍の子どもたちである。とりわけ，6 歳から 15 歳までの子どもたちの多くは，ブラジル人の世帯が集住する地域の公立小中学校に通学することになる

　出雲市の市立小中学校の全体における日本語指導が必要な生徒数は，2017 年度では小学校 9 校に 95 人，中学校 5 校に 26 人の合計 121 人，2018 年度では小学校 12 校に 115 人，中学校 7 校に 43 人の合計 158 人となっている。参考までに，『出雲市多文化共生推進プラン』に掲載されていた 2015 年 12 月末の数値を見ると，市内の 7 つの小学校に 50 名，3 つの中学校に 23 名であったことからも，ここ数年の小学校への外国人生徒の転入が顕著である。特にブラジル人世帯の集住地域に立地する公立の小中学校では，日本語の初期指導や授業運営，生活や進路指導などの対応に苦慮している（次節参照）。

3-4　企業（製造業工場，請負会社）

　出雲市の外国人住民数を押し上げているのは，業績好調な精密機械の部品製作や製品組み立てなどを行う工場が立地しているためである。出雲市内では，それらの製造業の現場に対してライン工程の一部を請け負い，それを日系ブラジル人労働者に従事させる請負会社 2 社が営業しており，本国ブラジルでの人材リクルートや言語や職能のトレーニング，来日後の業務管理や生活支援などを行っている。両社は，出雲市役所の担当部署や定住外国人支援を行っている市民団体や日本語教室，ブラジル人労働者の子弟が通う地元の小中学校などとも連携しており，通訳・翻訳などの業務支援やサポートスタッフの派遣など，地域の諸アクターとの協力関係を構築している。請負会社のひとつである A 社は，ブラジル人労働者が多く住む地域にコミュニティセンターを設置し，ブラジル人社員や地域住民からの相談対応や日本語教室（現在は日本語サークル）の運営を行っている。

3-5　市民団体，地域住民組織など

　出雲市には国際交流や多文化共生に関する活動を行う市民団体があり，『出雲市多文化共生推進プラン』には20の国際交流団体と日本語教室を主宰する6つの団体名が記載されている。前者の国際交流団体の多くは，海外からの来訪者との交流や地域住民（とりわけ学生・生徒など）を海外に送り出すような，文字通りの国際交流をその活動内容の中心としている。地域の日本語教室は，地域に住む外国人住民に日本語の学習機会を提供しており，多文化共生の諸課題のうちの言語教育において大きな役割を果たすとともに，地元住民との交流や何かあった時の相談先としても貴重な場所となっている。また，NPO法人エスペランサは，日本語教室の運営や外国ルーツの子どもたちの支援，日本人住民との交流イベントや異文化理解講座の開催など，さまざまな事業を展開している（第12章参照）。

　外国人住民の数が増加している地域においては，町内会や自治会などの地域住民組織も多文化共生の重要な担い手となってくる。前節で確認したように，出雲市在住の外国人住民の多くは工場で働く日系ブラジル人住民であり，長時間の勤務や夜勤などのシフト制で働く者も少なくないため，平日の日中や休日に地元住民と顔を合わせたり，町内会・自治会の会合や地域行事に参加したりする機会は多くない。まさに，梶田孝道らのいう「顔の見えない定住化」［梶田・丹野・樋口2005］という表現がそのまま当てはまる状況であるが，近年では出雲市内の旧公民館をコミュニティセンターと改称し，地域活動の拠点としている。いくつかの地域ではそれらのセンターにおいて交流事業などの多文化共生関連の活動を始めているところもある。

3-6　エスニック・ショップ，宗教団体，自助組織など

　日系ブラジル人が集住する地域では，工場労働者の集積とともに彼ら・彼女らを顧客とする物産店，レストランなどのエスニック・ビジネスの発達が見られることがある（群馬県大泉町など）。出雲市内にも数件のブラジル料理店が営業しており，多くのブラジル人住民が集まる場所となっているほか，地元のショッピングモールにブラジル食材などが取り扱われるようになったり，ブラジル人の経営による物産店がオープンしたりするなど，エスニック・ビジネスの市場が形成されつつある。

　また，キリスト教徒の多いブラジル人にとって重要な場所であるのが教会であ

る。本国ブラジルにおいてはカトリック教徒が多数派であるが，日本において彼ら・彼女らが必ずしもカトリック教会に通うわけではない。出雲市の中心部にあるカトリック出雲教会でも，工場の勤務時間との関係でミサに出られないこともあってブラジル人の信徒はさほど多くなく，地元の日本人信徒とフィリピン人信徒が多いという（同教会での聞き取り調査より。2018年2月）。また，日本で暮らすブラジル人の中には，ブラジル人が運営するエスニック・チャーチ（ペンテコステ派など）に通う者もいるが［星野 2018］，出雲市ではそうした教会の存在について地元の日本人関係者の話からは確認できなかった。

　さらには，出雲市在住のブラジル人を支える民間の動きも出てきている。2018年7月には，出雲市斐川町にブラジル・サポートセンター（Centro de Suporte ao Brasileiro）が設立された。同センターでは，地元住民との交流のほか，常駐する日系ブラジル人のスタッフがポルトガル語での生活相談に乗ったり，月2回来所する行政書士がビザ申請や出入国手続きへの専門的な助言を行ったりするという（『山陰中央新報』2018年7月25日付朝刊・25面）。

　以上において，出雲市における定住外国人支援や多文化共生に関わるアクター（諸団体）について概説した。これらの団体は，定期的あるいは必要に応じて会合を持ち，情報交換や対応の検討を行っている。筆者が上記の諸団体の関係者に聞き取りをして感じたことは，現時点での出雲市での多文化共生の地域づくりに向けた諸課題のうち，市民サービスや生活情報などへのアクセスにおける多言語対応（主に市役所の課題）と，近年急増しているブラジル人世帯の子どもたちへの公立学校や地域での対応が急務であるということである。次節では，ブラジル人児童・生徒が多く通う公立学校での対応について概説する。

4　公立小中学校における
　　ブラジル人児童・生徒の急増と学校側の対応

4-1　学校現場における外国籍児童・生徒数の動向

　筆者は，2018年8月に日本語指導を要する外国人児童・生徒が多く在籍する出雲市内の2つの小学校とひとつの中学校の教頭，担当教諭に対する聞き取り調査を行った。

　A小学校では，全校児童868名，そのうち外国人児童が79名，通常のカリキ

ュラムの授業以外に日本語等の指導が必要な児童は59名であった（2018年度の2学期始業時点，以下同じ）。15年ほど前は外国籍の生徒は3，4名程度であったのが，2010年以降から急に数が増えて数年で20名から40名となり，現在の数に至っている。在籍学年は散らばっていて，それぞれおよそ10名前後という状況である。日本語での読み書きが十分でない児童は，国語の授業を中心に「取り出し授業」という別対応の形を取っている。来日した時の学年，日本語の能力，学習内容の進度によっても対応が変わってくるため，個別もしくは少人数の対応が中心となってくる。調査時点では，日本語指導にあたる加配教員や非常勤教員など14名の教員が外国籍の生徒への対応や指導にあたっている。

　B小学校は，全校児童388名，そのうち外国籍の児童26名，日本語指導が必要な児童が23名となっており，その全員がブラジル出身である。その対応のために配置された教員は常勤・非常勤あわせて5名いる。B小学校でも5年ほど前までは外国籍の児童数は10人以下であったが，ここ何年かでブラジルからの転入が大きく増えている。

　C中学校は，全校生徒466名，外国籍生徒31名で，そのうちの29名がブラジル国籍である。日本語指導などには7名の教員が当たっている。この中学校でも，親の仕事の関係で日本語の習得なしにブラジルから突然転校してくる生徒が多く，しかも学期の途中からの転入もよくあるとのことであった。中学校の年齢での来日となると各教科の学習内容も難しくなり，それらの理解や習得に必要な日本語の習得もより高いレベルが求められる。また，親は「仕事のための来日」ということで目的意識が明確であるが，帯同してくる生徒たちは目的意識のなさや学習意欲の低さが目立つため，（途中入学の場合は特に）ブラジル人の生徒たちに高校進学レベルの学力を身につけさせることがとても難しいという。

4-2　児童・生徒対応における課題

　3校の担当教諭からの聞き取りでしばしば言及されたのは，ブラジル人の児童・生徒数の急増への対応もさることながら，その多くが学年・学期途中でのイレギュラーな転入となるために，日本語の初期指導や教科内容の習得についての個別対応と通常のカリキュラムの授業との兼ね合いが非常に難しくなっている点である。以下の語りにもあるように，そうした就学状況の背景には，児童・生徒の親の働き方（不定期の転出入および居住地変更，交替制による勤務形態）の影響が見て

取れる。

> 「親の仕事の都合で日本とブラジルを行ったり来たりする児童の場合は，学力も言語習得も中途半端になりがち。特に転校が見込まれる児童は目の前の学習に対する意欲が失われることが多く，どう指導したらよいかが難しい。」（A小学校）

　また，学校教育や子どもの進学・キャリア形成についての考え方の違いも，指導を難しくしている大きな要因となっている。日本とブラジルでは初等・中等教育で学習する各科目の内容も異なり，課内・課外での学習指導の仕方においても両国の隔たりは大きい。

> 「指導内容をポルトガル語に翻訳すればそれで済むというわけではない。"光合成"という言葉を仮にポルトガル語で伝えたとしても，ブラジルの学校教育のどこかで習っていなければ理解できないし，理解させるための知識の素地もない。」（C中学校）
> 「来日時の学年や言語習得や適応の個人差はあるが，年少の時期での来日であれば日常会話レベルの日本語であれば慣れることはできる。そうすると，親は"うちの子どもは日本語ができる"と思って満足する。しかし，そうした子どもたちも将来就職する時に必要な読み書きの力や日本語検定をクリアできるような語学力は身についていない。」（同）

4-3　学校現場へのバックアップ体制の構築に関する課題

　以上のような独特の難しさを抱える外国籍児童・生徒への対応に際して，現場の教員や学校の役職者の話からは，バックアップ体制のさらなる充実の必要性がうかがえた。

　こうした学校へのサポートとしてどのようなことを希望するか，という筆者の質問に対してまず挙げられたのは，「母語対応ができる教員，スタッフの常駐」についてであった。

> 「ポルトガル語で説明されると児童も保護者も安心する。現在は巡回の通訳が週1回来てくれているが常駐が理想。」（B小学校）
> 「ポルトガル語で対応可能な支援員に常駐してもらえるようになって，これまでは対応に3日はかかっていたのがその場で解決できる。現場の教員にとって本当

に心強い。」（C中学校）

　次に上がったのは，地元の県や市町村だけで外国語を母語とする生徒に対応したり，そのためのノウハウ習得やスキルアップを行ったりすることは難しい，という声である。とりわけ地方部においては，外国籍の児童・生徒を多く抱える校区が限られていたり，支援対象者がそれほど多くなかったりするので，こうした「初等・中等教育における多言語対応」という課題を高い優先順位をもって進めることはかなりの難事業となる。序章の注8で紹介したように，文部科学省の調査で日本語教育が必要な高校生の学習やキャリア形成の難しさが明らかとなり，このような高校生を支援するために企業やNPOと連携して日本語の習得や進路相談を行っていくような事業を開始し，関連事業への予算も組まれるとのことである（2018年9月30日付の朝日新聞ウェブニュースより。https://www.asahi.com/articles/ASL9W4DYZL9WUTIL00Z.html）。これから全国的に外国人人口数がいっそう増加し，家族帯同のケースも増えると見込まれることから，このような外国につながる児童・生徒たちを支援していくような施策が，大都市圏や外国人集住地域だけでなく，地方部においても運用しやすい制度となることが望まれる。

　そして，外国籍の生徒への指導内容や日本語や教科内容の習得度に関する評価指標の統一化が必要，という指摘もあった。本調査においても，日本語の初期指導の教材などを他地域で用いられているテキストの転用や担当教員や学校で作成したオリジナルの教材で何とか対応しているのが現状である。国の施策として外国人材をより積極的に登用していく，という今後の方向性を鑑みれば，外国人住民の定住化や家族形成によって地域の学校に通ってくる児童・生徒への指導のプロセスやカリキュラム・教材の標準化と周知徹底を全国的に進めていくことを国の教育行政の課題とすべきで，ある程度の「ナショナルスタンダード」での対応が確立されたうえで各地域の状況やニーズに合わせた運用が図られるというのが目指すべき形であろう。

5　出雲市における多文化の地域づくりの現状と課題

　本章では，地方部に位置する自治体において外国人住民が急増した場合に直面する課題について，島根県出雲市の事例を検討した。出雲市の外国人住民へのサ

ポートや多文化の地域づくりに関する諸施策は，（第2章で取り上げられたような）今後の人口減少を見込んだ積極的な移住促進策といった性質のものではなく，少数派である外国人住民にとって住みやすい地域であることは多くの市民にとっても住みやすい地域となることである，といった考え方に基づいた，多様な市民が住みよい地域づくりを目指すものである。

　出雲市における多文化化対応については，近年の外国人人口（とりわけブラジル人）の急増によって，学校での外国人児童・生徒の受け入れや医療機関での多言語対応，ポルトガル語通訳の育成・手配などの領域で対応が十分に追い付いていない部分があることは事実である。しかしながら，総合的な視点から見ると，「出雲市多文化共生推進プラン」の制定や行政における担当部署の設置，行政内各部署や関連の諸団体（NPO，企業，地域社会など）との連携体制の構築など，出雲市において地域の多文化化に向けた体制整備や取り組みはかなり積極的に行われている。「多文化共生推進プランがあったから新しい施策を導入できた」「予算化がしやすかった」などの声にあるように，多文化共生推進プランが示す政策方針が，外国人人口の急増に伴ういくつかの現場（特に行政内部や公的な機関）でのスピーディな対応と有機的に連動している点は高く評価できる。今後の課題としては，策定から5年後の見直し時期においてどのような形で方針や施策内容をブラッシュアップさせるか，そして多文化共生の地域づくりについて庁内だけでなく出雲市の市民にどう周知を図っていくかなどが挙げられよう。

　また，出雲市における多文化共生の取り組みにおいて特筆すべきもうひとつの点は，市の担当課，請負会社2社，市民団体や日本語教室などを中心とした"少数精鋭のアクターたち"による密な連絡体制と協働のもとに諸課題への対応が進められていることである。「出雲には（ブラジル人を中心に雇用している）請負会社が2社しかないので，地域に対してしっかり責任を果たしながら事業を行っている」（請負会社A社）という言葉にもあるように，アクターの少なさと対象地域の「狭さ」により，市役所や市民団体との連携がとりやすく，請負会社の姿勢からも地域住民に迷惑が掛からないように社員教育を徹底しようとする姿勢が強く感じられた。ただ同時に，特定の団体や担当者の存在抜きには連携や協働の体制が回らないといった事態にもなりやすく，各セクターのキーパーソンの交替などがあっても安定的に事業運営ができるような体制の確立も今後の課題となってくるだろう。

謝　辞

本章の執筆にあたっては，出雲市文化国際室，NPO 法人エスペランサをはじめとして，多くの団体・個人のみなさまより情報・資料の提供を受けた。ここに篤く御礼申し上げます。

付　記

本章は，平成 28〜30 年度科学研究費補助金（基盤研究(C)）「人口減少時代の地方都市・中山間地域の多文化化と地域振興に関する社会学的研究」（課題番号：16K 04130，研究代表者：徳田剛）の研究成果の一部である。

● 参考・引用文献 ─────────────────────────

出雲市［2016］「出雲市多文化共生推進プラン」.
──────［2018］「出雲市まち・ひと・しごと創生総合戦略」（2018 年 3 月改訂）.
梶田孝道・丹野清人・樋口直人［2005］『顔の見えない定住化』名古屋大学出版会.
徳田剛［2018］「地域政策理念としての『多文化共生』と宗教セクターの役割」，高橋典史・白波瀬達也・星野壮編『現代日本の宗教と多文化共生』明石書店.
徳田剛・二階堂裕子・魁生由美子［2016］『外国人住民の「非集住地域」の地域特性と生活課題──結節点としてのカトリック教会・日本語教室・民族学校の視点から』創風社出版.
星野壮［2018］「カトリック教会による宗教組織内 "多文化共生" を目指す試み──在日ブラジル人の場合」高橋典史・白波瀬達也・星野壮編『現代日本の宗教と多文化共生』明石書店.

第4章

地方・農村における多様なルーツの外国人住民との共生
──長野県飯田市の事例から──

武田里子

はじめに

　総務省は多文化共生を「国籍や民族などが異なる人々が，互いの文化的ちがいを認め合い，対等な関係を築こうとしながら，地域社会の構成員として共に生きて行くこと」（2006年）と定義した。この定義には，構造的差別や不平等，日本国内のマイノリティの存在を看過し，文化の領域にしぼることで問題の脱政治化を図ることになるとの批判がある［藤岡 2007，崔・加藤編 2008，樋口 2009 など］。他方には，そうした限界を踏まえながらも，異なる人びととの対話を促し，それをもとに社会構造を変革する実践の理論として鍛え直していくことを課題とすべきだ，との意見もある［塩原 2012］。これらの議論は都市部や外国人集住地域での調査をもとに行われている。本章では，相対的に研究の蓄積が薄い地方・農村における共生の取り組みの中から鍛え直しの可能性を探ってみたい。

　まず，地方・農村は多文化共生の文脈でどのように位置づけられるのだろうか。馬場［1980］はカナダのケベック問題をメタファーとして，日本の地方・農村は「国家や大都市の発展と支配の下で，ケベックのように『植民地』的犠牲を強いられてはこなかったか」と問う［同上：182］。地方・農村では家や共同体を維持するために 1980 年代半ばには跡取り息子の配偶者をアジア諸国に求める者が現われ，1990 年代に入ると農業や製造業の人手不足を補うための外国人技能実習生の受入が始まった。地方・農村における多文化・多民族化は，家族戦略として越境を選択した外国人と，日本国内で周辺化された人びとが出会う場として展開している。移住者も移住者を受け入れた側も近代化の中で弱体化した家族や共同体に価値をおいている点は共通している。興味深いのは，社会の持続という観点か

ら，家族や共同体のあり方を見直そうという動きが顕在化しつつあることだ。Putnam［2015：邦訳］は，米国社会で「われらの子ども」という言葉が指し示す範囲が，この数十年の間に自分たちの生物学的な子どもに限られるようになったと指摘する。子ども観の変化には，米国社会が「私たち」の社会から「私」の社会に移行したことが示されている。日本も同様である。多世代家族を遅れた形態とみなし，欧米の夫婦家族を理想とする「近代家族」[1]を志向する中で，社会全体で子どもを育てる意識が弱まり，子どもは親の独占物になった。「私の子ども」から「われらの子ども」へと，子ども観を再転換させる手がかりはどこにあるのだろうか。それは子どもたちが育つ地域社会にある，というのが本章の仮説である。

　社会脳仮説（ダンバー数）は共感し合いながら暮らせる集団の規模は 150 人程度だという［Dunber 2014：邦訳］。150 人程度という規模は人間が定住を始めた 1 万年ほど前から変わっていない。カギになるのは一人ひとりの存在の代替不可能性であるが，その実情に迫るには都市部よりも地方・農村の方が観察に適している。例えば，過疎地の小学校の統廃合はたった一人の子どもの存在が左右する。ゆえに当該地域の人びとは子どもの有無にかかわらず，わがこととして「われらの子ども」のために協力し合う。こうした場面では国籍やエスニシティは後景に退く。共に生きる仲間は「国民」ではなく「住民」だからだ。

　Putnam［2000：邦訳］は社会関係資本を「結束型」と「橋渡し型」[2]に区別する。前者は集団構成員の間の互酬性を強化する傾向があるのに対して，後者は外部資源の活用や情報の交換を促進し，人びとの間により広い範囲での帰属意識や互酬性をもたらす。一方の地方・農村の人びとは「結束型」社会関係資本が豊かであり，他方の外国人住民は「よそ者」であるがゆえに，多様な外部資源や情報を求めて「橋渡し型」社会関係資本を蓄積していく。理想は「橋渡し型」社会関係資本が優位な混合型ともいうべき新しい型の社会関係資本が創出されることだ。

　本章では，地方・農村と外国人移住者の組合せが次世代のための生存戦略という点で共鳴し合う可能性について検討する。長野県飯田市での調査をもとに，以下について考察していく。第一に外国人住民が急増する 1990 年以降に飯田市で日本人住民と外国人住民がどのような社会関係を形成してきたのか，第二にエスニック・コミュニティの形成と外部要因との関係について，第三に多文化共生施策がどのような役割を果たしてきたのか，である。

1 飯田市の特徴

　飯田市は「儲かる農業」を推進する政府の方針を先取りするかのように市田柿など特産品のブランド化に取り組んできた。しかし産業としての農業の衰退を食い止めることはできず，2010年，初めて販売農家の割合（48%）が自給農家を下回った。行政担当者は，「コミュニティを維持するには小規模農家は交付金で守り，兼業農家の支援は国の政策とは別に独自に行う必要がある」と危機感をにじませた（2015年8月の聞き取り）。生産力農業論とは別に生命や暮らしの視点から農業を捉える生活農業論［徳野 2011］の立場に立たなければ，地方・農村の持続は困難になる。農村社会は表層領域と基層領域の二重構造がみられ，地域資源の保全管理や人間関係，伝統文化の伝承や防災など，集落のもつ多面的機能は前者に含まれている。蓮見［1990］は，戦後の激しい社会変動の中でも農業・農村が伝統的特質を再生産してこられたのは，「日常生活に関わる領域と，再生産に関わる領域が区別され，それぞれ別個の行動原理」［同上：210］によって営まれてきたからだという。生業としての農業の役割が弱まっても離農せず，自給農家として農業を続けるのは農地には先祖とのつながりが投影されているからである。

　個人の自由な生き方を抑圧するような「伝統」は修正されなければならないが，社会の浮遊化が進む中で地方・農村の人びとが維持してきた基層領域が新たな意味を持ちだしているのではないかという点に筆者の問題関心がある。競争力の強化や市場での価値を追い求めるだけでは，生命の連鎖も社会の持続も危うくなる。グローバル化が逆に土着的なものへの欲望を強め，「場所のオールタナティヴな解釈」を試みる流れを生み出している［吉原 2011］。

　飯田市は下伊那の中心都市で人口10万3042人。外国人人口（2132人）は人口の2.1%（2017年）である。外国人住民数は1988年の352人（人口比0.38%）から2003年の3243人（同2.97%）まで一気に増加し，その後は漸減が続き2012年に下げ止まった（**図4-1**）。約7割は永住者と定住者で，中国，ブラジル，フィリピンの3か国で87%を占める。

　飯田市の特徴は中国帰国者の存在である。満蒙開拓団として全国から約27万人が送り出されたが，そのうちの14%（約3万7800人）は長野県出身者である。長野県内では飯田下伊那が突出しており全体の25%を占めた。国策に従った結

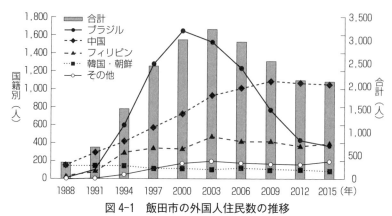

図 4-1　飯田市の外国人住民数の推移
出所：飯田市多文化共生係提供の資料より筆者作成。

果とはいえ，多くの犠牲者を生み出すことに加担した記憶は，国家に対する批判的な気風を育んだ。中国帰国者とその家族は就籍と帰化により日本国籍を取得しているため外国人住民数には含まれていない[3]。

　外国人住民が劇的に増加する 1990 年以降，飯田市ではさまざまな取り組みが動き出し，戦後 50 周年に公民館が主催した「平和フォーラム」が飯田市の多文化共生施策の転機になった［木下 2000］。このフォーラムは，市民による平和や女性問題，環境や農業問題，外国人支援の動きをひとつの流れに合流させる役割を果たした。飯田市は 2001 年に発足した外国人集住都市会議の設立に参加した 13 自治体のひとつでもある。

　飯田市は 15 町村を合併して市域を広げてきた。このため都市機能が整う中心部から過疎地域まで含み，外国人が比較的集住している地域と非集住地域がある。20 地区のうち上位 10 地区に外国人住民の 9 割が居住している（**表 4-1**）。

　外国人住民が多く住む地区には公営団地がある。外国人の占める割合が高いからといって日本人と外国人の相互交流が活発に行われているわけではない。むしろ外国人住民が少ない地区の方が，地域の人びととの密接な関係を築いている場合がある。小さな集落ほど親の国籍にかかわらず子どもは未来を担う貴重な「われらの子ども」だと認識されやすくなるからだ。R が入院した時は近所の人たちが幼い娘の世話を引き受けてくれた（以下，記号化した被調査者は **表 4-2** 参照）。

　調査は 2014 年 5 月から 2015 年 8 月までに 7 回，2017 年 8 月の追加調査を含めて 8 回実施した[4]。調査は 1 回につき 2 泊 3 日〜 5 泊 6 日の日程で実施し，エス

第 4 章　地方・農村における多様なルーツの外国人住民との共生　71

表 4-1　外国人住民数　上位 10 位地区（2016 年 12 月現在）

順位	地区名	外国人住民数	外国人住民の占める割合	外国人住民数（累積人数）	外国人住民の割合（累積%）
1	A	338	2.38%		
2	B	328	2.57%		
3	C	290	4.39%	956	45.4%
4	D	203	1.54%		
5	E	190	1.35%		
6	F	183	3.86%		
7	G	131	2.72%	1,663	79.0%
8	H	87	2.49%		
9	I	73	2.35%		
10	J	69	2.53%	1,892	89.9%
11〜20				213	10.1%
				2,105	100.0%

注：A，B，C，F 地区には中国帰国者が多数居住している県営・市営団地がある。
出所：飯田市多文化共生係提供の資料より筆者作成。

表 4-2　本章で用いた聞き取り被調査者

記号	国籍	性別	年齢	来日	飯田転入	備考
F	ブラジル	男性	50 代	1989	1994	コミュニティリーダー
W	ブラジル	女性	50 代	1991		会社員
N	フィリピン	女性	50 代	1982	1991	外国人相談員
R	フィリピン	女性	50 代	1989		コミュニティリーダー

ニック・コミュニティのキーパーソンと日本人支援者，行政担当者等からの聞き取り，日本語教室や国際交流イベント，中国帰国者の交流会，帰国者が多く通うデイケアセンターでの参与観察などを行ってきた。本章では上記 4 名の聞き取りデータをもとに考察を進める。

2　エスニック・コミュニティの形成

エスニック・コミュニティは，共通の出身地，共通の言語・文化的背景をもつ人びとによって構成され，新たに移住してきた人びとが異文化に適応するために必要な情報や資源を提供する [Portes and Rumbaut 2001：邦訳 104]。本章では何らかの帰属意識をもち，かつその構成メンバーの間に一定の連帯ないし相互扶助の意識が働いているグループとしてエスニック・コミュニティを用いる。コミュニテ

ィは規模の大小にかかわらず，その起点には必要な資源と労力を提供した特定の個人がいる。その個人を突き動かす利他性に共振する一定数の人びとがつながることによってコミュニティは輪郭を現し，その運動を通じて集合的アイデンティティーが形づくられていく。

2-1　ブラジル・コミュニティ

　日系3世のFが19歳で来日したのは1989年3月。日系3世が就労可能な「定住者」の在留資格を取得できるようになる改正入管法の施行前だった。空港の出発ロビーで仲介業者から入国審査では来日目的を「親族訪問」と答えるようにとの指示があり驚いた。違法入国するのだと分かったが，引き返す選択肢はなかった。来日してしばらくは週末に国際電話がかけられる公衆電話のある駅前広場に出かけるのが唯一の楽しみだった。

　群馬県や山梨県の外国人集住地を経てFが飯田市に転入したのは1994年である。1988年には1名だったブラジル人がわずか5年で600人を超える急増期だった。他の地域に暮らすブラジル人グループとの抗争，他の地域に移ったグループが窃盗目的で飯田に戻りそのメンバーに呼び出されて送迎した若者が共犯として逮捕され，強制送還されたこともあった。問題を抱えていたのは親に連れられて来日し，日本で教育を受ける機会もなく労働市場に投げ込まれた若者たちだった。

　飯田市のブラジル人は2000年に1649名に達し，この頃には「小さなブラジル」（ブラジル食材店3店舗，ブラジル人学校2校，教会3つ）が出現した。しかしリーマンショック後に残ったのは教会ひとつである。飯田市のブラジル人コミュニティの活動が活発化したのは減少局面である。1990年代に20代で転入した人びとが子育て期に入り，子どもにポルトガル語やブラジル文化，日系社会の伝統をどのように引き継がせるかが共通の課題になった。Wもその一人である。来日して10年ほどは仕事と子育てで精一杯だったが，2人目の子どもが小学生になるころ，周囲の子どもたちがブラジルの文化を知らずに育っていることが気になり始めた。Fが子どもたちにスポーツや文化を伝えるためにアッセンブリ（ブラジル日系人スポーツ文化協会）を作ろうと動き出したことを知り，コミュニティ活動に加わった。この会では和太鼓教室やダンス教室，クリスマス・パーティーなどさまざまな事業に取り組んできた。最も活発に活動していたのは2005～2008年であ

る。2008 年 6 月に開催された「日伯移民 100 周年記念行事」はコミュニティ活動の集大成の場になった。

　もうひとつ，ブラジル・コミュニティにとって重要な契機になったのが移動領事館の開設運動である。飯田市からは東京より名古屋の方が近いが，飯田市は東京総領事館の管轄である。このため，名古屋総領事館でできる手続きはパスポートの申請と更新のみ。それも必要な資料が全て整っている場合に限る。この問題を解決するために 2004 年に移動領事館を飯田市で開設する運動に取り組み，2005 年に実現した。[6]わずか 1 週間で 500 人の署名を集めてしまう機動力と組織力がリーマンショックの混乱を乗り越えることにも役立った。ブラジル人が 400 人弱に減少したこともあるが，主要メンバー 4 ～ 5 人とポルトガル語の相談員と学習支援員で飯田市のブラジル人の事情は家族構成まで含めてほぼ把握できている。

2-2　フィリピン・コミュニティ

　フィリピン政府は経済低迷の打開策として 1974 年に海外雇用庁（Philippine Overseas Employment Administration, POEA）を設置し，海外にデカセギ労働者を派遣する事業を本格化させた。1980 年代に入ると興行ビザで来日し，滞在中に日本人男性と結婚するフィリピン女性が増加した。1992～2015 年の日比国際結婚総数は 15 万 5918 組に上る。ピーク時の 2006 年には 1 万 2150 組あった「夫日本・妻フィリピン」の結婚件数は，2015 年には 3070 組に激減した。これは 2004 年に米国務省の人身売買報告書で在留資格「興行」が人身売買の隠れ蓑になっていると指摘され，日本政府が興行資格の審査を厳格化したためである。これにより「興行」から「日本人の配偶者等」に在留資格を変更して定住する経路はほぼ絶たれた。飯田市のフィリピン女性の多くもこの動きに連動した移動を経験している。

　フィリピン・コミュニティは，1990 年代初めにフィリピンから派遣されたグッドシェパードのシスターの協力を得て結成された。シスターはＮが高校生の時の教師である。偶然の邂逅だったがこの出会いはＮがコミュニティ活動に加わるのに十分な動機づけになった。当時は飯田市にも多くの非正規滞在者がおり，さまざまな人権に関わる問題が起きていた。強制送還された人の荷物をフィリピンに送り届けることや，強制送還される者の航空券を購入するためのカンパ活動な

ど，緊急かつ迅速な対応が求められる問題が次々に持ち上がった。

　グループは当初 UFC（United Filipino Community）と名づけられたが，途中で IFC（IIDA Filipino Community）に改称した。「飯田」という場所へのこだわりがある。フィリピン・デーの取り組みなどがマスコミに取り上げられ，N はフィリピン・コミュニティの「顔」になっていったが，実際にコミュニティを支えていたのは非正規滞在の男性たちだった。2000 年代に入り製造拠点の海外移転が進むと非正規滞在者の雇用の場が失われていった。その影響からフィリピン・コミュニティは女性の比率が高まり，対外的に注目を集める N への反発が強まった。N によれば，「フィリピンの女性で海外に出てきた者は，気持ちが強く，能力もある者が多い。だから『私だって』と考えるので私への反発が強まるのはしょうがない」（2014 年 8 月の聞き取り）という。フィリピン・コミュニティには飯田カトリック教会と IFC を中心にするグループ，そこからは距離をおき，緩やかなネットワークでつながるグループもある。N は母親の介護のために一時帰国したのを区切りに IFC から距離をおいた。

　現在の IFC 会長は 2015 年に就任した R である。IFC の執行委員 25 人全員が結婚移住者である。飯田市で 30 年ちかく過ごした女性たちがその関心を家族から地域社会に広げている。飯田市と交流しているフィリピン・レガスピ市から代表団が来訪する時には，通訳や食事提供などの面で市役所に協力することが IFC の事業計画に組み込まれている。

2-3　コミュニティ形成と外部要因

　本節では，必要に迫られて立ち上がってきたエスニック・コミュニティと外部要因との関連から外国人住民のもつ越境的な社会的ネットワークについて考察する。聞き取りから浮かび上がってきた外部要因は出身国政府とカトリック教会である。

　前節でフィリピン政府の海外就労政策について紹介したので，本節ではイシ［2011］によりブラジル政府の動きを整理する。2008 年 7 月「世界ブラジル人」会議がリオデジャネイロで開催され，世界各地から政府が選んだ代表者を招聘して，在外ブラジル人の共通課題や個別の国や地域の課題について議論した。2010 年 12 月には大統領出席のもと，インターネット投票で選出された「在外ブラジル人代表者評議会」（CRBE）評議員の就任式を兼ねて第 3 回「世界ブラジル人」

会議が開催された。これはブラジルの外交史において画期的な出来事であった［同上：238-239］。

　こうした動きは在外同胞の組織化が国益になるとの政府の判断によるものだが，同時に政府に対する移住者側からの働きかけもあったと推察される。働きかけるには移住者側の組織化が先行していなければならない。2000 年に横浜市鶴見区在住の日系ブラジル人が中心となって ABC ジャパンが結成され，リーマンショックを契機に全国的なネットワークが立ち上がった。F もこうしたネットワークから情報を得ると同時に，長野県内のブラジル人ネットワークを広げ，評議員のひとりとして選出された。F はリーマンショック後にブラジル人の世帯収入を複数化させる試みとして，耕作放棄地を使った農業分野への参入に取り組み［武田2017c］，また某農事法人が中部地区にブラジル野菜の販売ネットワークを広げる手助けをした経験もある。そうした活動に必要な情報はブラジル人ネットワークを活用して収集している。

　２つめのキリスト教会については，カトリックが国籍も民族も超えて移住者の支援と相互扶助に取り組むことを信徒の義務として明示したことが重要である。フィリピンは 8 割強，ブラジルは 7 割弱がカトリック信者である［高橋ほか編2018］。飯田市でフィリピン・コミュニティが教会オルグによって立ち上がったことも，こうした流れの中に位置づけることができるだろう。ここではブラジル・コミュニティによる 2017 年 8 月のチャリティイベント（Burazil Matsuri in Kamiina）を事例として紹介したい。

　このイベントは家族が重い病にかかった 2 家族を支援するために企画された。長野県のブラジル人は 4692 人（2016 年末）。地区毎にみると，飯田下伊那 437 人に対して，上伊那は 1481 人である。チャリティの収益を増やすには上伊那のブラジル人からの賛同も得たい。F は下伊那と上伊那にある 5 つのキリスト教会に協力を求めた。画期的だったのは通常はつながりの弱いプロテスタント教会とカトリック教会が宗派を超えて連携したことである。その調整に 3 週間ほどかかった。関係者が共有したのは，2 家族が直面している問題は，今後，より先鋭化してくるという危機感だった。

　会場では，シュラスコなどブラジルの食べ物と飲み物，子ども向けのゲームのテント，古着販売や地元の農家から差し入れられたスイカやミニトマトの販売も行われた。行政書士によるビザの相談や生命保険のブースもあった。病気や高齢

期に備えて民間の生命保険に加入する働きかけが始まっている[9]。参加者は 400 人を超えた。

エスニック・コミュニティには子どもたちの育ちを支える集合的アイデンティティーを育む機能がある[10]。この点で筆者にとって興味深かったのは，チャリティイベントの撤収作業の光景だった。30 人ほどの大人に交じって幼児から中学生までの子どもたちが 20 人ほどいた。子どもたちはテントの解体作業や会場の清掃，ごみの分別を手伝ったりふざけ合ったりしながら，大人たちの作業を観察しているように見えた。仲間のために協力し合う利他性は，知識ではなく体験を通して体得できる類の能力である。エスニック・コミュニティのこの機能は，農村の基層領域が担っている祭礼の取り組みと通底する。

3　多文化共生施策の役割

日本人支援者から度々聞かれたのが「最近は落ち着いてきた」という表現である。1990 年代は外国人が年に数百人単位で増える混乱期だった。この表現はその当時に比べて，という意味である。2005 年に多文化共生係が設置されるまでの状況を確認しておこう。ひとつは 1992 年に発足した日本語教室「ハンド・イン・ハンド和楽」である。この教室では受講者の法的身分などを問わないため，非正規滞在者から外国人技能実習生，ALT（外国語指導助手），日本語を学ぶ機会がなかった中国帰国者二世，高校受験を控えた外国ルーツの中学生など多様な人びとが通ってくる。この教室に蓄積された情報と経験，そして人材が多文化共生施策の貴重な資源になった。もうひとつは，日本人住民と外国人住民との間で生じた葛藤を乗り越えようとする模索が始まっていたことである。後者について補足しよう。

飯田市にポルトガル語の相談員が配置されたのは 2004 年である。これはＦの居住する地区で生じた「ゴミ問題」がきっかけだった。市役所が仲介して日本人住民と外国人住民の話し合いの場が設定されたが，外国人出席者はＦ一人。Ｆはブラジル人に対する日本人の怒りに衝撃を受けた。不法投棄をしているのはブラジル人なのか。通報を受けて日本人と一緒にごみを調べる確認作業を繰り返すと，ごみの中身から半分は日本人のごみであることが分かった。Ｆはブラジル人には複雑なゴミの分別方法が分からないことと，ポルトガル語の通訳を配置して対応

第4章　地方・農村における多様なルーツの外国人住民との共生 | 77

している上田市や伊那市の事例を地区役員に伝えた。「私たちは魚をくださいと言っているのではなく，魚のとり方を教えてほしいと言っているんです」。これはFが日本社会への要望について語る際に度々口にした表現である。

地区役員がFから得た情報を市役所に伝え，間もなくポルトガル語の相談員が配置された。これがFのコミュニティ活動に弾みをつけた。外国人集住地で名前ではなく番号で管理された経験をもつFにとって，固有の名前をもつ存在として扱われ，自分の声が日本人を通じて行政に届くことに心を動かされた。その後，タガログ語と中国語の相談員も配置され，ごみカレンダーも多言語化された。2005年に設置された多文化共生係とエスニック・コミュニティとの関係は，支援／被支援の関係から協働関係へと進化しつつある。具体例を示そう。

ひとつめは外国人相談員の処遇をめぐる担当者との葛藤についてである。飯田市には中国語，タガログ語／英語，ポルトガル語の外国人相談員が配置されている。業務は生活相談にとどまらず，行政文書の翻訳，FMの外国語放送というように多岐にわたる。しかし待遇は最低賃金に若干上乗せした程度の時給制であり，勤務日の制限があるため補助的収入にとどまる。契約更新は3か月毎から徐々に延伸され1年毎になった。ある意味でこの業務は相談員の誇りに支えられて成り立っている。ある相談員は契約更新時に行政担当者から「来年も働きたいですか？」と聞かれ，思わず「来年も私が必要ですか？」と切り返した。待遇面での不満を口にしてこなかったのは，担当者とは多文化共生施策を推進するために協力し合う関係だと思っていたからだ。その思いが裏切られたように感じた。不意を突かれた担当者は少し間をおいて言い直した。その年の年度末に初めて相談員に一時金が支給された。その財源の捻出と課内の決済をとるために，担当者がどれほど尽力したのかは想像に難くない。相談員には金銭の多寡ではなく，担当者の気持ちが嬉しかった。

2つめは多文化共生市民会議をめぐる状況についてである。この会議は多文化共生係が事務局を担当し，教育関係者3名，まちづくり委員会から2名，飯田国際交流推進協会から2名，外国ルーツの市民代表（中国・ブラジル・フィリピン各2名），公募ボランティア2名の計15名で構成されている。日本人の委員はこの種の会議は事務局が事前に調整した内容を承認する場だと了解しているが，外国ルーツの委員は会議の主旨どおりに多文化共生を推進する役割を担う自負をもってのぞむ。当初は委員の間で会議の性格についての理解が異なるために混乱がみら

れた。外国ルーツの委員の主張は正論である。しかし日本的慣行をすぐに改める
こともできない。そこで担当者は本会議の前に外国ルーツの委員から意見を聞き，
議事次第に反映する方法でこの混乱をおさめた。

　３つめはエスニック・コミュニティ側が行政担当者を支援するような場面が現
れてきたことである。例えば，長野県の外国人向け高校進学説明会を飯田市で開
催する場合，コミュニティ側は参加者数が担当者の評価につながると受けとめて，
担当者のために協力する。Nはフィリピン人に「○○さんが困っているから」と
SNSで参加を呼びかけ，Fはブラジル映画の上映会などを抱き合わせにして参
加を呼びかける。講演会だけではブラジル人が集まらないことを知っているから
だ。しかしこうした公式イベントを仕切るのはいつも日本人の顔役であることや，
時折日本人支援者が見せるパターナリスティックな対応にも違和感を覚える。
「困っている可哀想な外国人」はかわいがられるが，自立し自己主張する外国人
は煙たがられる。「対等な関係」というにはまだかなりの距離がある。

おわりに

　本章では，飯田市の人びととニューカマー外国人が出会い，30年余りの時間
を経てどのような関係が形成され，そこにどのような可能性が切り開かれようと
しているのかを考察してきた。地方・農村における外国人住民との共生という観
点から，重要と思われることを以下３点にまとめたい。

　ひとつは，地方・農村の人びとが経済合理主義に対して，基層領域の多面的機
能を盾に自然との共生や尊厳ある生き方を貫こうとしてきた姿勢が，エスニッ
ク・コミュニティを担う中心メンバーの利他性と共鳴し合っていることである。
社会構造の中で周辺化された状況を転換させる上で双方は補完関係にある。地
方・農村には結束型社会関係資本が，エスニック・コミュニティには橋渡し型社
会関係資本が豊富にある。それぞれがもつ強みを提供し合うことが共に生きる場
をよりよくするための最適解になる。地方・農村の集落が共感し合いながら暮ら
せる規模であることも利点になる。一人ひとりが固有の名前をもった存在として
認識できることが代替不可能性を担保する。そうした状況では生活実態が優先さ
れるため，国籍やエスニシティの違いは後景に退く。

　もうひとつは，外国人住民のもつトランスナショナルなネットワークが，今後

の地方・農村の有力な資源になる可能性である。外国人住民に多いカトリックは国籍も民族も超えて移住者の支援と相互扶助に取り組むことを信徒の義務としている。世界的なネットワークに組み込まれ，自由や平等といった市民的価値観を内在化している「住民」の存在は，地方・農村の未来展望を描く上でもプラスに作用するだろう。また，外国人住民は送出国からも受入国からも十全の支援を受けられないがゆえに，相互扶助を重視し自立性を志向する。こうした生存戦略は，地方・農村が自治機能を強化する上で参照しうるのではないか。

　最後に調査を通じて浮かび上がってきた課題について指摘しておきたい。一方には外国人住民と併走してきた日本人支援者がおり，他方には外国人を安価で取り換え可能な労働力とみなす人びとがいる。行政に対しては後者の方が大きな影響力をもっている。こうした力関係を背景に，多文化共生の内実を充実させようとする人びとと，構造的差別や不平等を温存させようとする人びととがせめぎ合う状況が生まれる。つまり，地域社会は共生の理念と功利主義の複雑なパワーゲームが展開する場でもあるのだ。飯田市基本計画「いいだ未来デザイン 2028」（2016 年 12 月制定）には，前計画にあった「小さな世界都市の実現に向けた多文化共生社会」という表現がなくなり，多文化共生に向けた姿勢が後退したかのような印象を受ける。基本計画の策定過程で各部署にキャッチコピーの募集があり，多文化共生係は「小さな世界都市」を提案した。しかし「どこかの段階で消えた」（2017 年 8 月，担当者談）。

　国の基本法がない中で地方自治体に委ねられている多文化共生施策には，市民と当事者の不断の働きかけがなければ，いつでも後退する危うさがつきまとう。誰もが尊厳をもって生きられる社会を目指すことと，外国人住民との共生は相補関係にあることを，どのようにより多くの人びとに理解してもらえるか。カギは次世代が生きる社会への想像力であろう。短期的利害ではなく，長期的な視点に立って利他性をどのように社会的に育むことができるのか。子ども観を「われらの子ども」へと再転換することがひとつの方途になる。そしてその取り組みが多文化共生の概念を実践的に鍛え直していくことにもなる。

●注

1 ）近代家族の特徴とは，① 家内領域と公的領域との分離，② 家族構成員相互の強い情緒的関係，③ 子ども中心主義，④ 男は公共領域・女は家内領域という性別分業，⑤ 家族の集団

性の強化，⑥社交の衰退とプライバシーの成立，⑦非親族の排除，⑧核家族，である［落合 1993：103］。

2）社会関係資本とは，「個人間のつながり，すなわち社会的ネットワーク，およびそこから生じる互酬性と信頼の規範」のこと［Putnam 2000：邦訳 14］。

3）2014 年 10 月に飯田保健福祉事務所福祉課で確認した帰国者数は飯田下伊那で 53 世帯 1264 人であった。飯田市は 40 世帯弱。53 世帯のうち持ち家居住は 3 世帯で，50 世帯は公営住宅に居住している。世帯収入が支援金支給の判断基準になるため単身独居世帯が多い。

4）調査の一部は科学研究費補助金基盤（A）（研究代表・蘭信三，課題番号：25245060）の飯田班の一員として実施したものである。詳細は武田［2017a］を参照。

5）南川［2016］は「帰属は，『生まれ』や『血統』によってあらかじめ決定するものではなく，状況に応じて変化しうる柔軟性とその状況に直面した個人の自発的な選択にもとづく」［同上：167］と帰属意識を定義している。個人は複数の「サークル」に所属し，その帰属意識を状況に応じて使い分ける。

6）2015 年に予定されていた移動領事館は，開催予定日のわずか 1 週間前に駐日ブラジル大使館から中止が伝えられ，関係者を落胆させた。翌 2016 年に復活。しかし 2017 年には再び開催できないとの連絡が入った。理由は本国政府の予算上の都合であるが，移動領事館に合わせてイベントを準備していた関係者には本国の決定に翻弄される心理的ストレスは耐え難いものであった（2015 年 8 月，2017 年 8 月の聞き取り）。

7）2009〜2010 年に実施した鶴見調査での聞き取りによる。2006 年に NPO 法人化。詳細は次のサイトを参照。http://abcjapan.org/

8）在日ブラジル人調査によると，日本ではプロテスタント（47.0％）がカトリック（20.8％）を上回っている［星野 2018：48-49］。

9）フィリピン・コミュニティは行政の福祉担当者を呼んで年金など福祉制度について学習会を開き，その時に民間の生命保険の説明も行った（2017 年 8 月の R からの聞き取り）。出身を問わず，外国人住民の高齢期対策が切実な課題になっている。

10）台北で暮らす日本人結婚移住女性たちは 2001 年「台北日本語授業校」を立ち上げた。設立にかかわった女性たちが語っていたのは，家庭教育でできる子どもへの日本語継承の限界と日系アイデンティティーを形成する上で同世代の子どもたちと出会い交流する場の必要性だった。同校は 2013 年に日本政府の援助対象校に認定された［武田 2017b：第 4 章］。

● 参考・引用文献

イシ，アンジェロ［2011］「在外ブラジル人としての在日ブラジル人——ディアスポラ意識の生成過程」，日本移民学会編『移民研究と多文化共生』御茶の水書房．

落合恵美子［1994］『21 世紀家族へ——家族の戦後体制の見かた・超えかた』有斐閣．

木下巨一［2000］「異質との共生——飯田市の平和・人権問題の取り組み」，長野大学産業社会学部編『地方自治とまちづくり』郷土出版社．

塩原良和［2012］『共に生きる——多民族・多文化社会における対話』弘文堂．

高橋典史・白波瀬達也・星野壮編［2018］『現代日本の宗教と多文化共生——移民と地域社会の関係性を探る』明石書店．

武田里子［2017a］「飯田という『場所のポテンシャル』——外国につながる人びとと地域社会の対話から」，福本拓・蘭信三編『「グローカルシティ飯田」における「多文化共生」をめ

ぐる現状と意識Ⅱ——インタビュー調査編：教育，支援，そしてコミュニティ』（2013～2017年度科学研究費補助金：基盤研究（A）（課題番号：26380725）報告書）.

———［2017b］『東アジアにおける日本人結婚移住女性の歴史的考察』（2014～2016年度科学研究費補助金：基盤研究（C）（課題番号：26380725）報告書）.

———［2017c］「定住外国人は担い手になりうるか——長野県飯田市の耕作放棄地活用事例から」『農業と経済』83(6).

崔勝久・加藤千香子編［2008］『日本における多文化共生とは何か——在日の経験から』新曜社.

徳野貞雄［2011］『生活農業論』学文社.

蓮見音彦［1990］『苦悩する農村——国の政策と農村社会の変容』有信堂.

馬場伸也［1980］『アイデンティティの国際政治学』東京大学出版会.

樋口直人［2009］「『多文化共生』再考——ポスト共生に向けた試論」『アジア太平洋研究センター年報』57(3).

藤岡恵美子［2007］「植民地主義の克服と『多文化共生論』」中野憲志編『制裁論を超えて——朝鮮半島と日本の〈平和〉を紡ぐ』新評論.

星野壮［2018］「カトリック教会による宗教組織内〈多文化共生〉を目指す試み——在日ブラジル人の場合」，高橋典史・白波瀬達也・星野壮編『現代日本の宗教と多文化共生——移民と地域社会の関係性を探る』明石書店.

南川文里［2016］『アメリカ多文化社会論——「多からなる一」の系譜と現在』法律文化社.

吉原直樹［2011］『コミュニティ・スタディーズ』作品社.

Dunber, Robin［2014］*Human Evolution*, London: Penguin Books Ltd.（鍛原多惠子訳『人類進化の謎を解き明かす』インターシフト，2016年）.

Portes, Alejandro and Ruben G. Rumbaut［2001］*Legacies: The Story of the Immigrant Second Generation*.（村井忠敬訳『現代アメリカ移民第二世代の研究——移民排斥と同化主義に代わる「第三の道」』明石書店，2014年）.

Putnam, Robert D.［2000］*Bowling Alone: The Collapse and Revival of American Community*, New York: Simon & Schuster Paperbacks.（柴内康文訳『孤独なボウリング——米国コミュニティの崩壊と再生』柏書房，2006年）.

———.［2015］*Our Kids: The American Dream in Crisis*, New York: Simon & Schuster Paperbacks.（柴内康文訳『われらの子ども——米国における機会格差の拡大』創元社，2017年）.

第5章

静岡県焼津市におけるブラジル人とフィリピン人
──教育的課題を中心に───

高畑 幸

はじめに

本章の目的は，静岡県焼津市を事例として，国籍は異なるものの同じ日系人という背景を持ち長期滞在できる在留資格（定住または永住）を得ているブラジル人とフィリピン人が，特定の自治体と産業のなかで「共存」することに伴う課題を，特に子どもの教育の側面から明らかにすることである。

常に外国人労働者を必要とする場所と産業がある──食品加工は，この一言につきる。静岡市の南西に隣接する漁業の街・焼津市では，水揚げされた冷凍マグロやカツオの加工に加え，弁当や総菜等の幅広い食品加工が行われ，同市の業種別製造出荷額の4割をしめる。そして水産加工従事者の2割弱が外国人だ。2018年8月現在，政府は「経済財政運営と改革の基本方針 2018（通称・骨太の方針）」で技能実習生の受け入れを拡大しようとしている。しかし，技能実習生だけが人手不足の「解」ではない。技能実習生は受け入れ可能業種が限られるうえ，受け入れ可能人数は既存の従業員数の1割にすぎないからである。そのため，沿岸部に立地し重労働を伴う水産加工の工場では，日本人労働者に加え，結婚移民や日系人などの定住外国人労働者，技能実習生，そして留学生が従事してきた［金ほか 2016］。

焼津市では，日系人のブラジル人とフィリピン人と，中国人の技能実習生が水産加工を担ってきた。本章の焦点となるブラジル人とフィリピン人について，石川・竹下・花岡による 2010 年国勢調査データの分析は，2005 年から 2010 年に新規来日した外国人の目的地は就労目的により選択され，両者とも来日後すぐに工業都市で居住していることを明らかにした。逆に，結婚による目的地選択はほ

ぼ無く，近年は製造業に従事するブラジル人およびフィリピン人の労働者数は結婚移民数を大きく上回っている［石川・竹下・花岡 2014］。このことは，第一に，結婚移民として来日するフィリピン人が減少したこと，第二に，ブラジル人もフィリピン人も工業都市で初職を得ることがスタンダードとなったことを表す。このことは，各都市の地域レベルではどのような課題として現出するだろうか。それが本章の出発点である。なお，以下のフィールドデータは筆者が2014年から焼津市内で行っているフィリピン人への聞き取りおよび市民団体による学習支援活動等を通しての参与観察，ブラジル人数とフィリピン人数が逆転した諸都市（岐阜県可児市，愛知県蒲郡市，静岡県浜松市浜北区）におけるフィリピン日系人コミュニティの訪問調査によるものである。

1　東海地方におけるブラジル人の減少とフィリピン人の増加

1-1　全国の国籍別上位5国籍の推移

　2010年代に入りブラジル人が減少しているのは全国的な傾向である。日本では中国および韓国・朝鮮が国籍別人口で上位2位をつねにしめてきた。韓国・朝鮮籍の人びとは戦前からの居住者が多く，中国籍の人びとは中国帰国者とその子孫，および留学生，企業勤務者・起業家などさまざまな在留資格の人びとを含む。これに対し，1990年代から増加したのがブラジル人とフィリピン人である。周知のように，1990年代の入管法改正でブラジルから大量の日系人が来住した。同時期，フィリピン人は結婚移民としての来日が緩やかに増加し，2000年代から日系人が加わりその数はさらに増加を続けた。ここでいう日系人とは，戦前に日本からブラジルまたはフィリピンに渡った日本人移民の子孫である。その後，自動車産業での従事が多かったブラジル人は2008年のリーマンショックの影響で失職者が相次ぎ，帰国者が続出した結果，ブラジル人数は減少する。以下の**表5-1**が示すように，2012年にフィリピン人数がブラジル人数を上回った。その後，2017年には技能実習生と留学生が多いベトナム人数がフィリピン人数を上回り，この年にブラジル人は5位に転落している。

　このように，1990年代以降の日本における外国人労働者の受け入れは，第一期の1990年代はいわば日本人の血族・姻族の優先雇用政策であった。この場合，個々人の能力は問わずに属性のみで受け入れたため，来日後のキャリア形成には

84 | 第Ⅰ部　多文化化への対応事例

表 5-1　国籍別人口外国人数の上位 5 位 (2007-2017 年)

	2007 年	2009 年	2011 年	2013 年	2015 年	2017 年
第 1 位	中国	中国	中国	中国	中国	中国
第 2 位	韓国・朝鮮	韓国・朝鮮	韓国・朝鮮	韓国・朝鮮	韓国	韓国
第 3 位	ブラジル	ブラジル	ブラジル	フィリピン	フィリピン	ベトナム
第 4 位	フィリピン	フィリピン	フィリピン	ブラジル	ブラジル	フィリピン
第 5 位	ペルー	ペルー	ペルー	ベトナム	ベトナム	ブラジル

出所：在留外国人統計，各年版より筆者作成。

限界があり派遣による工場労働等の非正規雇用を続けている人が少なくない。そして 2008 年以降の第二期では，経済連携協定による看護師および介護福祉士候補者が来日し，2012 年には移民受入国の制度を真似た高度人材のポイント制度が導入され，日本との縁がなくとも能力主義的に人材を受け入れ定住・永住をさせている。したがって，本章で議論するブラジル人とフィリピン人は外国人「労働者」の受け入れが制度化される以前の 1990 年代に，労働者送出・受け入れの二国間協定を作らずに，いわば海外在住の日系人が日本にいる親せきを訪問するついでに働いているという装いで来住し定住した人びとである。そして当初から家族単位での滞在が可能となっていたため，日系人の集住地では公立小中学校での教育 (日本語指導，教科学習，進路指導) が課題となってきた。それから 25 年余が経過し，今やブラジル人の来日ブームは去り，彼らの永住化と高齢化が進む。そして，日系人労働市場の一部はフィリピン人に入れ替わっている。

1-2　東海地方におけるブラジル人とフィリピン人の入れ替わり

　次に，ブラジル人数とフィリピン人数の「逆転」を自治体レベルで見てみよう。フィリピン人人口が 500 人以上の自治体で，2006 年から 2016 年の間にその自治体 (市区町村) の外国人人口に占めるブラジル人比率とフィリピン人比率の逆転がみられたのは，2016 年時点のフィリピン人比率が高い順に，三重県松阪市，愛知県蒲郡市，岐阜県可児市，静岡県浜松市浜北区，静岡県焼津市であった〔在留外国人統計〕。4 市 1 区の比較を示したのが**表 5-2** である。逆転時期はそれぞれ，2007 年，2009 年，2014 年，2013 年，2012 年であった。これらは東海地方の経済的中心地である名古屋から同心円状に位置する，いわば名古屋都市圏の周縁にある中規模都市群である。

　4 市 1 区を比較すると，総人口に占める外国人比率が最も高いのが岐阜県可児

第 5 章　静岡県焼津市におけるブラジル人とフィリピン人 | *85*

表 5-2　4 市 1 区の比較（2016 年末現在）

		総人口	外国人数	外国人比率	外国人集住都市会議の加盟	フィリピン人数	フィリピン割合	ブラジル人数	ブラジル割合	逆転した年	2007 年からの増加率	外国人の就労先	派遣会社
1	松阪市	166,683	3,971	2.4%	×	2,331	58.7%	201	5.1%	2007	195.1%	家電	G社
2	蒲郡市	80,886	2,571	3.2%	×	1,176	45.7%	376	14.6%	2009	228.8%	自動車	A社
3	可児市	101,529	6,618	6.5%	○→×	3,027	45.7%	2,542	38.4%	2014	194.5%	自動車	D社
4	浜松市浜北区	98,254	1,935	2.0%	○	806	41.7%	543	28.1%	2013	158.3%	自動車	S社等
5	焼津市	141,338	3,591	2.5%	×	1,410	39.3%	786	21.9%	2012	498.2%	水産加工	A社

注：焼津市は 2008 年に旧・大井川町と合併し，翌年に外国人総数が 777 人増加した。
出所：外国人数は在留外国人統計。総人口，主要産業は各自治体のウェブサイト。派遣会社は現地調査による。
　　高畑 [2018]。

市（6.5%）である。ブラジル人とフィリピン人の逆転時期は 2014 年と遅いが，市内にある工業団地では自動車部品工場が多く，1990 年代からブラジル人労働者が多いところであった。2016 年 11 月に現地調査を行ったところ，市内には大手の派遣会社が数社あり，フィリピン日系人の大家族が近接居住をしていることがうかがわれた。次に外国人比率が高いのは愛知県蒲郡市（3.2%）である。2009 年と比較的早い時期にブラジル人とフィリピン人が逆転した。2017 年 9 月と 2018 年 4 月に現地調査を行ったところ，沿岸部にある工業団地に自動車部品工場が多く，そこで外国人が多く働いているとのことであった。ボランティアで運営されている学習支援教室では高校受験の指導が行われており，10 人余の学習者のほとんどがフィリピン人であった。次に外国人比率が高い焼津市については後述する。次に多い三重県松阪市（2.4%）はその市内および近郊に家電メーカーの工場が多い。最も早い 2007 年にブラジル人とフィリピン人が逆転している。派遣会社 X が多数のフィリピン日系人を雇用していたが，労働者に有給を取らせない，社会保険に加入させないなどの問題があったため 2014 年にフィリピン日系人が地元のコミュニティ・ユニオンの分会を作り [伊藤・崔・高畑 2015]，派遣会社と交渉および民事訴訟の末に勝訴した。そして最も外国人比率が低いのが浜松市浜北区（2.0%）である。浜松市は日本最大のブラジル人人口を抱える市だが，市の南西部にブラジル人が多く，北部にある浜北区ではフィリピン人が多い。2015 年 9 月から 2017 年 8 月に断続的に現地調査をしたところ，フィリピン日系人の大家族が民間アパートの一棟に複数の部屋を借りて暮らしていた。同区内には工業団地があり，自動車部品などの工場で働く日系人が多い [高畑 2016]。

　4 市 1 区を比較すると，外国人の就労先は静岡県焼津市のみが水産加工で，そ

れ以外は東海地方の製造業の代名詞となる自動車産業である。世界規模のグローバル企業が肩を並べる自動車産業に比べて水産加工などの食品産業は資本規模が小さく，労働集約的な小規模の地場産業である。そこには，よりローカルな労働と人びとの生活が見えてくると思われるため，本章では焼津市を事例としてブラジル人とフィリピン人の「共存」について考察を進めることとしたい。

2 焼津のブラジル人とフィリピン人——教育的課題を中心に

2-1 静岡県焼津市の産業と人口

　まず，調査地である静岡県焼津市について産業を中心にみていこう。焼津市は漁業が基幹産業である。昭和 30 年代に遠洋漁業（カツオ・マグロ）の基地となり，2016 年末現在，年間水揚げ量は 15.5 万トン，年間水揚げ高は 432 億円で，いずれも千葉県銚子市に次いで全国 2 位である。同市の業種別製造出荷額の 4 割が食料品で，その多くを水産加工品がしめる。主力は節製品（かつおぶし，なまりぶし等）である［2017 末現在，統計やいづ][1]。

　市の住民基本台帳人口は日本人 13 万 6747 人，外国人 3769 人であり，外国人比率 2.5％となり全国平均を 0.6％上回る。外国人住民の国籍別では，フィリピン（1503 人），ブラジル（797 人），中国（414 人），ペルー（192 人）の順に多い［2017 末現在，統計やいづ][2]。前年比で日本人人口は 78 人減だが外国人人口は 10 人増と，外国人の増加が市全体の人口減少を和らげている状態である。また，2012 年を境にフィリピン人がブラジル人を上回り，その後もフィリピン人数が増加し続けている。フィリピン人数は，2007 年には 274 人だったのが 2017 年には 1503 人と 5.5 倍となった。なお，市内には静岡福祉大学があるが留学生は少なく（2018 年度は 1 人）[3]，大規模な日本語学校はないため，同市内在住の外国人は中国人技能実習生（詳細は後述）のほかは，ほとんどが日系人や結婚移民等の属性から定住可能となる人びとであろう。

　また，フィリピン人 1503 人のうち結婚移民と日系人の比率は統計上明らかではないが，フィールド調査での経験からすれば結婚移民よりも日系人のほうが多い。例えば，市内にある大手の派遣会社 A 社ではフィリピン人 400 人を雇用して水産加工等の工場へ派遣しているが，A 社社長によると，400 人の内訳は 320 人が日系人，50 人が結婚移民，30 人が新日系人（1990 年代に興行労働で来日したフィリ

第5章　静岡県焼津市におけるブラジル人とフィリピン人 │ *87*

表 5-3　焼津市の外国人数（2007-2017）

	2007	2008	2009	2010	2011	2012	2013	2014	2015	2016	2017
フィリピン	274	309	641	682	800	922	1,003	1,129	1,177	1,364	1,503
ブラジル	1,119	1,105	1,219	1,084	973	866	763	709	712	745	797
中国	517	578	799	784	688	603	579	543	503	458	414
ペルー	217	215	257	223	225	207	193	186	179	189	192
韓国・朝鮮	152	151	158	162	150	149	151	134	126	119	121
米国	15	14	23	22	20	19	16	19	20	17	18
英国	2	4	3	5	5	5	7	7	5	5	3
カナダ	3	5	6	5	5	3	3	4	5	4	3
ニュージーランド	1	1	2	1	3	3	2	3	3	4	2
フランス	1	1	1	0	0	0	2	2	3	5	5
オーストラリア	10	6	3	3	2	2	2	2	2	2	1
南アフリカ	2	2	2	2	1	1	1	1	1	2	2
その他	216	235	289	280	290	263	280	307	392	530	708
総数	2,529	2,626	3,403	3,253	3,162	3,043	3,002	3,046	3,128	3,444	3,769

注：2008 年から 2009 年の大幅増は，旧・大井川町との合併によるもの。
出所：統計やいづ 各年版。

ピン人女性と日本人男性との間に生まれた婚外子で日本国籍を取得した人びと）だという[4]。な
お，結婚移民はほとんどが女性だが，日系人は男女比に偏りがほぼない。

　また，焼津市は，水産加工分野での外国人の就労でも際立っている。漁業セン
サス［2013］によると，焼津市は水産加工業に従事する外国人数（市町村別）が全
国一位である（4161 人中 711 人。うち常時従業者 600 人，その他 111 人）。また，水産加
工業従事者における外国人比率は 17.1％で，全国平均の 7.1％を大きく上回る。
その端緒を作ったのが，協同組合焼津水産加工センター（1972 年設立）であった。
同センターは 1990 年からブラジル日系人の共同受入れ事業を開始し，労働者を
単身ではなく家族単位で受入れ，住居を用意して定住を支援した。その後，2001
年には同組合が中国人技能実習生の監理団体となり，加盟企業へ実習生を派遣し
ている［川村 2003］。なお，技能実習生は在留資格上，家族帯同が不可能のため，
以下の議論では家族単位での移住が可能なブラジル人とフィリピン人の日系人に
焦点を絞りたい。

　なお，焼津市の外国人住民については，静岡文化芸術大学の研究チームが
2000 年代前半に調査をしている。池上・福岡［2005］によると，焼津市では 1990
年代から県営 B 団地で南米系外国人が集住しており，1992 年から 2002 年，外国
人人口にしめるブラジル人比率は 5 割前後であった。その後，同市のブラジル人

に関する研究は見当たらず，フィリピン人に関しては高畑［2018］がある。

　以上をまとめると，静岡県焼津市はブラジル人とフィリピン人の入れ替わりが顕著にみられ，両者の「共存」が想定される場所である。以下では，現地調査をもとにその点について明らかにしたい。

2-2　ブラジルとフィリピンの日系人に関する比較

（1）母国の日系社会

　まず前提条件をまとめておく。ブラジルとフィリピンにおいては日系社会の在り方は異なっている。その違いを形成したのは，第二次世界大戦であった。ブラジルでは戦中に日系人の移動制限等はあったものの，戦後も日系人に対する排斥や弾圧はなく，戦前の日本的価値観や教育が温存された［根川 2015］。一方，フィリピンは日米の戦場となり，多くのフィリピン人が殺され，日本国籍の男子は徴兵され女性と子どもは山中を逃げまどい餓死や集団自決をする者までいた。日本の敗戦後は一世が退去強制となり帰国し，フィリピン人の妻と二世たちは現地に残り，反日感情を避けるため名前を変え，容貌が似ている華僑を装って貧しく暮らさざるを得なかった［大野 1991］。日本語や日本文化の継承もほとんどなかった。

　1990 年の入管法改正で日系三世が定住資格を得るようになると，ブラジルほか南米の日系人は容易に祖先をたどり戸籍を入手して来日できた。かたや，フィリピンでは日系人であることを隠してきた者や戦火で戸籍が焼失した者，戸籍に未記載の者が多く，1990 年代前半に来日した日系人は少ない。日本への出稼ぎ機会が着火点となり日系社会が再組織化され，彼らが支援団体の助けを得て戸籍を入手し，家族単位での連鎖移動による来日が本格化するのは 2000 年代に入ってからである。このように，ブラジル人に比べてフィリピン人は来日時期が遅れたほか，母国の日系社会も，経済的基盤も，来日後の移民コミュニティの規模も，相対的に脆弱であった。そのほか，相違点は**表 5-4** にまとめた。

（2）教　育

　焼津市におけるブラジル人とフィリピン人の教育機会について比較したものが**表 5-5** である。

　ブラジル人にはエスニックスクールがあるがフィリピン人にはない。ブラジル人の場合，北関東と東海地方を中心に全国で 39 のブラジル教育省認可の学校があり，母国の教科書を使い，母国のカリキュラムに従ってポルトガル語で教えて

第5章　静岡県焼津市におけるブラジル人とフィリピン人 | *89*

表 5-4　焼津市におけるブラジル人とフィリピン人の相違

	ブラジル	フィリピン
焼津市内の人口規模（2017 年）	797 人	1,503 人
主な在留資格	永住，定住，日本人の配偶者等	同左
定住と就労を可能にする属性	日系人	結婚移民＋日系人
来日・定住開始時期	1990 年代前半	結婚移民は 1990 年代前半，日系人は 1990 年代後半
主な従業先	食品加工（主に水産），電子部品等	同左
雇用形態	間接雇用	同左
エスニックスクール	市内に 2 か所（2012 年頃まで）	なし
出身国の日系社会の在り方	20 世紀初頭に日本から移民開始，主に農業，大規模かつ経済力のある日系社会として発展。現在まで日系人アイデンティティと文化継承可能。	20 世紀初頭に日本から移民開始，主に農業，第二次世界大戦で死亡者多数，戦後は 1 世が日本へ退去強制，戦後は 2 世が身元隠し。戸籍未登載者多数。文化継承困難。

出所：筆者作成。

表 5-5　焼津市におけるブラジル人とフィリピン人の教育機会

		1990	2000	2009	2012	2014	2018
ブラジル	日本の学校	○	○	○	○	○	○
	虹の架け橋教室	×	×	○	○	○	×
	エスニックスクール	×	○	○	△（他市）	△	△
フィリピン	日本の学校	○	○	○	○	○	○
	虹の架け橋教室	×	×	○	○	○	×
	エスニックスクール	×	×	×	×	×	×

出所：フィールド調査から筆者作成。

いる。[5] 静岡県内にも 11 校あり，在籍者数は 1112 人にのぼる。[6] 焼津市でもブラジル人学校が 2 つあったが，2012 年頃に閉鎖された。同市内でブラジル人とフィリピン人が逆転するのは 2012 年からなので，同時期にブラジル人学校では子どもが減って経営が成り立たなくなり閉校したと推測される。その後は，ブラジル人の子どもたちは通学に約 1 時間かかるが近隣市にあるブラジル人学校へ通うことができる。

　かたや，日本にはフィリピン政府から認可された学校はない。名古屋市に日本唯一のフィリピン人学校があるが無認可校で，幼児から小学校低学年の子どもたちが一時的に学んでいる場所である［高畑 2014］。教員経験者等，知識層を含むブ

ラジル日系人が1990年代前半に大量に来日し集住できたことが，ブラジル人学校の成立を可能にしたと言えよう。逆にフィリピン人は1990年代前半に定住したのは結婚移民だったため集住できず，また興行労働者を経て結婚移民となった女性たちが多数のため知識層が比較的少なく，フィリピン人学校の設立が難しかった。

　2008年末のリーマンショックの影響で失職したブラジル人の帰国とブラジル人学校の閉鎖が相次いだ。こうした子どもたちが日本の学校へと転校する前に半年間，集中的に日本語を学ぶ場として設けられたのが，文部科学省と国際移住機関（IOM）の事業による「虹の架け橋教室」である。これは，各地のエスニックスクールや国際交流協会，NPO法人等が国から受託し運営したもので，2009年から2013年の5年間限定で実施された。茨城県，栃木県，東京都，神奈川県，静岡県，岐阜県，愛知県，三重県，滋賀県，広島県で2014年度には22校，1202人の子どもたちが通った。焼津市内でも，NPO法人が受託して「虹の架け橋教室」が開設された。2014年度は同校に60人が通い，国籍別割合はフィリピン人63％（うち日本国籍3％），ブラジル人18％，中国人3％，ルーマニア人3％であった。なお，この事業は当初，ブラジル人をはじめとする南米系外国人を対象に設置されたが，後にフィリピン人の学習者が増えた。2009年，在籍者数の言語別内訳はポルトガル語7割，タガログ語3割強だったが，ポルトガル語話者は減り続け，2013年と2014年はポルトガル語・タガログ語ともに3割強となった［IOM 2015］。これは全国各地の「虹の架け橋教室」での傾向だが，焼津市でも同様であり，この数字からもリーマンショック以降のブラジル人とフィリピン人の逆転がうかがえる。

（3）労　働

　労働市場におけるブラジル人とフィリピン人の共存あるいは競合についてのデータは少ない。これまでのフィールド調査から得られたのは，フィリピン人はまだ賃金交渉力が弱いこと，ブラジル人経営の派遣会社でフィリピン人が働いていることの2点である。

　前者については，水産加工工場においては自動車関連の工場よりも時給が低い。そこであえてフィリピン人が働く理由は，彼らが借金を抱えた新参者，すなわち労働市場において弱者であることだ。例えば，2017年時点でフィリピン人を400人雇う派遣会社Aは，フィリピンで日系人をリクルートして来日させている。自

分で渡航費を工面できない彼らにＡ社が旅費を貸し付け，来日後に給与天引きで約3年間かけて返済させている。彼らの賃金は弁当工場等の軽作業ならば時給900〜1000円程度と，不当に安いわけではないものの，彼らにとって焼津は日本での第一着地点なので賃金交渉のしようがない。社長は「ブラジル人は問い合わせの電話をかけてくる時から賃金交渉をして高賃金を求める。だが，フィリピン人は少なくとも来日当初は従順だ。焼津（の仕事）は時給が低いので，（自動車関連産業が多い）浜松等から焼津に引っ越して来て働く人はいない。（同社の渡航費貸付で）フィリピンから直接，焼津に来た人がずっと焼津にいる」と語っている［高畑 2018］。

　後者については，意思疎通の難しさによるトラブルがある。市内にはブラジル人が経営する派遣会社がある。そのなかのひとつ，数十名の派遣社員を抱えるＣ社はブラジル人とフィリピン人を雇い水産加工等の工場へ派遣している。ここで労働者に用意されるのが，ポルトガル語と日本語が併記された労働契約書だ。フィリピン人はどちらの言語も読めないが，ブラジル人経営者がそれを簡単な日本語で読み上げ，フィリピン人が理解すればサインして働き始める。その後，ブラジル人の現場マネージャー（派遣労働者と日常的に連絡を取り管理する立場）とフィリピン人とのコミュニケーションは片言の日本語で行われる。フィリピン人労働者が日本語の読み書きができず労働者の権利について疎いのを逆手にとり，Ｃ社の経営者はフィリピン人に有給休暇を取らせない，社会保険に加入させる代わりに時給を下げる等の不当な扱いがあり，経営者と元従業員との間で訴訟になった。[7]

3　焼津市の多文化共生と教育の施策

3-1　多文化共生施策

　2017年12月現在，焼津市は総人口14万516人に対し外国人は3769人で外国人比率2.68%と，全国平均を0.8%上回る。[8] 第5次総合計画（前期 2011-2014年，後期 2015-2018年）の後期基本計画では「市民と行政がともに創るまちづくり」の取り組み課題として「多文化共生社会の推進」があり，具体的なアクションとして「在住外国人に市政情報をわかりやすく提供します」「さまざまな国の文化をお互いに理解する機会を拡充します」と記されているものの，[9] 2018年8月現在，多文化共生推進プランは策定されていない。市のウェブサイトによると，多文化

共生事業は，① 外国人のための日本語教室（市内2か所），② 市役所の手続きに関する通訳（英語，ポルトガル語，スペイン語，タガログ語，ビサヤ語），③ 広報やいづの英語版・スペイン語版・ポルトガル語版・タガログ語版・ビサヤ語版の発行，④ 多言語生活ガイドブックの発行（英語，スペイン語，ポルトガル語，タガログ語，ビサヤ語，やさしい日本語）の4点である。フィリピン日系人の主要な出身地であるミンダナオ島で使われるビサヤ語の対応をしているほかはオーソドックスな多言語・多文化対応である。また，1993年に設立された焼津市国際友好協会は事務所を持たず，市の市民協働課職員が事務局を兼ねている。[10]

3-2 教育施策

次に，教育分野での施策を見ていこう。焼津市においては，公立の小中学校で学ぶ外国籍の子どもは，2009年度は88人だったのが2018年度は224人と2.5倍となった。国籍別では，2009年度はブラジル国籍が35人と最多だったのが，2018年度はフィリピン国籍が112人となり［『毎日新聞』2018年7月2日］，この10年で小中学校内ではブラジル人とフィリピン人が入れ替わったばかりかフィリピン人数が大幅に増えたことがわかる。

2018年度，焼津市内の公立小中学校では小学校3校と中学校2校に合計6人の加配教員がおり，これらの学校では国際教室が設置されて日本語の指導をしている。また，市の教育委員会では2015年度から，外国ルーツの子どもたちの母語を話す支援員を雇い学校へ派遣する事業を行っている。2018年度は34人の支援員がおり，日本語指導を必要とする子どもたちが在籍する学校を訪問して指導している。通常，来日直後の子どもには初期指導として約4か月間に週5回訪問し，その後は週1回程度の訪問となる。[11]

日本語の学習機会を求める子どもたち

前項で挙げたものは市による教育施策だが，市民活動による学習支援も行われている。市の委託による日本語教室（2か所）は大人向けだが子どもも受け入れている。また，市民団体「多文化共生を考える焼津市民の会・いちご」は，2014年10月，焼津市内の中学校で学校評議員をしていたDさんを中心に市内外の有志が集い発足した。夏休み，冬休み，春休みに各1日，公民館を使って宿題応援イベント「しゅくだいひろば」を開催するほか（2014年冬から2018年春までに合計11

第5章　静岡県焼津市におけるブラジル人とフィリピン人　93

回開催），2016 年 5 月から焼津市内に外国人集住地区にある公民館で毎週土曜日の午前に学習支援活動「放課後ひろば」も開催している。筆者は上記「いちご」の発足当初からアドバイザーとして参加している。

　上記のように，焼津市では近年，日本語指導を必要とする子どもたちが増えており，「放課後ひろば」にも次々と子どもたちがやってくる。2018 年 5 月，「もっと子どもたちのことを知りたい」との思いから，筆者と「いちご」が共同で「放課後ひろば」に来る学習者やその周辺の子どもたちを対象にタガログ語・日本語併記の調査票を用いて機縁法（回答者から回答者を紹介してもらう形式）で行った調査の概要を以下に紹介したい[12]。

　回答者は，外国にルーツを持ち焼津市内で暮らす 6 ～15 歳の 49 人である。第一に，回答者の属性は，フィリピンのルーツを持つ子どもが 7 割で，水産加工の工場で働く親がいる核家族世帯が多く，6 割が日本語を全く話せず来日し，家庭では日本語を使わない生活をしていることがわかった。第二に，日本語学習状況では，日本語を全く学ばずに公立小学校に低学年で入学（編入）し，8 割が，学校で日本語指導を受けている（支援員による取り出し授業，国際教室）。調査時点では主観的評価として日本語が「できる」と思う回答者が多数であり，8 割が「もっと日本語を学びたい」と考えている。学校では「友達と遊ぶ」「体育」「音楽」「図工・美術」「英語」「給食」が好きだという。第三に，将来展望は，3 割が「焼津で住み続けたい」と考えている。第四に，悩みとして挙げられたのは，学校で「勉強が難しい」「宿題が多すぎる」「日本語がわからない」ことだが，「日本人からのいじめ」「給食がおいしくない」という声もあった。親，友達，学校の先生が相談相手になっている。

　ここから浮かび上がるのは，家と学校で多言語を使い成長し，「もっと日本語を学びたい」と願う子どもたちの姿である。かつて結婚移民のフィリピン人女性が多かった時代は，母親側の文化であるフィリピン語やフィリピン文化をいかに次世代へ継承するかが問われたが，焼津市で多いフィリピン日系人は家庭内言語がタガログ語やビサヤ語である。母語・母文化継承は当然に行われ，むしろ，こうした家庭の中で育つ子どもたちがいかに日本の生活と学習言語である日本語を身に着けるかが問題になる。かつて，ブラジル人が通った道を今，フィリピン人が通っている。

おわりに

　以上のように，焼津市のブラジル人とフィリピン人は，いわば先輩・後輩関係にある。日本国内で「母語で教育を受ける」機会がある分，ブラジル人は教育機会，母語・母文化の継承，エスニックな拠点の確保といった利がある。視点を変えると，1990年代からブラジル人が暮らしていた焼津市では，子どもたちはブラジル人学校での母語教育，あるいは日本の公立学校で加配教員らによる日本語指導を受けるという2つの選択肢があった。2009年に虹の架け橋教室が設置されたのはブラジル人を主な対象として日本語指導を集中的に行うためであったが，結果的にフィリピン人もその場を利用した。この点では，ブラジル人の存在により整備されたインフラをフィリピン人が引継ぎ利用していると言える。

　2015年から虹の架け橋教室はなくなり，フィリピン人が増えたがフィリピン人学校はないため，子どもたちは日本語能力がゼロ状態で学校に入り，加配教員と非常勤の支援員から指導を受けている。新規来日の子どもが増える一方である。市民グループが土曜日と長期休みに学習支援をしているが，あくまでもボランティアであり，時間的・費用的に，できることは限られる。子どもの増加に支援が追い付かないという意味で，課題は多い。

　両者の経済的な競合関係を量的データで明らかにすることはまだできないが，雇用主や労働組合へのインタビューから明らかになるのは，ブラジル人の先取特権である。日本国内においてより広いネットワークを持ち，集住地があり，食料品店やレストランのみならず派遣会社の経営者がいる。日本国内で出会ったブラジル人とフィリピン人の国際結婚も散見されるが，集団レベルでは主従関係が垣間見える。現在，焼津市ではフィリピン人が労働集約的かつ相対的に低賃金の食品加工業を支えているが，今後，その仕事が技能実習生に代替される可能性もある。このほか，外国人集住地区での地域住民との関わりや，自治会活動への参加等，解明すべき点は多い。今後の課題としたい。

付　記

本章は以下の科研費助成研究の成果の一部である。① 基盤C，課題番号16K04082，「東海地方における外国人労働者の『逆転現象』〜ブラジル人からフィリピン人へ」

（代表・静岡県立大学・高畑幸）および，②基盤C，課題番号17H02426，「空間的同化論およびヘテロローカリズム論からみた在留外国人の居住地の地理学的検討」（代表・帝京大学・石川義孝）。

● 注────────────────────────────
1 ）統計やいづ　https://www.city.yaizu.lg.jp/toukei/documents/13gyogyo.pdf
2 ）統計やいづ　https://www.city.yaizu.lg.jp/toukei/documents/10jinnkousetai.pdf
3 ）静岡福祉大学ウェブサイト　https://www.suw.ac.jp/img/about/open/pdf_open01_04_02.pdf
4 ）2017年2月，A社社長へのインタビュー。
5 ）在東京ブラジル大使館　http://toquio.itamaraty.gov.br/ja/rrreducacao.xml
6 ）静岡県地域外交局多文化共生課「静岡県在住外国人の状況」2018。
7 ）2018年8月，焼津市のコミュニティ・ユニオンでの聞き取り。
8 ）静岡県における外国人の住民基本台帳人口の調査結果（静岡県ウェブサイト）　http://www.pref.shizuoka.jp/kikaku/ki-140/documents/juuminnkihonndaityou.pdf
9 ）第5次焼津市総合計画後期基本計画　https://www.city.yaizu.lg.jp/dai5ji_keikaku/documents/seisaku6.pdf
10）焼津市ウェブサイト（多文化共生事業）　https://www.city.yaizu.lg.jp/g01-006/006.html
11）2018年7月5日，焼津市学校教育課での聞き取り。
12）調査報告書は，多文化共生を考える焼津市民の会・いちごのウェブサイトからダウンロード可能。https://yaizu-ichigo.jimdo.com/

● 参考・引用文献────────────────────────
池上重弘・福岡欣治［2005］「外国人居住者は地域コミュニティの担い手となり得るか？──焼津市T団地での調査から」『静岡文化芸術大学研究紀要』5.
石川義孝・竹下修子・花岡和聖［2014］「2005-2010年における新規流入移動と国内移動からみた外国人の目的地選択」『京都大学文学部研究紀要』53.
伊藤泰郎・崔博憲・高畑幸［2015］「第6章　コミュニティ・ユニオンと移住労働者」『グローバル化時代における雇用不安定層の組織化に関する実証的研究』（平成24-26年度・科学研究費基盤B報告書，代表・文貞實）.
川村浩之［2003］『我組合の労務対策事業と研修生共同受入事業，教育情報事業の活動事例について』（一社）商工総合研究所・中小企業組織活動懸賞レポート平成15年度本賞受賞作品.
金延景・栗林慶・川口志のぶ・包慧頴・池田真利子・山下清海［2016］「茨城県大洗町における日系インドネシア人の定住化要因：水産加工業における外国人労働者の受け入れ変遷の分析を中心に」『地域研究年報』38.
国際移住機関（IOM）［2015］『定住外国人の子どもの就学支援事業（虹の架け橋事業）成果報告書』国際移住機関．http://www.iomjapan.org/publication/kakehashi_report.html
大野俊［1991］『ハポン：フィリピン日系人の終わらない戦後』第三書館.

高畑幸［2014］「日本で唯一のフィリピン人学校——その役割の変遷を中心に」『ことばと社会』16.
————［2016］「浜松市におけるフィリピン人コミュニティの現状と課題——日系人の増加を中心に」『国際関係・比較文化研究』14(2).
————［2018］「東海地方における移住労働者のエスニシティ構成の『逆転現象』——静岡県焼津市の水産加工労働者の事例」『日本都市社会学会年報』36.
根川幸雄［2015］「第二次世界大戦前後の南米各国日系人の動向——ブラジルの事例を中心に」『立命館言語文化研究』25(1).

Part

生活基盤の整備

第6章

外国人住民の散住地域における
地域国際化協会の役割と課題
―― 愛媛県国際交流協会の取り組みから ――

大森 典子

はじめに

　序章で述べられたように，日本に暮らす外国人住民の数は年々増加しており，地方部に暮らす外国人の急激な増加も目立ってきている。愛媛県においても，ここ5年で8682人（2013年4月）から1万1488人（2018年4月）と大きく増加している（＋2806人，33％増加，2018年4月現在）。こうした傾向の背景には，地方の農漁業や製造業の現場で働く技能実習生の急増があり，愛媛県においても特にベトナム人技能実習生の増加が顕著である。

　地方在住外国人の分布の特徴として，その散住傾向を挙げることができる。というのも，技能実習生の就労先や国際結婚女性の嫁ぎ先が非都市部（郊外や農山漁村など）であることが少なくないからである。外国人住民の散住地域においては，特有の生活課題やサポートの難しさが存在する。まず，地域にどのような外国人住民が暮らしており，どのような生活課題や支援ニーズが存在するかがホスト社会の側から見えにくく，地方自治や地域づくりの現場において限られた予算やマンパワーで広範な課題に対応しなければならない状況がそれに拍車をかける（第1章参照）。自治体内に外国人住民をサポートする部署がないところもある。

　本章でとりあげる地域国際化協会とは，自治体の国際交流・国際貢献を軸にした地域発展を下支えする組織として80年代末から90年代初頭にかけて全国各地で設立され，各地で「国際交流協会」や「国際交流センター」などの名称で呼ばれている組織の総称である。行政と民間・市民との中間において諸業務を円滑に遂行することを目的とする組織であり，すべての都道府県と市町村の一部（都市部や外国人人口の多い地域など）に設置されている。愛媛県国際交流協会（EPIC）は

都道府県に設置された地域国際化協会のひとつであるが，愛媛県内の市町村レベルの国際交流協会との連携や，協会のない自治体における国際交流や多文化共生の推進のサポートなども行っている[1]。

　本章では，愛媛県国際交流協会による近年の取り組みを紹介しつつ，こうした散住地域特有の課題にどう対処していくか，とりわけ外国人住民の生活課題や支援ニーズを把握し，さまざまな制約の中でいかにサポート活動を展開していくかについて考えてみたい。

1　愛媛県在住の外国人の状況

1-1　愛媛県内の在留外国人人口の特徴

　ここではまず，愛媛県内の外国人住民の人数と分布について確認しておく。**図6-1**は愛媛県全体の外国人登録者数の推移を示したものである。この統計によれば，1990年代初頭ではおよそ3000人であったのが，2018年4月時点の在留外国人数が1万1488人まで増加している。とりわけ，2000年代前半と直近の5年ほどの間が急増期となっている。国籍別の人口数の変化を表した**図6-2**を併せ見ると，2000年以降の増加は中国籍，2010年代の増加はベトナム籍の人口増を反映したものであることがわかる。なお，2018年4月現在の愛媛県の外国人人口は1位中国（4115人），2位ベトナム（2310人），3位フィリピン（1641人），4位韓国・朝鮮（1279人），5位インドネシア（474人）の順となっている。全体的に，東・東南アジア出身者が多く南米系人口が少ないという特徴が見られる。

　表6-1は，外国人人口の多い順に，愛媛県内の各市町の人口統計データを示したものである。外国人人口数では今治市と松山市がおよそ3000人ずつと最も多く，西条市，新居浜市，四国中央市と続く。地域区分で示したように，松山市以外の4市は造船・機械・製紙・繊維などの製造業が多く集積する東予地方に立地しており，多くの外国人労働者が従事している。宇和島市や西予市，第7章で取り上げる愛南町などの南予地方では農漁業，食品加工業などが盛んで，そこでも多くの外国人が働いている。なお，外国人人口に占める技能実習生の割合は県全体では49.0％とほぼ半数を占めており，製造業が集積する東予地方と農漁業が中心の南予地方の自治体において，特に技能実習生が多く在留している。

100 | 第Ⅱ部　生活基盤の整備

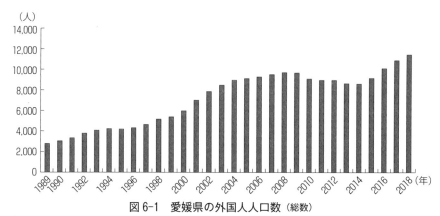

図 6-1　愛媛県の外国人人口数（総数）

注：2010（平成22）年までは，各年12月末日時点のデータ（法務省統計より）。2011（平成23）年からは各年4月1日時点のデータ（EPIC調べ）。
出所：愛媛県国際交流協会の資料をもとに筆者作成。

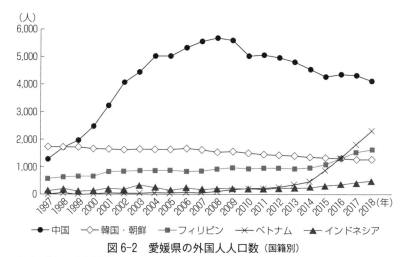

図 6-2　愛媛県の外国人人口数（国籍別）
出所：愛媛県国際交流協会の資料をもとに筆者作成。

1-2　愛媛県内の高齢化の進行と地方自治の現状

　このように愛媛県内の各自治体において外国人人口の増加傾向が見られる一方で，地域全体の人口に関しては，非都市部を中心として少子高齢化が著しく進行している。愛媛県全体の高齢化率は2015年の国勢調査によれば30.1％となっており，最も低いのが県庁所在地の松山市の25.0％，最も高いのが山間地域に位

第 6 章　外国人住民の散住地域における地域国際化協会の役割と課題　*101*

表 6-1　愛媛県および各市町の外国人数，技能実習生数，総人口など

順位	市町名	地域区分	在留外国人数	技能実習生数	％	総人口数	外国人比率	主な国籍（上位 3 か国）
	愛媛県全体	―	11,488	5,631	49.0％	1,354,766	0.85％	中国 4115，ベトナム 2310，フィリピン 1641
1	今治市	東予	3,039	2,020	66.5％	154,340	1.97％	中国 1481，フィリピン 669，ベトナム 518
2	松山市	中予	3,001	627	20.9％	510,809	0.59％	中国 821，韓国・朝鮮 691，ベトナム 446
3	西条市	東予	1,347	700	52.0％	106,148	1.27％	中国 721，ベトナム 200，フィリピン 112
4	新居浜市	東予	1,036	342	33.0％	117,695	0.88％	ベトナム 230，韓国・朝鮮 209，中国 198
5	四国中央市	東予	835	571	68.4％	85,154	0.98％	ベトナム 356，中国 247，フィリピン 106
6	宇和島市	南予	367	188	51.2％	73,380	0.50％	ベトナム 92，フィリピン 90，中国 87
7	上島町	東予	313	231	73.8％	6,744	4.64％	フィリピン 132，タイ 62，中国 52
8	西予市	南予	251	180	71.7％	36,868	0.68％	中国 112，ベトナム 58，フィリピン 32
14 …	愛南町 …	南予	87	50	57.5％	20,467	0.43％	インドネシア 47，フィリピン 15

出所：愛媛県国際交流協会の資料をもとに筆者作成。

置する久万高原町の 47.2％となっている。他にも中山間地域や沿岸・島嶼部に位置する 6 自治体で高齢化率が 40％を上回っている。

　また，愛媛県下の各自治体は 2000 年代半ばの「平成の大合併」によって大きく再編され，県内の自治体数は 70 から 20 へと減少した。それによって各自治体が広域化し，かつての独立した自治体が大きな市町の支所へと変わったために職員の異動や役所業務の本庁への移管などが生じ，以前と同様な地域に密着した形での対応が難しくなってきている。このことは，散住する外国人住民のニーズ把握や対応にも少なからず影響を与えている。

　こうした状況を受けて，愛媛県国際交流協会では国際交流や多文化共生に関与している行政の関係部署・団体，地域国際化協会や市民団体のスタッフらとの関係構築を行いながら，散住する県内の外国人住民の支援ニーズを把握し応えていくための取り組みを行っていった。

2　散住する外国人住民の支援ニーズの把握と対応

2-1　外国人生活相談窓口の設置

　愛媛県国際交流協会では，1997年度より外国人住民向けの生活相談窓口を開設し，専任の相談員を配置している。毎年，県内在住の外国人や愛媛県民などから1000件程度の相談を直接，もしくはメール，電話により受けている。2015年度の相談件数908件のうち内容について相談件数が多かった順に列挙すると，①「余暇観光」177件（外国人からの相談：123件／日本人からの相談：54件，以下同様），②「日常生活」156件（142／14），③「教育」103件（48／55），④「就職労働」89件（55／34），⑤「ボランティア」73件（29／44），⑥「日本語学習」62件（34／28）であった（愛媛県国際交流協会調べ）。

　このデータから気づかされることは，外国人の生活に関する内容では日本人からの相談が少なくないことである（2015年の日本人からの相談件数は383件，42.2%）。ではどのような立場の日本人が電話をしてきているかについては，例としては外国人住民との接点が業務上発生する日本人からの相談（余暇観光，教育，就労現場や通訳者が必要な場面など）や，外国人から相談を受けた日本人が相談代行を行う場合などが考えられる。日本にやって来た外国人の多くは，日本の専門機関のどこでどのような相談が受けられるかについての知識を持ち合わせていないので，窓口や連絡先が分からない時には，日本人の支援者や仲介者による「間接的な」相談の形を取らざるを得ない。そのような日本人住民とのつながりを持たない外国人住民の悩み事や支援ニーズは，いずれの支援者にも気づかれないまま取り残されてしまうのである。とりわけ，愛媛県の協会が立地する松山市から遠く離れた市町でそうした状況が起こりやすく，県内各地への巡回相談の必要性が当時一層高まっていた。そうした頃合いに導入されたのが「EPICキャラバン支援隊」の活動であった。

2-2　「EPICキャラバン支援隊」の活動

　愛媛県国際交流協会では，2011年度から県内各地域で巡回外国人生活相談を実施し，在住外国人の生の声に耳を傾けるとともに，それぞれの地域の自治体職員の方々，また外国人を雇用している事業所の方々との意見交換を通して，外国

第 6 章　外国人住民の散住地域における地域国際化協会の役割と課題 | 103

表 6-2 「EPIC キャラバン支援隊」の訪問先

2011 年度	上島町（6月），松前町（7月），砥部町（8月），久万高原町（9月），鬼北町・松野町（10月），伊方町（11月），内子町（12月）
2012 年度	宇和島市吉田町国際交流協会（8月），八幡浜市国際交流協会（9月），今治市国際交流協会（10月），丹原町国際交流協会（11月，西条市）
2013 年度	西予市（8月），大洲市（9月），伊予市（10月），東温市（11月），新居浜市（12月）

出所：愛媛県国際交流協会の資料より作成。

人支援をさらに充実させていくことを目的として，「EPIC キャラバン支援隊」を実施した。表 6-2 は，2011 年度から 2013 年度に集中的に行われた「EPIC キャラバン支援隊」の訪問先と時期の一覧である。

愛媛県の場合には，各市町の国際交流担当者の多くは総務部や企画財政部等に所属し，国際交流専従職員ではないケースがほとんどであるため，このような機会を通して，地域在住外国人に目を向け，彼らの現況

写真 6-1 「EPIC キャラバン支援隊」のヒアリングのようす
（写真提供：愛媛県国際交流協会）

や処遇について共に考える機会を持つことが大切だと考えた。この巡回訪問を通じて，地域の行政機関に地域住民としての外国人に対して担う役割を再認識してもらい，外国人生活支援ネットワークの中に行政機関を正しく位置づけていくことを目指した。

このような現地訪問による外国人住民からの聞き取りや担当者との意見交換の活動は，その後も対象や形を変えて実施している。2016 年度には，宇和島市のカトリック宇和島教会を訪問し，フィリピン出身の信徒との交流や意見交換の機会を持った。また，新居浜市の新居浜マスジド（モスク）にも訪問し，インドネシア人技能実習生の信仰生活を知り，意見交換などを行った。2017 年度にはフィリピン人やインドネシア人の技能実習生を多く雇用する今治市の造船会社を訪問し，作業現場の現状や課題，多文化共生に向けた取り組み課題等について受け入れ先企業へのヒアリングを行った。

2-3 「外国人生活支援ネットワーク会議」の開催

また，外国人相談窓口（2-1）における対応の充実を図るため，高松入国管理局松山出張所，愛媛労働局，愛媛県医師会，愛媛弁護士会などの関係団体で組織される「外国人生活支援ネットワーク会議」を年2回開催している。県内各地の国際交流協会，県内20市町の国際交流担当課職員や県内の教育機関（大学，専門学校）等にもこの会議への参加を呼びかけ，当協会で受けた相談内容についての討議や情報交換，在住外国人を招いての意見交換を行っている。

外国人相談窓口の相談員は，この「外国人生活支援ネットワーク会議」を通じて構築された人的ネットワークを活用し，公共機関等に相談者を迅速に案内し，より正確な情報を相談者に提供できるようになった。また，このネットワークによる連携・協働が，相談窓口を問題解決のアクセスポイントとして機能させるだけではなく，その後の問題解決のプロセスにコミットできる機会を相談員に与えてくれる。これにより，個々の外国人が抱える問題は異なり，さまざまな要因が複雑に絡み合ってはいても，相談員がそれらのベースにある共通の課題を見つけ出すことができるようになった。

2-4 外国人コミュニティ会議

「EPICキャラバン支援隊」の活動において確認された「地域コミュニティの中での居場所」づくりの一環として，外国人コミュニティ，特に日本人の配偶者等として定住者の多い，中国，フィリピン，インドネシアの県内コミュニティを対象とした「外国人コミュニティ会議」を2014年度に実施した。会議の話題は，在住外国人の概況や日本社会における「多文化共生社会」実現に向けた取り組みの紹介から，当協会が受けた相談事例，外国人の家事労働者の受入にまで及んだ。

この会議で特に印象に残ったのは，外国人家事労働者の受け入れに関し，「日本語もできるし，子育ての経験もある私たちをどうして活用しないのか？」と言うフィリピン人主婦からの率直な意見であった。定住者として生活する外国人材の活用という視点からも貴重な提言である。また，日本人の特徴として，「行動に移す前にためらうことが多い」，「変化を嫌う」，「丁寧過ぎる」，「こまかい」，「静かで秩序正しい」，「完璧主義者」，「第一印象にこだわる」等々が挙げられたが，一方で，これらの特徴が，外国人住民が日本を高く評価する「安全・安心な社会」の実現を可能にしていることにも気付き，この日本人気質を良さとして捉

第 6 章　外国人住民の散住地域における地域国際化協会の役割と課題　*105*

えることができたのも会議の成果となった。

2-5　外国人コミュニティによる産業まつりへの出店

2014 年度に開催した外国人コミュニティ会議では，自力で収入を得たい，経済的に自立したいと願う外国人主婦が多いことも分かった。そこで，料理自慢の彼女たちの特技を活かし，県産品を使った母国料理開発とその試験販売を，2015年 11 月に愛媛・松山産業まつりで実施することにした。

県ブランド戦略課の協力を得て，愛媛一押しの推奨県産品であるサトイモ，ちりめんじゃこ，キウイ，サワラ等を活用して多様なメニューを考案した。計画段階から販売当日までのプロセスを経験し，日本人の特徴として彼らが挙げた「丁寧すぎる」，「こまかい」といった特性が，ビジネスを展開する上では当たり前に要求されるスキルであることを学習する機会となったようである。

3　「EPICキャラバン支援隊」の活動から見えてきた課題

前節で紹介した諸活動，とりわけ県内を巡回した「EPIC キャラバン支援隊」の活動を通じて，愛媛県国際交流協会と各自治体の担当課，国際交流協会，外国人の雇用・受け入れを行っている企業や事業所とのつながりを構築できたこととともに，普段はなかなか接触することが難しい，各地に在住する外国人住民から直接悩みごとや支援ニーズについて声を聴くことができた。以下，巡回相談で在住外国人から出された要望や意見を整理する。

3-1　居住地から通える場所での日本語教室の開講

来日して日の浅い外国人住民が日本語の読み書きに苦労しがちなのは共通している。とりわけ結婚移住で地方部に嫁いだ女性たちにとっては，日常生活時での使用に加えて，子どもが通園・通学する年代だと学校などからのお知らせが読めなかったり，学校の先生と情報のやり取りをしなければならなかったりと，日常会話レベルの日本語の習得ニーズは切実である。しかしながら，散住傾向にある彼女らの居住地域では，手近な場所で日本語教室を開設したり，日本語を学習する機会を得たりすることは至難の業である。居住する自治体で外国人向け日本語講座が開かれていたとしても，生活状況によってはその時間・場所に通うことが

できなかったりもするのである。現地からは，せめて自転車で通える距離内での開講や，ライフスタイルの関係で夜間や週末に受けられないか，といった声が寄せられている。以下は，キャラバン支援隊の巡回訪問時に得られた情報や意見である。

> 「自転車での移動が基本。公共交通機関は高くて使えないので，町内の自転車で行けるところに日曜日か夜間の日本語教室があればうれしい。にほんご学習を通して，日本人の友だちを作りたい。」(松前町)
> 「八幡浜地域に日本語教室がないので，松山まで通っています。ぜひ，地元に日本語教室を作ってください」(八幡浜市)
> 「就労後に会社の役員が自ら，仕事に必要な日本語を技能実習生に教えている」(今治市)

3-2　地域コミュニティの中での居場所探し

また，外国人住民が地域と繋がる機会や居場所づくりへの要望も多く寄せられた。地域での多文化イベントへの（特に技能実習生の）参加や国際交流センター等で情報収集を行っている，といったことに加えて，地域住民とつながる機会の提供や居場所としての地域の日本語教室の存在意義の大きさが明らかとなった。

> 「日本語教室があると，その場所が基点となって外国人が集まってくるし，いろいろな情報交換や悩みごとの相談もできる。外国人住民の緊急連絡網を作って災害時に役立てることができる」(八幡浜市)
> 「日本人の配偶者として丹原町に転入してきた中国人女性は日本語教室に参加するまでは日本人コミュニティとの接点が見いだせず，孤立感にさいなまれていたそうだが，日本語教室に通うようになって知り合いができ，先生方の協力もあって仕事に就くことができた」(西条市丹原町)

こうしてみると，各地域の日本語教室は単に語学力の向上にとどまらない，複合的な役割を果たしていることに気づかされる（第7章参照）。既に日本語教室を開設している地域では，日本語教室が自治体や地域と在住外国人をつなぐ接点となり，双方向の情報伝達などに寄与していることを考えると，県下に日本語教室のネットワークを張り巡らせることの重要性を強く感じさせられた。

第6章　外国人住民の散住地域における地域国際化協会の役割と課題 | *107*

　また，基礎自治体が単独で多言語に対応できる相談員を雇用することはコストや人材の確保からみても現実的には困難なので，県内各地域の日本語教室と当協会の外国人相談窓口がネットワークを構築できれば，日本語教室がアクセスポイントとなる。外国人住民にとっては，まさにセーフティーネットとなりうるだろう。

　「EPIC キャラバン支援隊」では，地元の自治体職員とともに地元の技能実習生が研修を行う現場に赴き，受け入れ企業等の担当者とも積極的に交流を図った。技能実習生らが懸命に働く姿を目の当たりにして，私たちの地域社会が外国人によっても支えられていることを自治体担当者と共に実感し，彼らが限られた休みを利用してでも日本語を勉強したいという熱意に触れ，地域行政機関として何ができるだろうかを考えるという機会は，実際に地域に出かけたからこそできたことである。愛媛県南部の八幡浜市では，キャラバン支援隊がきっかけとなって日本語教室開設に向け動き始めている。

4　地域国際化協会が果たすべき役割

　愛媛県が2007年に策定した「えひめ国際化推進基本指針」を受け，当協会で実施してきた外国人生活相談事業を以上において紹介した。これらを振り返りつつ，当協会を含む地域国際化協会が果たすべき今後の役割や課題をまとめたい。

4-1　当事者への相談窓口としての機能強化

　まず，外国人支援にあたり，日々の具体的な課題として，日本で生活する外国人の悩みを聞き適切なアドバイスを行う相談窓口の充実は不可欠である。地方自治体で窓口を開設しても必要な言語の通訳を配置することができず，結果として，当該業務を外国語のできる職員やボランティアの所属する各地の国際交流協会などに委託して相談業務を実施しているケースが全国的にも多くみられる。しかし，2018年7月に政府は骨太の方針で，2025年までに50万人を超える外国人労働者の受入を表明し，2019年4月には出入国管理法の改正の準備が進められている。これらは深刻な人手不足を見込んでの方策であるが，これだけの多数の外国人労働者が日本社会で生活するならば，国，県，基礎自治体が主体となり，「地域住民としての外国人」という視点に立った戦略的な外国人受入体制を整えておく必

要がある。また，近年のように大規模地震，津波，豪雨といった自然災害が頻発している状況にあって，外国人，高齢者，障がい者といった情報へのアクセスが難しい人たちへの対応は現場により近い基礎自治体（市町村）が事前に態勢を整えておかなければならない。

4-2　県下の地域国際化協会の連携強化

　地域における中核的（民間）国際交流組織である地域国際化協会に必要なことは，都道府県レベルと市町レベルの国際交流協会の役割分担と協会の連携による広域的な取り組みである。また，市町レベルの協会は事業型で市民活動のファシリテーターの役割を担う。一方，県レベルの協会は調査・研究機能を充実させ，交流事業の方向性を示したり，市民団体の持つパワーと問題意識との連携を可能にするような協働の仕組みをつくる役割といった棲み分けも今後必要になるだろう。

　しかしながら，愛媛県内の基礎自治体が運営する多くの国際交流協会は，姉妹都市交流促進を目的として設立されたことから，多文化共生事業にまでは手が届いていないのが実情である。協会が実施している「外国人生活支援ネットワーク会議」，「地域国際交流担当者研修会」等への市町担当者の積極的参加を呼びかけ，基礎自治体への啓発活動は今後も継続して実施していかなければならない。

　県下一円に散在居住する外国人住民の現状把握と行政サービスの充実を図るためには，行政及び協会職員の意識向上はいうまでもないが，これまで以上に地域に足を運び，外国人コミュニティのキーパーソンはじめ，さまざまな団体と人的ネットワークをつくる努力をし，協働パートナーの選定の目を養い，必要な情報交換のできる信頼関係を築いていくことが重要となる。「EPIC キャラバン支援隊」のような事業を継承発展させていくことも必要だろう。

4-3　地域の日本語教育の充実と日本語教室の設置・運営支援

　外国人に対する日本語教育を地域においてプログラム化する必要がある。「EPIC キャラバン支援隊」での聞き取りでも要望が出されたように，外国人が日本語を習得することは，日本社会において自立と自己実現を図るための最初のハードルである。当協会でも，日本語教師の養成や日本語教室の立ち上げに取り組んでいるが，ボランティアの先生方の献身的な協力がなければ継続できない状

況にあり，工夫を重ねているところである。現在文部科学省が進めている夜間中学設置を含む公費による日本語学習支援が求められる。その先に，外国人が支援されるだけではない，日本社会で活躍できる人材となる道が拓かれる。

4-4　市民の多文化共生意識の醸成

多様な外国人住民を受け入れている日本社会における，共生感の醸成が必要である。日本社会は直面する人手不足から外国人就労拡大へ舵を切ろうとしているが，外国人と共生する市民の意識を醸成する観点から，学校教育などの現場において共生をテーマとした事業の実施等を検討していく必要がある。また，社会教育においても外国人住民との交流の場を設け，従来外国人と接点を持つことの少なかった日本人のマインドを「多様な文化的背景や異なる価値観の人たちと共に住むことも悪くない」と思わせる，包摂的なホスト社会をつくっていかなければならない。

4-5　地域国際化協会の安定した運営に向けた諸課題

地域国際化協会ならびに基礎自治体が設置した国際交流協会を取り巻く状況は大きく変化し，特に，財源の確保はどの交流協会にとっても喫緊の課題となっている。自治体からの委託費や補助金の利用だけでは，協会の独自性を生かした新規事業や人員に影響が出かねない。事業の展開に合わせて受益者負担の観点から施設使用料の徴収，寄付金の控除制度の利用，SNS を活用した「市民に支えられるしくみ」を検討してもいいのかもしれない。市民の共感を得るためには，中長期的ビジョンを協会が市民にしっかりと示す姿勢を求められることは言うまでもない。

おわりに

本章では，都道府県の地域国際化協会として県下の各自治体や多文化共生の現場をサポートする使命を担う，愛媛県国際交流協会のこれまでの活動と今後の課題について考察した。どの地域国際化協会も保健・医療，防災，子育て，日本語学習，就労等の対応や支援に日々追われているのが現状であり，当協会も同様である。

それに加えて，各課題の取り組み内容もより難しいものとなってきている。世界中の多様な国々からの人たちが地方にも住み始めると，多言語対応も従来のような中国や南米出身者を対象としたものだけでは追いつかない。今後はVOICETRA や GOOGLE のような自動翻訳機や「やさしい日本語」の導入を積極的に進めていかなければならないだろう。また，生活情報提供についても「（一財）自治体国際化協会（CLAIR）」や各地の協会や関連団体が蓄積した情報の共有を図りながら，外国人対応の効率化を進めていくことも必要だろう。そして，外国人住民の声が外国人施策に反映できる機会を設け，地域社会の構成員としての自覚と責任を促すことも大切だと考える。

　今後も，地域の国際化を推進するにあたり，日本社会の動きや地域社会のニーズを読み取りながら，行政や市民団体と共に，次の社会に引き継げる「だれもが住みやすい社会」の実現を目指していくことが地域国際化協会の務めだと考える。その中にあって，外国人住民が全県で1万1000人ほどの愛媛県だからこそ，地域に住む外国人一人ひとりの顔が見える外国人支援を目指して，「キャラバン支援隊」などの活動を通して培われた現場主義とそこで得られる共感を，外国人相談事業の中に組み込みながら，専門家，行政組織，日本語と外国語の双方に通じた人材などの間に信頼に基づくネットワークを形成していけるよう，さらに努めたい。

付　記

本章は，2016 年 9 月 10 日に開催された第 1 回「移住と共生」研究会（於：愛媛県国際交流協会）での講演内容をもとに執筆されたものである。原稿化にあたっては，徳田剛が編集作業の一部を担当した。

● 注

1）愛媛県下の 20 市町のうち，地域国際化協会が設置されているのは松山市，今治市，八幡浜市，西条市，四国中央市，内子町，伊方町，旧吉田町（現在は宇和島市）であり，他の 12 市町には協会が設置されていない。

第7章

地方部における日本語学習支援
──愛媛県南宇和郡愛南町での取り組みから──

髙橋志野・新矢麻紀子・向井留実子・棚田洋平

はじめに

　大都市圏とそれ以外の地方部の地域格差によるさまざまな問題が近年顕著となっているが，外国籍や外国ルーツの住民（以下外国人）の日本語学習も例外ではない。地方部の多くは民間の日本語学校がなく，外国人の日本語学習はボランティアらが運営する地域日本語教室に委ねられるが，その日本語教室の数も地域で大きな差がある。小松［2017］によれば，「日本語教育の空白地域」と呼ばれる，域内に日本語教室がない地方公共団体は日本の約2/3にのぼる。このように，地方部で暮らす外国人の日本語学習の機会は都市部よりはるかに限定的になりがちで，それは外国人の社会参加やキャリア形成にも大きな影響を与えていると考えられる。

　そこで本章では，筆者らが愛媛県南宇和郡愛南町（以下愛南町）で2009年から実施してきた出前漢字教室（以下漢字教室）の取り組みを事例に，「日本語教育の空白地域」で日本語を自然習得してきた，日本人の（元）配偶者である国際結婚移住女性（以下移住女性）らの日本語の特徴や彼女らを取り巻く地域社会の現状，そしてそこから見える課題について考察する。[1]　まず，愛媛県の外国人と地域日本語教室の概要と愛南町における漢字教室の取り組みについて紹介し，次に，漢字教室参加者の中心的存在である，移住女性らへの聞き取り調査や教室内外で観察した日本語から，彼女らの日本語の特徴と課題を明らかにする。最後に，移住女性らを取り巻く地域関係者への働きかけや聞き取り調査から見えてきた，地方部における多文化の地域づくりに向けた課題と展望について述べる。

1 愛媛県内の日本語教室について

1-1 愛媛県内の日本語教室の概要

　愛媛県は，瀬戸内海に面する東予，県庁所在地松山市を中心とした中予，豊後水道を挟んで九州に面した南予の3つの地域に分けられ，外国人の在留の特徴も，それぞれの地域で異なっている。東予地域は第二次産業が中心で，2018年4月現在，技能実習生が地域在留外国人数の6割弱を占めている［愛媛県国際交流協会2018］。中予地域は，松山市に多様な国籍・在留資格者がいるが，松山市以外は，東予地域同様に技能実習生が最も多い。農業・水産業が基幹産業である南予地域では，在留外国人の中心は，興行ビザで入国後，多くは年齢差のある男性と国際結婚した日本人の配偶者等の長期滞在者であったが，最近は農業関連の技能実習生が急増している。国籍別の外国人数は，1）中国，2）ベトナム，3）フィリピン，4）韓国・朝鮮と続くが，2017年から2018年の1年間で，中国人は約200減，一方ベトナム人は500，フィリピン人は100増加している。そして，この増加者の在留資格は技能実習である。

　愛媛県内の地域日本語教室は，1987年に松山市で結成された「えひめJASL」が，県内初と言われている。その後，市町の国際交流協会や民間の有志による日本語教室が立ち上がり，2018年6月現在県内で18の日本語教室が運営されている。しかし，日本語教育学会2017年度第9回支部集会【四国支部】で展示された愛媛県内14の日本語ボランティア教室の展示ポスターによると，これら各教室に共通した今後の課題は，① ボランティアの減少・高齢化，② 参加学習者の国籍の多様化や多様なニーズに対応することの困難さであった。この2つの課題は，文化審議会国語分科会［2016］の報告とも一致している。地域別には，現在東予に8，中予に6，南予に4，計18教室あるが，県内20市町中6割の12市町は日本語教室「空白地域」である。東予は，島嶼部の上島町以外の4市全てに日本語教室があり，工場の技能実習生の教室参加率も高い。中予には日本語教室が6か所あるが，全て県庁所在地の松山市に集中している。その結果，他の5市町在住で日本語学習を希望する外国人は，松山市の教室まで通わざるをえない。南予は3市町に4か所の日本語教室があるが，各教室で日本語支援に関わるボランティア数がいずれも1桁であるため，開講日時・受入学習者数は非常に限定的

第 7 章　地方部における日本語学習支援　｜　113

図7-1　愛媛県内の日本語教室
出所：愛媛県国際交流協会 HP 情報をもとに筆者作成。

であるようである。なお，県最南部である愛南町は 2004 年にフィリピン人コミュニティを主な対象とした日本語教室が開催されたが，その後自然消滅し，2009 年からは筆者らによる調査・研究を兼ねた漢字教室が年に 1 ～ 4 回実施されている。

1-2　愛南町と漢字教室について

本章の調査地域である愛南町は，人口 2 万 2349（2017 年 4 月 1 日現在），高齢化率県内 7 位 40.18％と，人口減少と少子高齢化が進んでいる。主な産業は，真珠母貝・タイ・カキ等の養殖やカツオなどの漁業や柑橘類の農業といった農林水産業であるが，町内にある足摺宇和海国立公園を中心とした観光業も盛んである。愛媛県国際交流協会の調査によると，外国人数は 2010 年から 2018 年の 8 年間に 49 から 87 と約 1.8 倍増加し，2018 年現在の外国人人口比は 0.43％である。国別で見ると，2 桁の外国人国籍は，2010 年はフィリピン 19 と中国 11，2018 年はインドネシア 47，フィリピン 15 となっている。最も多い在留資格は，2010 年は永住者・日本人の配偶者等の長期滞在者であったが，2018 年は技能実習が最大となっている。

第Ⅱ部　生活基盤の整備

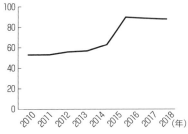

図7-2　愛南町在住外国人数の推移
出所：愛媛県国際交流協会の提供資料をもとに筆者作成。

　筆者らの愛南町における漢字教室開催のきっかけは，2008年12月の愛南町在住外国人との座談会である。参加者は全員移住女性で，彼女らからの「日本語を勉強したいが教室がない」「漢字が読めなくて困っている」という要望を受け，2009年2月に愛南町の関係者と共に外国人への漢字学習を通した交流を実施することとなった。その後，年1～2回愛媛大学の授業の一環として漢字学習交流活動を実施していたが，2013年からは年3～4回漢字教室を行いつつ，移住女性と彼女らの周囲の関係者に聞き取り調査を行ってきた。漢字教室には，愛媛大学南予水産研究センターの留学生・研究員やその配偶者，国際結婚移住男性，ALT，技能実習生等の参加もあったが，本章では移住女性に焦点をしぼり，彼女らへの聞き取り調査や漢字教室における観察，彼女らに関わる地域関係者への聞き取り調査等に基づき，移住女性への日本語支援の現状と課題について考察する。

2　移住女性への日本語支援の課題

2-1　日本語力不足による困難

　愛南町の移住女性の日本滞在年数は14～28年と長いが，みな過去に日本語を体系的に学んだ経験はなく，自然習得をしてきている。最近の新規移住女性はおらず，子育てが一段落した40代～50代のみである。来日当初の困難な時期は自らの力で乗り越え，現在は，ある程度の日本語は身につけて，ごく日常的なやりとりでは困ることがなくなっている。しかし，日常において文脈を共有しないやりとりや，複雑な事項の説明，漢字をはじめとする文字の読み書きや書字言語の理解に関しては，現在においても困難を抱えている。

　他地域の移住女性の日常会話力を調査した富谷ほか［2009］は，その特徴として，極端に対話者に依存した談話進行，主語や補語の過度な省略，必要な助詞の脱落などが見られること，抽象性の高い話題になると会話運用力の個人差が大きいことなどを挙げている。筆者らの調査でも，移住女性たちとやりとりする際，

単純な事実を述べているときは理解できるが，詳細な背景事情の説明になると，事柄の関係がわかりにくくなり，推測で話を聞かざるを得ないことがしばしばあった。また，彼女らがある行事に向けて日本人に踊りを教える場面に居合わせた際には，基本的な振り付けは，具体的な動作を見せることによってある程度意図の伝達はできていたものの，細かな動作の修正などについては説明することができず，結局あきらめて他の方法を取る様子が観察された。

さらに，彼女らはみな生計のためにパート等非正規で働いているが，職場で必要となる書字や漢字の読み取りには困難を感じている。介護施設で働いている女性は，他者の書いた形をそのまま写したり，ひらがなのみで記入したりしているという。また，スーパーの食肉売り場で働く女性は，パッキング担当に配置され，産地や銘柄によって異なる値段を入力するため，県名や銘柄名の漢字の読み取りが必要になった。しかし，文字の識別ができず，同僚の手助けに頼らなければならない状況にあり，違う仕事を探しているという。

移住女性らは，一見，日常生活は困難なく過ごしているように見えるが，実際には，このように他者に依存したり，さまざまなストラテジーの使用で切り抜けたりしており，その結果，日本語能力不足によって生じる問題の実態は周りから見えにくくなっている。

2-2　書字言語習得の実態

漢字教室は，これまでの9年間で19回実施した。上述したように，当初は年1〜2回，その後も年3〜4回であったので，漢字や日本語習得に本格的に取り組むことは難しく，その目的は，当面の困難回避，漢字学習への関心喚起，日本語習得の実態調査に止まらざるを得なかった。したがって，実施した内容は，名前や住所の漢字を書く練習，生活に役立つ漢字を読む練習，象形文字の紹介等他の漢字理解にも応用できるような知識提供が中心であった。実施6回目以降（2013年11月〜2014年5月）に書字能力を調べるため，移住女性10人に対し，カタカナ五十音表（46字）の完成と漢字の自由放出（知っている漢字をできるだけ多く書き出させる方法）を行ったところ，表7-1のような結果が得られた。なお，記入が適切でなかった2人を除く8人の結果を示している。また，「書いた漢字」については，書いていてもどの字か判別できなかった文字は除外している。

表7-1の「正しく書けた字数」を見ると，カタカナより漢字のほうが多い場合

表7-1 正しく書けた字数と書いた漢字

	正しく書けた字数		書いた漢字（書字順，同字を除き誤字を含む）
	カタカナ	漢字	
①	22	20	明日目山木出白森本水土金口愛心南町長一二三七九
②	10	12	◆◆中上南山八小大◆子太
③	3	5	◆◆中上日
④	38	8	月金前事土日気◆母禁森
⑤	17	14	中◆◆◆◆愛南町御月田回子平城
⑥	12	11	森川好月火水木金土日◆◆
⑦	3	7	◆◆田愛浦福町目山川水◆一
⑧	17	6	山中◆◆田多

＊個人が特定できる名前の漢字は◆としている。
＊網かけの文字は，判別はできるが間違っている文字。
出所：向井［2015：26］表1を修正。

があることから，必ずしも漢字よりカタカナのほうが身につきやすいとは限らないことが示唆される。また，書かれた漢字は，必ずしも意味や読みを理解しているものとは限らないので，この結果は字形認知のできる字を表していると考える必要がある。書いた字は，名前や住所，数字，曜日に関する字がほとんどであるが，第1回目から第5回目に何度も練習した住所の漢字は一部あるものの，積極的には書かれておらず，自分たちの名字や家族の名前の漢字を書いている者もいるが，それも正確に書けない者もいた。また，字の特徴を見ると，多くが対称的・直線的な字形で画数が少ない字であることが観察される。これらは，いずれも習得のしやすい字の特徴であるとされており［豊田 1996］，移住女性たちの漢字の字形認知力は，まだ漢字を図形と見る，ごく初期段階にとどまっていたと言える。

　漢字を読む能力については，教室活動における観察に限られるが，例えば「駐車禁止」「病院」「入口」といった語は，場面がわかる写真を示せば，みな意味は理解できていたが，読み方まではわからない者もいた。さらに，場面の中では読めていた「入口」も，「入」だけを示しても読むことはできず，「入口」の最初の文字であることも識別できなかった。このことは，漢字は，場面を含めた風景として，あるいは語の漢字をひとつの塊として理解しているのであって，文字を分析的に識別しているわけではないことを示している。

このように，日本での滞在年数を重ねても日本語力の不足が解消されないのは，体系的に日本語を学習する機会がなかったためであると考えられる[3]。自然習得者は，形式よりも意味に焦点があたりやすいため，形式の習得は進みにくいと言われている。また，自然習得で言語運用できるようになるには，「形式的な気づき」「統語的な気づき」「意味的な気

写真7-1　漢字教室に参加中の移住女性
（棚田洋平撮影）

づき」を多くの発話から帰納的に分析し，その中の法則を見出さなければならないため，大量のインプットが必要なことも指摘されている［小田 2017］。しかし，彼女らの置かれたこれまでの環境を考えると，日常会話から，帰納的な分析ができるほどの日本語のインプットを得ることは難しかったであろうし，もし得られていたとしても省略の多い日常会話からの分析はなおさら難しかったにちがいない。現在の彼女らの日本語能力不足はその困難を表していると言えるだろう。したがって，彼女らが今後日本語力を伸ばしていくには，形式を体系的に学べるフォーマルな学習の場の提供が不可欠と言える。ただし，それは，学校教育で行われているようなメタ言語を用いた学習の場ではない。移住女性の中には，母国で教育を十分に受けていない者もおり，学校教育と同じやり方には馴染まない恐れがある。そこで，日本語のインプットが多く得られ，帰納的な分析に繋がるような場を用意する必要があろう。

2-3　書字言語習得支援の意味

近年SNSで漢字仮名交じり文を送受信する機会が増え，彼女らも，日本人とのやりとりを日常的に行っている。そこで，2014年からFacebookでグループを作り，連絡をしあえるようにした。その中で，例えば，「お世話になりました」「大丈夫です」「お元気ですか」「今度来てください」といった慣用的な表現であれば，漢字仮名交じり文で返信をくれ，筆者らからの投稿も読めていた。スマートフォンや携帯電話でのやりとりは，即時に返事も来て，積極的な使用が見られた。それは，最初の文字を入力すると，候補となる語が出てきて，すべての文字

を入力しなくても文ができる仕組みになっているため，正確な日本語がわからなくても，簡単にメッセージが作成できるという事情があるからであろう。

このように，通信機器の機能で，書字言語の知識や運用力がなくてもある程度のコミュニケーションはできるため，それを無理に学ぶ必要性はないという意見もあるかもしれない。しかし，上述したように，いざ仕事をするとなると，慣用的ではない言葉を読む必要が出てきたり，自分で文を考えて書くことが要求されたりする場面が生じ，そこで困難に直面することになる。書字場面を避けて仕事をするなら，低賃金で過酷な単純労働をするか，上述のスーパーで働く女性のように人に頼らざるをえない。それらに耐えきれず離職・転職を繰り返し，収入を増やせない女性も少なくないという実態は，書字言語習得が生活の質を左右することを示している。

このような問題は仕事場面に限られるわけではない。富谷［2011］は「話し言葉のみを用いた生活は，状況に依存した範囲内での限定的な生活」となり，「社会の一員として知識を持つべき社会制度や規則を正確に理解する力や自分自身の生活を向上させるために必要な会話能力が獲得されない可能性がある」としている。さらに，「コミュニティで自立した構成員として行動することを阻害する要因となりうる」とも述べている。つまり，書字言語能力の不足で，日常生活の重要な場面において情報が得られず，会話力も向上せず，社会的に自立できないままになるということである。

一方，移住女性の最も頼れる人物である夫は多くの場合，年齢が大きく離れていて，高齢になっていたり，先立っていたりしている。頼りにできる夫がいなくなったり子どもが独立したとき，それに代わる支援者がいなければ，問題は一気に表面化するであろう。また，移住者自身の高齢化も進み，現在持つ日本語さえ忘れる事態が起こってきているという［庄司 2012］。書字言語習得の支援はこういった将来起こりうる問題まで見据えて考えていく必要があろう。

3　国際結婚移住女性をめぐる地域社会の現状

3-1　移住女性と地域社会

筆者らは，移住女性が日本で快適に暮らし，社会に参画するためには日本語の習得が重要であると考え，彼女らの日本語能力や言語生活の実態を調査し，同時

に，年に数回ではあるが，移住女性たちへのアウトリーチ活動としての漢字教室を開催してきた。しかし，多文化共生社会を実現するためには，第二言語としての日本語習得とともに，あるいはそれ以上に重要だと考えたのが，彼女らが在住する地域のメインストリーム社会の環境改善である。

愛南町にある障害児支援団体「ありんこくらぶ」主催者が，「大げさなことはできんけど，少しでも（障害のある）子どもらが生きている，存在している意味みたいなものを見つけたいなというか，自分の中でも感じたいし，人にもちょっとでも伝わると嬉しいかな，みたいな感じに思っているんです」と語っている。これは，移住女性についても同様ではないだろうか。彼女らの存在を可視化し，日本語ができないことから生じる困難さを，地域の人びとや自治体に知ってもらうことが，まず第一に達成されるべきことであり，それがいつか彼女らの生きやすさにつながっていくと考えられる。

地域社会が彼女らの存在をいかに認識し，受け入れているのか。特に，彼女らが日々直面している言語生活上の困難に気づいているのか，それらにどう対応しているのか。移住女性を地域社会で「見えない存在」［新矢・棚田 2016］から「見える存在」に転換することが必要であるという視座から，これらの疑問を筆者らは愛南町の人たちに投げかけてきた。具体的には，自治体等公的機関，社会的弱者を支援する NPO 等の団体・組織，移住女性の家族，友人・知人，等に会い，話を聞いた。その際，地域の多文化共生の実現に資する社会資源の発掘，関係性の構築，問題意識の共有なども意識した。本節ではそれらのなかから，移住女性の日本語をめぐって語られたことを中心にフォーマル／インフォーマルな環境づくりという面から考える。

3-2 フォーマルな環境の改善──外国人関連施策整備に向けて

移住女性をはじめとする在住外国人が社会に参画し，活動機会を拡大するためには，生活支援や言語学習支援の環境整備や制度設計が必要である。しかし，現在（2018 年 9 月）においては未だ，国レベルでの移民政策や言語政策は整備されていない。そのような現状では，多文化共生施策や「第二言語としての日本語」の学習支援は，各地の自治体レベルでの施策や支援に委ねられている。地方の外国人散在地域においては，それらの施策や制度が設けられていないことが多く，愛南町もそのひとつである。

一般的に，多文化共生施策については人権啓発関係部署が，日本語教育関係については生涯学習関係部署が担うケースが多いが，愛南町の外国人に関連する用務は，「企画財政課企画調整係」が担当する「国際交流」に含まれていると考えられる。しかし，筆者らが聞き取りを行った限りでは，「国際交流」の中心は，ALT や留学生らとの英語による交流であった。日本人住民と移住女性ら在住外国人との日本語による交流行事はほとんどなく，在住外国人への日本語習得支援は行われていなかった。そこで，筆者らは，何度か企画財政課や生涯学習課に移住女性らの実態を紹介し，日本語教室の設置を提案したが，人手がないことや，需要の有無が不明であることから，調査時点では実施に向けた積極的な回答は得られなかった。

国レベルの移民政策が不十分であることに，根本的な問題があることは否めないが，外国人への第二言語保障は人権的課題であり，学習権の保障という視点から考えれば，地方自治体レベルでも外国人を対象とした日本語教室や相談窓口が設置される必要があると考えられる。確かに，東京や大阪などの大都市圏には設置されやすく，地方都市には設置されにくい，という都鄙格差，東海地方の市町村等外国人集住地域には多く，愛南町のような外国人散在地域には少ない，という違いは予算等から考えて止むを得ない面もあるだろう。しかしながら，最近は外国人散在地域であっても多文化共生の推進や学習機会の保障を理念に掲げて，都道府県内全域に空白地域をなくすべく日本語教室の設置を進めている自治体も増えている。例えば兵庫県では，外国人住民が安全・安心に暮らすためには日本語の習得が必要であり，また緊急時には日本語教室からの発信で情報提供を行えることから「セーフティネットとしての地域日本語教室の開設事業」を 2011 年度から開始し，2015 年度には県内の全市町に日本語教室を開設している。

今，少子高齢化という課題を抱える日本において，特にその課題が深刻である地方部においては，自治体が，多文化共生の意識を涵養し，外国人を「我が町の住民」として受け入れ，生活保障や学習保障を行うことが求められている。そしてまた，移住女性を含めた外国人の課題や生活実態に関する情報を自治体等公的機関に提供し，多文化な地域づくりという意識を啓発する働きかけを行うこと，外国人の環境改善に向けた公的な取り組みを自治体職員らとともに実践することこそが，筆者ら研究者の課題でもあろう。

3-3 インフォーマルな環境づくりのあり方——現状と可能性

　次に，コミュニティレベルや個人レベルでのよりインフォーマルな支援や互助の実態について述べる。愛南町の移住女性，特にフィリピン人女性たちは，だれかの誕生日に集まり，料理をつくってパーティを行ったり，時にはカラオケや居酒屋に行ったりと，頻繁に集まる機会を持っており，エスニック・コミュニティが形成されていると言えよう。

　愛南町に国際結婚移住した外国人の大部分はフィリピン人女性であるが，その中にフィリピン人男性が1名いる。彼は日本人女性と結婚している70代の男性であるが，カトリックの神事を行える資格を有しており，自宅でミサを行うことによって，移住女性が集える機会を提供している。妻がクリニックを開業していることもあって，地域では「有名な外国人」で，地元関係者とのネットワークも広く，子どもの学校でPTA会長を務めたり，地元のライオンズクラブの会員として精力的に活動したりしている。時には経済的支援も行う彼は，移住女性たちにとっては頼れる相談役であり，まとめ役となっている。調査者である筆者らも，彼の協力のもとに調査を実施し，移住女性や地元関係者との関係づくりを進めてきた。移住女性らにとっては，町の同国人ネットワークや先輩男性の存在が大きな精神的拠り所となっており，「強い紐帯」[Granovetter 1973：邦訳]を形成していることは間違いないであろう。

　一方，移住女性の中には，職場の同僚や，子どもを通しての「ママ友」等と親密な関係を築いている者もいる。親しい関係者の話によれば「(その移住女性が日本語で困っていることは)書類関係ですよね。結局読めないから，もしくはご主人がいなかったら，私のところに来る。郵便物を見て，と」というように，移住女性らは日本語，特に読み書きに苦労しているということである。口頭言語に比べて，書字言語能力の欠如は，人前で読んだり書いたりする機会がない限り可視化されにくいため，ややもすれば見落とされてしまう。そのような移住女性の日本語の課題を，しっかりと把握してくれている日本人が身近に存在することは，彼女らにとって大きな意味がある。

　さらに，これまで移住女性が直接何らかの支援を受けたわけではないようだが，愛南町には，町のサイズに比して社会的弱者を支援する施設やNPO，ボランティア団体が多く，「愛南町ボランティア連絡会」というような団体・組織間のネットワークも形成されている。また，地域住民主体の自主サークル活動も盛んで

ある。これらの団体・組織のメンバーは重複していることも多く，役所等の公的機関の職員もメンバーとして複数関わっている。そのひとつ，地元ケーブルテレビの番組制作を行っている自主活動グループ「愛南リポーターズ」のメンバーの何人かは，たびたび漢字教室を訪れたり，下記の「日本語サポーター養成講座」に参加してくれたり，移住女性と筆者らによる漢字教室を紹介する番組を制作し放送してくれたりと，さまざまな協力があった。その結果，愛南リポーターズのメンバーと移住女性らとのコミュニケーションも生まれ，筆者らの活動への理解と協力体制が構築されてもきている。

　さらに，筆者らが地域の人的資源の開拓と住民への多文化教育を意図して，愛南町社会福祉協議会の協力を得て，2016 年に 3 回シリーズで「日本語サポーター養成講座」を主催した際，36 名（含移住女性 7 名）の応募者があった。町の規模や人口を考えると，予想を遥かに超える数であった。外国人に関心を持ち，彼らの文化を知りたい，何かお手伝いをしたい，と考える市民がこれほどいたことは，筆者らにとって嬉しい驚きであった。そして養成講座受講生の中から，ベトナム人技能実習生に請われて，個人的に日本語学習支援を始めた人も現れている。

　このように，弱者へのまなざしを持つ多くの団体や市民の存在は，他の地域住民を巻き込んで，地域の多文化共生や日本語学習支援活動を引っ張っていってくれる人的資源として大いなる可能性を秘めていると言えよう。

4　課題と展望――多文化共生の町づくりに向けて

　最後に，愛南町が多文化共生を実現する町となるために，現在の課題を整理し，地域社会が，そして筆者ら研究者，教育実践者がこれから何をすべきか，何ができるか，その可能性を探ってみたい。最大の課題は，移住女性をはじめ愛南町に暮らす外国人の日本語習得や日本語運用力の実態と，日本人住民，特に自治体関係者の認識に大きなズレがあることである。移住女性たちは，漢字の読み書きがほとんどできない。20 年日本に暮らしていても住所すら漢字で書けない。職場で必要な簡単な書類も読めない。それらを「恥ずかしい」と感じ，自尊心を失い，職業選択をはじめとして生活空間が狭められていく。「日本語を勉強したい！」「漢字を書けるようになりたい！」という，人として当たり前の欲求すら叶えられないまま，常に不自由さを抱えて懸命に生きてきた事実に，地域の住民や自治

体関係者に気づいてもらいたい。そして，エスニック・コミュニティは心の支えにはなっても，そこでは日本語習得は進まないこと，夫や家族は，彼女らに代わって日本語の読み書きをすることはあっても，日本語を教えることはほとんどしないという現実を知ってほしい。

まず第一歩として，移住女性と彼女らに近接する家族や友人・職場の同僚の生の「声」を直接聞く機会を，町内で設けるのはどうだろうか。座談会や意見聴取をする場を設定し，何に困っているか，どういう生活課題や言語運用上の問題をかかえているかを語ってもらう。移住女性当事者だけではなく，近い存在の人にも話を聞くのは，筆者らの調査からも，当事者が気づかない課題が実はかなり潜在していることがわかったからである。行政や共に暮らす市民に，外国人の生活実態や日本語の課題を把握してもらうこと，それが多文化共生の町づくりに向かう出発点だろう。

愛南町は少子高齢化が著しく進んでおり，嫁不足の解消となる移住女性や労働力不足を補う技能実習生など，外からの人材に頼らざるをえない現実が，既にそこにある。出入国管理及び難民認定法の改正法が成立したことで，単純労働への外国人の就業が可能になり，今後，町の外国人数はさらに増えることが予想される。多民族・多文化が共生する町をつくるために，外国人への日本語のサポートをすることや多文化共生施策の指針や計画を策定することは，外国人のためだけではなく，日本人住民の暮らしをも快適にすることにつながるのである。

日本に，外国人をはじめ日本語を母語としない人たちの日本語習得を支援する「日本語教育推進基本法案」が成立しそうな今こそ，筆者ら専門家も自治体や地域住民と協働して，多文化共生の町づくりにこれまで以上に力を注いでいきたい。

●注

1）本調査は，科学研究費補助金挑戦的萌芽研究（平成25〜27年度）「定住外国人のリテラシーの実態把握と環境改善に関する研究」（課題番号：2558011），及び，科学研究費補助金基盤研究（C）（平成28〜30年度）「移住女性のリテラシー保障に向けた学習支援体制と地域コミュニティの構築に関する研究」（課題番号：16K02828）の支援を受けて行われたものである。

2）このフィリピン・中国の人数減は，日本国籍取得による外国籍離脱と考えられる。

3）自然習得者の日本語習得，特に書字言語の習得について，富谷［2009］は，移住女性の調査をもとに，書き言葉は自然習得が不可能であることを指摘しており，衣川［2003］も，就労を目的とした外国人に対する調査結果から，「書字能力の量的習得を促進するためには，

第Ⅱ部　生活基盤の整備

自己学習等の方法で学習する以上に，日本語学校等のフォーマルな学習機会，それも『読み書き』に焦点をおいた学習機会が与えられることが不可欠である」としている。

● 参考・引用文献

愛南町公式ホームページ　http://www.town.ainan.ehime.jp/kurashi/chosei/yakuba/kaichiran/kikakuzaisei.html

愛媛県国際交流協会 ［2018］「平成 30 年度第 1 回外国人生活支援ネットワーク会議（資料 1 ）」.

小田佐智子 ［2017］「自然習得者の日本語運用の特徴」『ことばと文字』 8 号.

衣川隆生 ［2003］「就労を目的として滞在する外国人における書字能力の分析（ 2 ）書字能力の量的習得に影響を与える属性」『文芸言語研究　言語篇（44）』.

小松圭二 ［2017］「文化庁における日本語教育施策」『第 32 回国立大学日本語教育研究協議会』配布資料.

庄司博史 ［2012］「移民の識字問題――多言語サービス，日本語指導，母語教育，そして？」『民族通信』138 号.

新矢麻紀子・棚田洋平 ［2016］「日本語教室不在地域における国際結婚移住女性のリテラシー補償と社会参加――生活史と学習環境に着目して」『大阪産業大学論集人文・社会科学編』26 号.

富谷玲子 ［2009］「日本人と結婚した外国人女性の学習機会と社会参加――読み書きできずに暮らすということ――」（日本語教育学会 2009 年度秋季大会パネルセッション「日本人と結婚した外国人女性の社会参加と初期日本語教育――日本語教育を受ける機会のなかったケースの分析から――」パネル 2 ）『2009 年度日本語教育学会秋季大会予稿集』日本語教育学会.

――――［2011］「日本語の書き言葉をめぐるニューカマーのストラテジー」『神奈川大学言語研究』 33.

富谷玲子・内海由美子・斉藤祐美 ［2009］「結婚移住女性の言語生活――自然習得による日本語能力の実態分析――」『多言語多文化――実践と研究』第 2 号，東京外国語大学多言語・多文化教育研究センター.

豊田悦子 ［1996］「個別漢字の形特性と出力との関係」『ICU 日本語教育研究センター紀要』 5 号.

日本語教育学会 ［2017］2017 年度第 9 回支部集会【四国支部】「つながり作りの情報共有会――四国の日本語・国際交流ボランティアの活動――」展示ポスター.

日本語教育推進基本法案（仮称）政策要綱　http://www.nkg.or.jp/wp/wp-content/uploads/2018/05/180529_kihonhoan.pdf

文化審議会国語分科会 ［2016］「地域における日本語教育の推進に向けて――地域における日本語教育の実施体制及び日本語教育に関する調査の共通利用項目について――［報告］」.

向井留実子 ［2015］「国際結婚移住女性への文字学習支援（文化交流茶話会トーク）」『文化交流研究――東京大学文学部次世代人文学開発センター研究紀要』第 28 号.

Granovetter, Mark S. ［1973］ "The Strength of Weak Ties", *American Journal of Sociology*, Vol. 78, No. 6, 1360-1380.（大岡栄美訳「弱い紐帯の強さ」，野沢慎司（編・監訳）『リーディングス　ネットワーク論――家族・コミュニティ・社会関係資本――』勁草書房，2006 年.

第8章

《基礎体力と瞬発力と》
──3.11 の経験を踏まえた
地方部における災害時対応の取り組みから──

大村昌枝

はじめに「結び」を

1. 試されたのは「普段力」
   「絆」は，平時から結ぶもの。
2. 定住外国人を「要援護者」から「頼れる地域住民」に
   「自助力」は災害大国日本で暮らすうえで命を守る基本スキル。
   災害弱者ではなく支援する側に廻れる地域住民への転身を応援。
3. 被災者支援は「現場でオーダーメイド」
   被災地に出向く機動力と土地勘を武器に，必要とされる支援を。
4. 激変する外国人との共生
   労働力としての期待が高まる有期滞在型外国人との向き合い方を早急に
   構築。

　東日本大震災発生後の約6年間，地方の外郭団体の一職員にすぎない私にさえ
も，言葉にして或いは文字にしてその体験を伝えることが求められ，驚くほど多
くの発信の機会が与えられた。が，今となれば，それらはまるで砂に描いた落書
きのようにことごとくかき消えてしまった感がある。理由は，もちろん私自身の
伝える力の拙さにあるのだが，この虚しい経験から得た私なりの教訓は，「徒に
言葉を尽くすよりも大切なことこそ簡潔に言い切ること」であった。ということ
で，本章では冒頭に伝えたいことの全てである「結び」を掲げることとした。
　続く節は，「結び」を補足するト書き程度と捉えていただければ幸いである。

1 あらためて「東日本大震災」を振り返る

1-1 阪神淡路大震災との違い

千年に一度とまで言わしめた東日本大震災から 7 年以上が経過した。

発災から 10 日後，初めて足を踏み入れた石巻市で，知り合いの市役所の管理職が発した「おそらく再生までには 10 年はかかるでしょう」という言葉に，私は正直なところ「さすがに 10 年は大げさでは……」と思ったものだが，その言葉は，7 年を経ていよいよ現実味を帯びてきている。

巨大津波で大きなダメージを受けた沿岸部の自治体の多くは，そもそも過疎化が進んでいたことに加え，一度離れてしまった住民の帰還もそう簡単なことではないようだ。単なる復旧ではなく「復興」させなくては，という各自治体の意気込みと進捗にも温度差が生じてきている。追い打ちをかけるように，すでに着手されている各地の復旧・復興工事と大きな乖離をみせるのが，東日本大震災後に施行された「津波防災地域づくり法」。この法律によって津波被災地の混乱は，今後もまだまだ続くことが予想される。教訓と現場感覚が生かされない中央の施策には失望するばかりであり，もちろんそれは，大災害時の外国人支援策にも当てはまると考える。

M 9.0 という記録的な強さと揺れは，仙台市中心部にある宮城県国際化協会事務所でも破壊的な力で重量のある事務機器をなぎ倒し，収まったかと思われた次の瞬間に襲ってきた二度目の大きなうねりには，もはや誰もが庁舎の倒壊と死を覚悟したと思われる。それにも関わらず，内陸部では無理な造成をした宅地の一部などを除けば，建物の倒壊は驚くほど少なく，それが原因で命を落とした人は，宮城県内では 1 名とされている。

つまり，限定的なエリアで瞬時に家屋を倒壊させた直下型地震の阪神淡路大震災とはまったく異なる海溝

写真 8-1　発災直後の当協会事務所（合同庁舎 7 階）のようす

型地震の東日本大震災では，犠牲者のほとんどが揺れから30分から1時間後に襲ってきた津波により命を失ったのである。これは，常日頃から耳にタコができるほど聞かされていた「近い将来必ず来ると言われている宮城県沖地震」という定型句から想像する震災のイメージとは大きくかけ離れており，誤解を恐れずに言えば，多くが救えたはずの命であった。これこそが，昨今，災害のたびに耳にする「正常性バイアス」の恐ろしさであり，かけがえのない人たちを喪った被災地の人びとの自責の念をいまだにかきたてているのである。

1-2　津波被災地までの道のり

　発災時，当協会の研修室では，外国につながる児童生徒のための教育支援サポーターを対象とした研修会が開かれていた。参加サポーター30名のうち10名が海外出身者で，さらにその半分の5人が仙台市からは遠い沿岸部の自治体からの参加者であった。母国では，「地震の場合は，すぐに外に退避すべし」と教育されることが多い海外出身者の方々だが，担当職員の「落ち着いてください。この建物は安全です」という掛け声に，一人の中国出身者を除き，やみくもに建物から飛び出すようなことはなかった。長い揺れがようやく収まったのを見定めたのち，参加サポーターのみなさんには所持品をまとめていただき，7階からゆっくりと非常階段を降り1階の駐車場へと誘導した。

　余震と寒さに震えていると，やがて庁舎の防災無線から「大津波警報が発令。建物の2階以上に避難してください」と繰り返しアナウンスが聞こえてきたのだが，「こんなところまで津波が来るわけないじゃない」とみんな顔を見合わせて言ったことを記憶している。確かに私たちがいる仙台市中心部は沿岸部からは距離もあり，その油断は結果として間違ってはいなかったのであるが，実は，沿岸部でも同じような油断を助長してしまう伏線があった。2日前にかなり大きな地震があり，そのときにも津波警報が発令されたのだが，実際には数センチ程度に収まっていたのである。直近のこの経験が，3月11日の油断を誘発してしまったのかもしれない。ある人は，潮がどんどん引き始め，海底が見えるほどになったとき，初めてただならぬ状況を察知したと話してくれた。（このように海の変調に気づいて命を得た人たちもいるのだが，今，東北の海岸線は要塞のように高い防潮堤に縁どられ，海の表情が見えなくなりつつある。）

　沿岸部がそのようなことになっていることも知らず，私としては，各自の自宅

が割れたガラスなどで危険になっていることも考えられるので，とにかく日のあるうちにみなさんを帰宅させなければと判断し，家路を急いでもらった。後に，この判断が適切だったかどうか職員間で議論することにもなるわけだが，たとえ当協会近隣の一時避難所にひとまず身を寄せるよう指示したところで，母であり妻である参加者の方々がそれに従ったとは思えない。家族が，家が心配で一刻も早く帰路を急いだことだろう。何より私自身も，家で一匹ぽっちで留守番をさせていた室内犬が大変なことになってはいないか心配で，一刻も早く帰宅したかったほどなのだから。来訪者の安全をどこまで確保すべきかを一概に結論づけることはできないが，まずは冷静さを保っていただくための声掛け，そして誰一人怪我させることなく安全な場所へ誘導すること，これができただけで私たち職員の責任は十分に果たせたものと振り返っている。

　当日，沿岸部の町から当協会の研修会に参加されていた中国出身の女性は，のちにこの日の記憶をこう語ってくれた。

　　あの日，私は外国籍の子どもサポーター養成研修参加のため MIA（※当協会の略称）にいました。大地震のあと，コインパーキングに駐車していた車が停電で出せなくなりました。しかたがないので石巻市から乗り合わせてきた中国人，台湾人の女性 5 人で力を合わせてなんとか出庫させると，それを見ていた周りの日本人男性たちからも「助けてください」と言われ，同じように力を合わせて 5 台の車を出しました。来た時に通った沿岸部の高速道路は混乱のため閉鎖していると考え，内陸の裏道を帰ることにしました。帰る途中，季節外れに浸水している田んぼの写真を撮ったりして，今思うと不思議なのですが車中ではみんなのテンションはかなり上がっていました。津波の本当の恐ろしさが，まだわかっていなかったのです。ラジオから聞こえてくる「南三陸の志津川駐在所も津波に襲われています」というニュース速報にも，志津川から来ていた K さんは笑いながら「あら，それじゃ私の家も無くなっていたりして。あはは」と。今，思うと，あまりにも非現実的なことを，きっと受け止められなかったのでしょうね。

　ずいぶん後から知ることになるのだが，結局，この 5 人の中国・台湾出身の女性たちは，全員，自宅が浸水或いは流失してしまい，避難所生活を余儀なくされたのである。

　なかには，当協会の研修会に来ていなければ，家ごと自分も流されてしまって

第 8 章 《基礎体力と瞬発力と》 129

いたかも，と振り返る人や，家族に巡り合うまでに 4 日を要した人もおり，程度の差はあれ，全員が紛れもなく津波被災者となってしまったのだ。

一方，当協会事務所のある県の庁舎には自家発電設備もなく指定避難所でもなかったことから，総務部門の事務局次長を除き，その他職員はその日はいったん帰宅。翌日からなんとか出勤できる職員が集まり，事務所の片づけを始め，通電してからは多言語，特に当時は，沿岸部に多くの中国人技能実習生がいたことから中国本土からの問い合わせや安否確認に追われることになった。

そうこうしているうちに原発事故の一報が入ると，驚くべき速さで留学生や沿岸部の技能実習生などが帰国の途に就き始めた。各国大使館が手配した邦人保護のための大型バスが連日仙台市役所や宮城県庁前に横付けされたわけだが，そのバスの運行情報も確実なことがわからず混乱は続いた。一方で，私たちは県域全体をカバーエリアとする組織なので，沿岸部に暮らす多くの海外出身者の安否が非常に気がかりだった。もちろん「あの日」帰宅を促してしまった研修会参加者のその後の安否もわからない状態だったため，仙台市内の事務所で多方面からの問い合わせや情報整理に追われながらも，心は沿岸部のことが気になって仕方がなかった。

ほどなく首都圏からは機動力と豊富な資金力を携えた国際 NGO がどんどん入ってきて，当協会でのヒアリングを終えると，すぐにガソリンを満タンにして外国人支援のために沿岸部に向かって行った。当時，なぜか私たちには「私たち自らが県警で通行証を発行してもらうことで優先的にガソリンを補給し，高速道路をフリー通行して津波被災現場を廻る」ということに思いが至らず県外からの土地勘もない NGO の車両をただただ見送るばかりだった。今思うと，そのような行動力に富んだ支援は，特別な組織にしかできないことだと思い込んでいたのかもしれない。

震災から 10 日後，初めて私たちに手を差し伸べてくれた NGO があった。東京の難民支援協会である。「僕たちが，いま，大村さんたちにできることはありますか」という一言は，今までも忘れられない。間髪入れず「今すぐ私をみなさんの車に乗せて被災地に運んでください」と要望したところ，あちらからも宮城県内の土地勘がないので助かりますと快く了承していただくことができた。

東京で手配してきたというガタピシのワゴン車には既に 5 人ほど乗っていらしたが，無理を言って私ともう一人の職員が同乗させていただき，物理的にその日

写真 8-2　当協会が準備した津波被災地支援のための緊急車両

のうちに仙台との往復が可能と思われる東日本大震災最大の被災地石巻市を目指した。

　行く先々で目にした光景は，新聞紙上で，テレビのニュースでさんざん見ていたはずのものだった。しかし，紙面でも画面でも，ヘドロが乾いて立ち上る土埃の匂いまで伝えることはできない。想像を絶する現場の重苦しさに圧倒されながら私たちは，まずは市役所を目指し，当時，多文化共生推進事業で私たちのカウンターパートだった女性職員を訪ねると，近くの避難所（高校の体育館）に詰めていると教えられた。混雑する避難所で探し出すことができるかと心配しつつ訪ねてみると，偶然にも校門を入ってすぐに作業着に長靴，手にはバケツを持ったその職員と遭遇し，思わず抱き合ってしまった。当時は，お互いに生きていてよかったという思いから，避難所のあちこちでハグする姿がみられたものである。その職員も自宅が流失してしまったとのことだったが，公務員には自分のことで嘆く時間など与えられないような過酷な状況であった。そんな彼女が，担当エリアの犠牲者リストに中国名と思しき名前があるので見てほしいと，ぞっとするほど夥しい数の名前が記載されたリストを広げてくれた。見てみると，それは中国名ではなく韓国名のようだったため，その場からすぐに仙台にある韓国総領事館に氏名と住所を通報した。この体験で，「仙台の事務所にいるだけではだめだ。なんとかして私たちも現場で直接津波被災者の支援を図らなくては」と確信させられたのであった。帰路は，満潮の時刻と重なったため，松島あたりでは地震で陥没した道路がすっかり冠水し，多くの乗用車が立ち往生していたが，なんとガタピシのワゴン車は躊躇うことなく強行突破。これが過酷な現場を踏んできたNGOの行動力かと驚かされ，この体験は後々「大災害時に頼るべきは，日和見的対応で自己満足してしまう行政系組織ではなくNGOである」という確信を私に与えることとなったのである。

　自衛隊が瓦礫をよけて道路を確保するなど，まだまだ危険の多い被災地ではあったが，仙台に戻ると翌日には朝一番で上司に掛け合い被災地での直接支援につ

いての許可を得，運よく仙台で乗り捨てられた岩手ナンバーのレンタカーも確保することができた。次に，発災直後から毎日，外国人の安否確認で協働していた県警に出向き，それまでは自分たちとは無関係だと思っていた緊急支援車両のための「通行証」を発行してもらったのである。

こうして，上司への掛け合いからわずか半日で態勢を整えることができ，その日の午後には，津波で鉄路が寸断され出勤できずにいた韓国人相談員の住む県最南端の町に出向いたのである。

1-3 被災の現場で教えられたこと

その日から16日間，土日返上で走行した距離は，仙台・東京間を4往復半する2600 km。

私たちは一日も休むことなく津波被災地を訪れ，その地域に暮らす日本語教室主宰者，或いは海外出身者など，平時からの私たちのカウンターパートとともに避難所や役所を廻って歩いた。延べ19市区町村の避難所など87か所で出会った海外出身者の数は60名超。家を失い，毎日避難所から夫の遺体を探しに出かけるという国際結婚移住女性，帰国することを選ばなかったものの大規模避難所で日本人避難者との間に危うく摩擦を起こしそうになってしまった中国人技能実習生たち，夫も住む家も失い，幼児を3人抱えながら臨月を迎えていた国際結婚移住者などなど，不幸の形はさまざまであった。

いかに母語に翻訳してあるとはいえ，このような極限状態の被災者に向けて膨大な支援情報を渡したとしても，おそらく読む気にもならなかったことだろう。

直接聞き取りをし，その場で助言することもあれば，一旦事務所に持ち帰り，その後，帯同してくれた地域のカウンターパートに託して支援することもあった。被災地があまりにも広範だったため，私たちが毎日寄り添うことができなかったところを，地域のカウンターパートがカバーしてくれたことは本当に助かった。こんな協働が可能だったのも，平時からの密なつながりがあればこそである。特に，震災の前年に実施した海外出身者リーダー研修会で繋がった多くの海外出身者たちの協力なしには，この被災地巡回も，その後に実施することとなる「母語で震災を振り返る会」（後述）の実施も叶わなかったと思われる。

まさに，普段力が結実したと確信させられた出来事だった。

現場に出向いて，疲弊した被災者に寄り添いつつ被災の状況に合った支援をす

写真8-3 変わり果てた気仙沼市を走る緊急車両から見た光景

ること。それは至極当然のことのように思えるが，東日本大震災以降，私たちが属する全国の地域国際化協会で検討されている大災害時の外国人支援のあり方の中に，それを具体化する動きは全くみえない。被災の真っただ中を経験した私たちが，あのとき本当に必要としたのは通訳・翻訳の支援以上に，車両とガソリンだったと声を大にして言い続けてきたが，結局は，安全な場所に居たまま多言語で情報を発信することだけに特化した対策が主流となっている。

もちろん多言語支援ツールは重要である。が，それを必要とする人たちに届けてこその支援ツールではないのか。やった気になってはいけない。

そして，なにより私たち職員は，現場に出向き体感したことによる強烈な記憶により，7年を経た今でも東日本大震災を風化させることはできない。あのとき，職員の安全を優先して現場に出向くことを決断しなかったとしたら，あの現場の空気感に晒されなかったら，今頃私たちは東北に暮らしながらも，あの出来事を風化させてしまっていたかもしれない。

私たちは，東日本大震災の現場で外国人被災者の方たちによって気づかされた視点を取り入れた新たな防災/減災研修を実施しているのだが，あの現場体験があればこそ職員らの伝える力は格段に高くなったと胸を張れる。

2　強力なカウンターパートに変容していた移住者たち

2-1　社会参画と自己実現の応援隊——地域国際化協会

私たちが暮らす東北は，中国・韓国・フィリピンからの「国際結婚移住女性」が多い地域である。かつては行政が主導してお見合いツアーを敢行するなど，農漁村部の嫁不足は深刻なものであったが，やがて紹介される女性たちの人権問題が取り沙汰されるようになると行政は手を引き始め，代わって台頭してきたのが民間の斡旋業者であった。中にはかなり悪質な業者もあり，無茶な婚姻による家

庭内トラブルは絶えず，当協会が運営する外国人相談センターに持ち込まれる相談も圧倒的に国際結婚家庭からのもので占められた。留学生や技能実習生のように特定の地域に在住する外国人とは異なり，このような女性たちは県下35市町村すべてに存在し，本県に在住する外国人のほぼ4割を占めていたものの，多くはムラ社会の特有の秘匿性というベールに覆われ見えにくい存在であった。年限を定めて日本に暮らす外国人ではなく，たとえ無理な形の婚姻であれ日本人との家庭を営み，やがて母ともなれば地域社会とも繋がらざるを得なくなる外国人女性たちの社会参画・自己実現支援は，地域国際化協会としての喫緊の課題でもあった。それこそが本県の多文化共生社会づくりの1丁目1番地と考えた当協会では，2010（平成22）年，図らずも東日本大震災の前年に県下全域に散住する意欲あふれる国際結婚移住者たちを対象とした事業に着手した。

「外国籍県民大学」と銘打ったこの海外出身者リーダー育成事業は，「入管法」，「冠婚葬祭マナー」，「異文化ストレス」，「Wの文化をもつ子どもの教育」，「防災」といった日本で暮らすうえで必須となる自助力を引き出すようなテーマを掲げた基礎講座に加え，多言語対応に取り組む医療機関，多言語相談に取り組むNPO，そして学習者とともに学ぶ日本語教室といった先進的事例を大人の修学旅行と称して他県にまで足を延ばしてフィールドワークするなど半年間にわたる学びの場として実施したものである。ふだんは保守的な田舎町で「嫁」として遠慮しながら生活している女性たちにも堂々と参加していただくために，かかる交通費は事業費で賄った。東北7県の中では，一番面積の狭い宮城県ではあるが，遠方からの参加ともなれば交通費もそこそこかかるため，この条件整備はとても有難がられ，高い出席率という結果にも繋がった。

来日後，家庭という名の繭の中でひっそりと暮らしていた参加者にとっては，それまでこのような包括的学びの場，或いは同じ境遇の仲間との出会いの機会がなかったことから，この事業に臨む彼らの熱気には主催側を圧倒するものがあった。そして，ここで培った顔の見える関係に，東日本大震災後の私たちの被災地支援活動が大いに助けられることとなるのである。

あの震災後，しきりに言われ始めた「絆」なるものを，図らずも私たちは震災の直前に結んでいたことになる。それは，外国人と国際化協会という二極関係に留まらず，やがて共助を目的とする同胞組織の立ち上げにも繋がっていった。

2-2 目を見張る被災外国人女性たちのレジリエンス

東日本大震災では，沿岸部に暮らす日本人同様に外国人女性たちの生活をも一変させた。

命を落とした人もいる。車ごと津波の濁流に流され，九死に一生を得た人も，家，家族を失ってしまった人もいる。そのような恐怖と絶望を経験しながらも，帰国の道を選ばず必死で地域コミュニティのなかで耐えようと努力している外国人たちの心のケアが，日本人と同じで良いはずがなく，私たちは緊急を要する支援が一段落した6月に母語で思い切り感情を吐き出してもらう場を作ったのだが，その企画を支えてくれたのも前述の通り「外国籍県民大学」の受講者の方たちであった。

県内7か所で206名もの外国人が参加した「母語で震災を振り返る会」には，私たちと思いを同じくする弁護士，行政書士，県警，臨床心理士といった各分野のエキスパートとともに，通訳として多くの外国籍県民大学修了者が参画してくれたのである。その動きは，震災後にますます複雑化，深刻化してきた地域の多文化を下支えする力にも繋がっている。もはや，彼らとの協働なしには地域の多文化共生施策は立ち行かないまでになっているのだ。

被災し，仕事まで失ってしまった彼らのなかには，生活復興のための就労の場をよりハードルの高い介護現場に求め始めた女性たちもいた。また，ある台湾出身女性は，家も夫の経営する会社も津波に呑まれたものの，今は暮している町と復興支援してくれている故郷台湾との懸け橋を担い，自治体にとってかけがえのない人材として活躍している。ある韓国出身女性は，津波で夫と自宅を失ったものの，発災直後に生まれた幼子含め4人の遺児を立派に育てている。あるフィリピン出身女性は，全てを津波で失い意気消沈する日本人夫を奮い立たせ，今では高台の新天地で自営業を再開した。そのレジリエンスには目を見張るものがある。

海を越えてまで東北の片隅に嫁いできた女性たちが弱いはずなどない。これは全くの私見であるが，同じ女性として常々私はそう確信していたし，どんなに困難な状況にある国際結婚移住女性たちのことも，一度たりとも弱者として見做したことはなかった。ほんの少し，周囲が背中を押してあげさえすれば，きっと自助力・共助力に富んだ地域の仲間になれることを確信しており，このような女性たちを弱者に仕立てておくことで自分たちの活動の場を確保している組織や研究者には，未だに疑問を禁じ得ない。

それにしても，こんな私をしても，彼女たちのレジリエンスには驚かされるばかりである。この土地を終の棲家と覚悟した女性たちゆえの強さなのだろう。

だとすれば，3年ないし5年といった期限付きの就労目的で来日する外国人住民とはどのように向き合えばよいのであろうか。

震災後，より拍車がかかってきた労働力不足を補おうと官民挙げて「技能実習生」の受け入れが拡大している今，地域国際化協会のみならず日本社会全体に新たな課題が突き付けられていることは確実である。

3　激変する地域の多文化化に伴う新たな課題

3-1　狭き門より入ってみれば

東日本大震災を境に，宮城県の外国人登録状況は**表8-1**，**表8-2**のとおり，大きな変化をみせている。国籍別では，ベトナムが1.6倍以上の増加となり，それは在留資格別の「技能実習」の増加と連動している。一方，東北地方では長い間，右肩上がりを示していた「日本人の配偶者等」が，震災以降，大幅な減に転じていることが見てとれる。経済発展著しい東アジア諸国の女性たちからすれば，既に日本には「人生を賭けるほどの可能性に満ちた国」という魅力が失われつつあるのかもしれないし，一部の心ない国際結婚斡旋業者によるトラブルも知れ渡ってきたのかもしれない。これまで「日本人の配偶者等」という在留資格を有して

表8-1　宮城県における東日本大震災直前統計との比較
──在留資格別ランキングの変化

【2010年12月現在】

No.	在留資格	登録者数
1	永住者	3,996
2	留学	3,023
3	特別永住者	2,066
4	日本人の配偶者等	1,517
5	家族滞在	1,193
6	技能実習	795
7	特定活動	535
8	就学	426

【2017年12月現在】

No.	在留資格 47	登録者数
1	永住者	5,129
2	留学　※旧「就学」と統一	4,874
3	技能実習	3,285
4	特別永住者	1,847
5	家族滞在	1,329
6	日本人の配偶者等	990
7	技術・人文知識・国際業務	955
8	定住者	475

出所：法務省統計より。

136 | 第Ⅱ部　生活基盤の整備

表8-2　宮城県における東日本大震災直前統計との比較──国籍別ランキングの変化

【2010 年 12 月現在】

No.	国籍・地域	登録者数
1	中国　※台湾含む	7,252
2	韓国・朝鮮	4,354
3	フィリピン	1,021
4	アメリカ	530
5	インドネシア	301
6	タイ	219
7	ブラジル	155
8	ネパール	149
9	ベトナム	149
10	モンゴル	143

【2017 年 12 月現在】

No.	国籍・地域	登録者数
1	中国　※台湾含む	6,387
2	韓国・朝鮮	3,592
3	ベトナム	3,042
4	ネパール	1,311
5	フィリピン	1,309
6	インドネシア	778
7	アメリカ	706
8	タイ	300
9	ブラジル	251
10	パキスタン	246

出所：法務省統計より。

いた方たちは，日本社会での暮しに安定性を求め在留資格を順次「永住者」へ切り替えており，宮城県における「永住者」の多くは国際結婚移住者という状況にある。

　東北地方のみならず，全国津々浦々で在住外国人の状況が大きく変わってきていることは，統計を確認せずとも市民ですら日常生活のなかで気づき始めているであろう。

　震災から5年目の春。このような状況変化に危機感を覚えた宮城県国際化協会では，県内全域で激増する技能実習生と地域とをつなぐ事業に着手することにした。が，当時，役所は「技能実習生受け入れ」は民間の企業活動の一環と捉えてか不可侵という姿勢をとっていたため，どのセクションにおいても一元的な情報集約がなされていなかった。留学生などとは異なり，技能実習を謳ってはいても実相は出稼ぎという外国人を地域住民として見做すことに抵抗があったのかもしれない。他方，受け入れ企業側においても技能実習生たちを巡るさまざまなトラブルを避けるため，地域社会との距離をおきたがる閉鎖性がみてとれた。

　技能実習生たちは，見えているのに見えないという不思議な存在の住民になっていた。八方塞がりの厳しい状況に，私たちの事業も頓挫するかに思えたとき，幸運なことに，ある町の水産加工会社のインドネシア人技能実習生にボランティアで日本語指導を行っている男性を媒介として，狭いながらもなんとか扉をこじ

開けることができた。言うなれば，日本語ボランティアと企業との信頼関係に私たち地域国際化協会が便乗させていただいたような船出であった。こうして出合ったインドネシア人の実習生たちは，皆，快活で礼儀正しく，公募した市民交流ボランティアの方々ともすぐに打ち解け，今や地域の祭りにも彩りを添える存在になっている。

　この好事例に触発され，やがてその輪は波紋のように他の自治体にも広がり，行政側にとっても技能実習生が看過できない存在であると認識されつつあることは，望ましい変化である。また，「技能実習生」には距離を持つかに思えた国際交流ボランティアや日本語ボランティアの方たちが，実は彼らに非常に好意的であることも私たちを良い意味で裏切ってくれた。実際に接してみると，若い実習生たちが実に素直で学習意欲も高く，手応えのある交流が育めると，すこぶる評判がよいのである。

　アジア域内で労働力の奪い合いがますます激しくなってきている今，ただのデカセギで暮らす国よりも，地域の仲間として受け入れてくれる国のほうが選ばれるのは，自明の理であろう。

3-2 「手段」と「目的」

　東日本大震災以降，気象変動もありどんどん災害大国化しているこの日本で暮らす以上，日本人であれ外国人であれ「自助」の力を身につけておくことは必須であり，さらに「共助」の重要性を理解しておくことが被災後の復興にも大きな影響を及ぼすことは論を俟たない。特に，高齢化著しい地方都市において，若い技能実習生たちは支援者になり得る体力を持ち合わせている。通り過ぎてゆくだけの外国人観光客には別の手立てが必要だが，たとえ3年や5年といった期限付き滞在であれ，地域に暮す技能実習生には災害時要援護者ではなく援護する側に廻れる住民としての意識の涵養が必要となってくる。まさに命を守るための重要な取り組みである。

　地域国際化協会には，異文化交流プログラムといった市民にとっても親しみやすい企画を**手段**としつつも，「自助力」，「共助力」を育むという**目的**をしっかりと果たす戦略性が，今まさに求められているといえよう。

　東日本大震災で，超現実的実践を余儀なくされた私たちであるが，あの体験を糧に在住外国人の社会参画を後押ししつつ，誰にとっても安心・安全な地域づく

138 | 第Ⅱ部 生活基盤の整備

りに結果を出していかなければならないと一層気を引き締めつつある。

　なぜなら，オリ・パラの選手然り，平時に蓄えた基礎体力なしに，いざという時の瞬発力など発揮できるわけもないからである。

第9章

地方在住の外国人住民への医療・福祉対応
──兵庫県および島根県の取り組みから──

田村周一

はじめに

　本章の狙いは，増加しつつある外国人住民への生活支援のなかでも，外国人住民にたいする医療・福祉に着目して，外国人支援の取り組みの現状と課題について検討することである。

　医療・福祉の十分な確保は，少子高齢化がすすむ日本社会における最重要課題のひとつであるが，これは当然のことながら，外国人住民にとっても同様である。言語や生活習慣のちがいといった点で，外国人住民が医療福祉サービスを利用する上でのさまざまな困難があるが，十分な支援を提供できているとはいえない状況にある。

　外国人住民が医療福祉サービスを利用する際，もっとも大きな障壁となるのが「言語の問題」であり，外国人医療における言語支援の整備・充実は喫緊の課題である。このことは医療従事者のあいだでは以前より問題視されており，外国人住民の増加ならびに多様化にともなって強く認識されるに至っている［小林 2016］。近年では，医療通訳の専門家を養成する必要性も指摘されつつあるが，対応すべき言語の多さ，人材確保，それにともなう費用などの面で，都市部でもいまだ十分とはいえないのが現状である。

　そこで本章では，医療機関，地方自治体，および医療通訳派遣を実施しているNPO法人における多言語対応の取り組みをとりあげ，現状と課題を確認する。対象地域としては，おもに外国人が集住する都市部ではなく，集住傾向がそれほど顕著ではない地方社会をとりあげる。人口減少が進行する反面，外国人住民の増加にともなって，公共的サービスへのニーズは多様化していく。外国人集住地

域とちがってエスニック・コミュニティが形成されにくい地方社会に暮らす外国人住民が直面する生活課題にたいして，どのような対応・支援が必要であり，また可能であるかについて検討する意義は大きいと思われる。

構成は以下のとおりである。つづく第1節では，外国人住民にたいする医療における問題と対応について概観する。第2節において，地域医療における言語支援の具体的事例として兵庫県の2つのNPO法人の活動を取り上げ，現状と課題を確認する。第3節では，ここ数年の短い期間で外国人住民が急増した島根県出雲市を事例に，新しいニーズに迅速に対応しようとする試みを追う。最後に，それまでの検討をふまえて，外国人医療における多言語対応のあり方について考察する。

1 外国人医療における問題と対応

1-1 外国人医療における言語問題

外国人が日本国内において医療・社会福祉サービスを利用しようとするとき，多くの困難・障壁に直面する。例えば，言葉の障壁，ライフスタイルや文化のちがい，制度上の問題，利用できる医療制度に関する情報にアクセスできないといったことにともなう困難などが挙げられる。本節では，これまでの外国人医療における課題，地方自治体や政府の動向・施策等を概観することにより，外国人が日本の医療福祉サービスにアクセスしようとするとき，どのような困難があるのかについて確認する。

外国人医療のおける課題は，大きくわけて，「言語・コミュニケーション」，「保険・経済的側面の課題」，「保健医療システムの違い」，「異文化理解」の4つに集約されるが，そのなかでも言葉の問題はもっとも深刻である［中村 2013］。在留外国人の国籍が多様化しているなか，医療機関が対応すべき言語も多岐にわたり，もはや英語での対応だけでは十分とはいえない。医療は専門性がきわめて高く，日本人でも読解・理解するのに難しい医療用語であふれている。外国人であればなおさらで，日常会話はできても，病院で医療従事者のいうことが理解できないことも少なくない。医療を提供する側からみても，言葉が通じないために十分なサービスを提供できなかったり，多くの時間やコストをかけなければなかったりということが起こりうる。

こうした不便や負担を解消するため，近年，その必要性が指摘されているのが「コミュニティ通訳」であり，なかでも保健医療を対象とするのが医療通訳である［水野・内藤 2015］。日本国内でも，会議通訳やビジネス通訳は，ある程度，普及・発展しているが，コミュニティ通訳の存在については，いまだ十分に認められていないのが現状である。コミュニティ通訳のなかでも，2000 年代半ば頃から，その需要がとくに増加・顕在化してきたのが医療通訳で，日本語でコミュニケーションを十分にとれない外国人が病院・医院などの医療機関や薬局を訪れたとき，医療に関わる会話を通訳するのが主な業務である。会議通訳やビジネス通訳とちがって，「地域社会で暮らす人たちのための言葉の橋渡しをおこなう業務」［水野・内藤 2015：46］であるという点に特徴がある。とりわけ保健医療というのは当事者の身体・生命に深く関わるものであり，医療機関を自由に利用できる権利はひとしく保護されるべきものであるため，医療通訳はコミュニティ通訳のなかでも重要分野に位置づけられる。

1-2 外国人医療にかかわる施策の動向

言語をはじめとする外国人医療の諸問題にたいして，地方自治体や国はどのような取り組み・施策を行っているか。以下，2000 年以降の動向にしぼって概観しておきたい。

「外国人集住都市会議」（2001 年 5 月設立）は，外国人住民の増加にともなって生じた問題・地域課題の解決にむけて，外国人が集住する地域の自治体や国際交流協会で組織されたものである（2017 年時点で 8 県 22 都市）。全国的・地域横断的な組織として，政府・行政機関への提言や要望を積極的に行ってきており，その後のあらゆる地域の活動にも影響をあたえている。2001 年 10 月に採択された最初の提言において，「社会保障」に関する提言として，医療保険制度の見直し，外国人の労働環境整備にくわえ，「外国人住民が安心して医療を受けられるよう，医療機関と行政，NPO・NGO，ボランティアグループ等が連携して，医療通訳や医療・薬事情報の提供等の充実について検討すべきである」と述べられている［外国人集住都市会議 2001］。

2006 年には，総務省により「地域における多文化共生推進プラン」が策定・発表され，そこで増加する外国人住民の生活支援のための施策として，「医療・保健・福祉」の分野に関わる推進体制の整備をすすめる方針が示された。具体的

には，① 外国語対応可能な病院・薬局に関する情報提供，② 医療問診票の多様な言語による表記，③ 広域的な医療通訳者派遣システムの構築，④ 健康診断や健康相談の実施，⑤ 母子保健および保育における対応，⑥ 高齢者・障害者への対応の 6 点である。ここで医療機関における多言語対応，医療通訳者派遣について，具体的な指針が明示されたという点で一定の意義があった。しかしながら，現時点（2018 年）で日本国内に医療通訳に関する公的な資格制度が整備されるまでには至っていない。外国人医療における多言語対応は，おもに家族（配偶者あるいは日本で生まれた子供）や医療通訳ボランティアによって支えられているのが現状である。

　現在，政府は，観光目的の訪日外国人の増加を背景として，医療通訳の整備充実にむけた取り組みを強化している。2014 年 5 月に「健康・医療戦略推進法」が成立し，内閣総理大臣を本部長とする健康・医療戦略推進本部が設置されるとともに，「健康・医療戦略」（2014 年 7 月 22 日閣議決定）が策定された。この「健康・医療戦略」には，「健康・医療に関する新産業創出及び国際展開の促進に関する施策」が柱のひとつとして掲げられ，健康長寿社会の形成に資する新たな産業活動の創出及び国際展開の促進に資するため，「我が国において在留外国人等が安心して医療サービスを受けられる環境整備等に係る諸施策を着実に推進する」という記述が盛りこまれている。また厚生労働省では，その具体的な取り組みとして，①「外国人患者受入れ医療機関認証制度（JMIP）」，②「医療機関における外国人患者受入れ環境整備事業」による外国人患者受け入れ拠点病院の拡充，③ 医療通訳育成カリキュラムおよびテキストの作成，④ 外国人向け多言語説明資料の作成・提供といった施策を実施している。

　こうした施策の主眼は，第一には経済戦略としてのメディカルツーリズム（受療目的で訪日する外国人への対応）の推進にある。2020 年の東京オリンピックに際しては，多くの外国人観光客の訪日が予想され，観光を目的とした訪日外国人への対応がますます必要となることは事実であろう。ただし留意すべきこととして，経済・産業の戦略が先行することにより，在住外国人の医療アクセスを妨げることがあってはならず，対象を限定しない体制の構築がもとめられる。

2 NPO法人による言語支援——兵庫県の事例

2-1 兵庫県の地域特性，外国人住民の偏在

　前節でも確認したとおり，外国人医療において課題となるのは，もっとも基本的な事柄であるが，言語問題である。それを解決する方策として，医療通訳専門職の養成が急務であることが指摘されているが，日本国内で医療通訳に関する公的資格が制度化されるに至っていない。そうしたなかで重要な役割を担っているのが，NPO法人を中心にして，各地域で独自に運営されている医療通訳派遣事業である。その動きは全国に拡大しつつあるが，費用負担や人材の問題もあり，いまだ地域は限られている。本節では，外国人が病院を利用する際にどのような言語支援が行われているかについて，兵庫県における2つのNPO法人の事例から，その現状を把握する。

　兵庫県は瀬戸内海と日本海との両方に面しており，その特徴として，県の南部と北部とで，地域特性が大きく異なる点が挙げられる。瀬戸内海に面する県南部は，神戸市をはじめとして多くの人口が集中する阪神地域，および姫路を中心とする播磨地域を有する都市部で，県内の都市部は南部に位置する。それにたいして県北部は，城崎温泉のほか，ハチ高原や神鍋などのスキー場といった観光地で有名であるが，県南部と対照的に人口はきわめて少ない。豊岡市と養父市を中心とする但馬地方[1]の人口は16.8万人ほどで，面積的には全県の1/4を占めるほど広域であるにもかかわらず，県の人口（557万人）にたいして，およそ3％という比率である。全国的にも都市部への人口の集中・偏在傾向が指摘されているところであるが，兵庫県のなかでも同様のことがいえる。

　県内の外国人登録者はおよそ10.3万人（2017年6月時点）で，これは都道府県別でみると全国7番目に多く，比率としては県民全体の1.8％ほどを占める。ただし地域による人口の偏在は，外国人住民においても同じで，その多くは県南部の阪神地域に集中している。姫路市といった県南西部の播磨地域までふくめると，県内の外国人の9割は瀬戸内海側に暮らしている。これにたいして県北部の但馬地方の外国人住民はきわめて少ない。

　以下では，都市部と地方部それぞれにおける外国人住民への言語支援活動を取り上げ，とりわけ医療通訳にかかわる事柄に着目して，地域の特性・事情に応じ

た活動内容および課題を確認していく。

2-2　都市部（兵庫県南部）の事例

　人口が集中する兵庫県南部・阪神地域における先駆的な事例として，神戸市の「NPO 法人多言語センター FACIL」（1999 年設立，以下 FACIL）がある。阪神淡路大震災のときに情報弱者であった外国人への情報提供に携わったボランティアを中心に，兵庫県被災地コミュニティビジネス離陸応援事業助成金を資本にして設立された。行政情報や地域情報の多言語化をコミュニティビジネスとして成立させることを趣旨として，精力的な活動が行われている。

　医療通訳に関しては，2005 年 10 月より，「兵庫県の医療通訳システム構築に向けたモデル事業」を継続して実施しており，医療通訳者派遣のコーディネート機能を担うモデルの構築がすすめられている［吉富 2009］。具体的には，通訳人が診療に立ち会えるように，事前に協力病院を定めておき，患者からの依頼に応じて通訳人を派遣するというもので，12 か国語以上に対応する。現在，神戸市内に 6 つの協力病院があり，依頼があれば，近隣の西宮市や明石市の病院へも派遣する。依頼数は年々増加しており，年間 200 件以上の医療通訳派遣の依頼がある。事業開始から 10 年，ようやく軌道にのりはじめ，利用者からは診療がスムーズになったと高い評価を得ている。他方で，医療機関の関心の低いままであるのも事実で，協力病院が限られていることは事業開始時から継続する課題のようである。病院側としては，診療時間が長くなるといったコスト意識が根強く，外国人が患者として歓迎されないケースも少なくない。そのほか，報酬（費用は利用者本人と病院とが分担する），通訳の養成・身分保障，多言語対応の難しさなど課題も多く，コミュニティビジネスとして成立させるまでには至っていない［多言語センター FACIL 2016］。

　FACIL 理事長である吉富志津代［吉富 2009］の指摘によれば，医療通訳システムの整備をすすめるにあたり，以下のような事柄が課題として挙げられる。第一には，担い手の不足という問題があり，専門職として医療通訳を担う人材が充足しておらず，またそうした人材を養成する体制整備も十分にすすんでいないというのが現状である。第二に，費用および財政の問題で，専門職として医療通訳が十分な報酬を得られる状況になっていないことも大きい。そして第三に，ニーズの問題がある。FACIL のような都市部（外国人集住地域）の実績のある団体がコー

第 9 章　地方在住の外国人住民への医療・福祉対応 | *145*

ディネート事業をつづけるのに苦労しているのが現状である。都市部でさえ，専門の医療通訳サービスを提供できる余裕のある医療機関は大規模な総合病院に限定されるのである。これが相対的に外国人受診者の少ない地方部となれば，病院経営の観点から，医療通訳導入が敬遠されがちになるのは容易に想像できる。

2-3　人口減少地域（兵庫県北部）における事例

　医療の特性として，専門性がきわめて高く，コミュニケーションの精度に正確さがもとめられるという点が挙げられる。だからこそ医療通訳という専門職が要請されるわけであるが，都市部においても十分な医療通訳派遣の体制を整えるのは容易ではない。全体の人口も少なく，外国人住民が散住する地域においては，なおさらだろう。以下，そうした外国人散住地域の事例として，兵庫県北部但馬地方における取り組みをとりあげる。

　但馬地方の中心市である豊岡市の人口はおよそ 8.1 万人（2016 年 4 月）で，若年層の流出による人口減少が進んでいる。外国人人口については，2010 年に 631 人まで増加したのち，いったん減少がみられたが，2016 年に再び増加に転じている（**表 9-1** 参照）。比率でみても，市の人口全体の 0.6％ときわめて小さい。国別でみると，大きな割合を占めてきた「中国」「韓国・朝鮮」が大きく減少，「ブラジル」が微減傾向にあり，「フィリピン」と「アメリカ」がほぼ横ばいである。「その他」が急増しているのは，おもにベトナムからの国際結婚女性，ならびに総菜加工などに従事する技能実習生である。

表 9-1　豊岡市人口，および外国人登録数（国別）

（単位：人）

年	市人口	外国人住民総数	韓国・朝鮮	フィリピン	中国	ブラジル	その他
2007	87,765	597	111	87	300	34	65
2008	86,830	579	115	82	302	16	64
2009	85,575	609	113	79	337	15	65
2010	85,592	631	107	83	355	11	75
2011	84,876	561	96	83	291	9	82
2012	84,116	522	93	81	250	7	91
2013	83,338	501	87	81	237	5	91
2014	82,462	495	87	80	219	4	105
2015	82,250	492	77	81	190	3	141
2016	81,391	524	82	82	165	4	191

出所：『平成 29 年版豊岡市統計書』より作成。

146 | 第Ⅱ部　生活基盤の整備

　豊岡市を中心にした但馬地方での外国人への言語支援について，これを主に担っているのは地元の日本語教室である。同市で最初の日本語教室は，1996年，豊岡市国際交流協会が開催したものであった。受講者は但馬全域からあつまり，隣接する京都府京丹後市からの参加もあった。英語圏からのALT（外国語指導助手），次いでアジア圏（中国，韓国，フィリピン，タイ）からの国際結婚女性や就労者が中心であった。

　現在，但馬地方で外国人への言語支援の中心的役割を担っているのが，「NPO法人にほんご豊岡あいうえお」（2012年12月設立）である。主な事業として，日本語教室，毎月1回の交流イベント「お茶会」，生活相談，翻訳など，積極的な活動を続けている。とくに日本語教室は，出石，但東，城崎など旧町をふくむ市内広域で実施してきた。受講者の多くはアジアからの国際結婚女性で，国別でみると中国，ベトナム，フィリピンが大半を占める。但馬地方では，ながらく日本語教室が開催されていない市町もあり，日本語教室の拡充がもとめられていた。現在では，但馬地方全域で日本語教室が開催されているが，そこに至るまでに豊岡あいうえおの継続的な活動が果たした役割は大きい。

　医療通訳に関わることとしては，行政からの依頼を受けて病院での通訳派遣を行っている。受診者と同国出身で，比較的に日本語ができる方に通訳の協力をお願いするというもので，専門職としての医療通訳にはほど遠い。ただ豊岡市で都市部のような医療通訳派遣体制を準備することは難しく，日本語教室を中心とした外国人のネットワークを活用しながら，可能なかぎり対応している。これまで，国際結婚で日本に来た女性からの出産についての生活相談をうけており，そうしたなかで出産経験のある同国出身の通訳が出産に関わる日本の制度を説明し，出産後の手続きや健診について情報提供することで，不安をとりのぞくことができたというケースも少なくなかった。妊娠・出産にかかわる制度や習慣は，国によって大きく異なることもあるため，経験者による支援は心強いものである。こうした仕組みを組織的に運営する試みとして，2014年に「あいうえお子育てネット」を立ち上げた。市内の病院の産婦人科，市の健康増進課，こども育成課，こども教育課，保健師と連携して，相談者の関係者・関係部署で情報共有し，問題解決の迅速化，問題の未然防止をめざしている。

　但馬地方のように，外国人住民が少なく，エスニック・コミュニティが形成されにくい外国人散住地域においては，日本語教室の存在意義は大きい。日本語学

習の場としてだけでなく，基本的な生活情報を得られる場所として，孤立しがちな外国人住民を地域につなぐ結節点となる。また医療をはじめとして，生活全般にわたる包括的なサポートを提供することにより，外国人支援の拠点としても機能しているのである。

　以上，本節では，兵庫県における２つのNPO法人の事例をもとに，外国人医療における言語支援の現状と課題を確認した。神戸市のように外国人住民が相対的に多い地域では，医療通訳派遣の仕組みが軌道に乗りつつある。しかし恒常的なシステムとして安定的に稼働するに至るには課題も残る。他方で，豊岡市のような人口減少地域では，そもそも外国人住民が日常的な生活情報にアクセスすることも容易ではない環境のなかで，日本語教室が外国人住民のアクセスポイントとして機能し，関連する機関・アクターを結びつける役割を担っている。地域によって置かれている状況は一様ではなく，そこで同様の仕組みを構築することは現実的ではない。それぞれの地域特性にあわせた外国人支援を模索・構築していくことが重要である。

3　地域医療における多言語対応——島根県の事例

3-1　外国人住民の急増

　本節では，地方社会における外国人医療支援のあり方という観点から，島根県の事例を取り上げる。ここでは，そもそも人口規模の小さい地方社会において，外国人住民が急増した際，どのような対応が可能であるのかを検討する。

　島根県は，2018年7月現在の人口が68万437人と，鳥取県に次いで2番目に少ない県である。1955年のピーク時には92.2万人の人口があったが，その後は減少が続いており，ついに2014年に人口70万人を割り，第1回国勢調査が実施された1920（大正9）年の水準（71.4万人）を下回った。出生率は1.80人（2015年）と都道府県別で上から2番目であるものの，同時に高齢化率32.5％（2015年）は全国で上から3番目に高く，1992年以降，出生者数が死亡者数を下回る自然減が続いている。社会増減にいたっては，1955年以降，60年以上にわたって社会増を一度も経験したことがない［島根県 2015］。

　そうしたなか，第3章で確認されたとおり，近年，島根県の外国人住民人口が急増している。とりわけ顕著なのが県東部に位置する出雲市で，同市には複数の

電子機器の生産拠点が立地しており，そこで日系ブラジル人労働者の増加が著しい。

　この外国人急増をうけて，出雲市は，2016年6月に5か年計画として『出雲市多文化共生推進プラン』（以下，『プラン』）を策定している。この『プラン』では，「外国人住民を一時的な滞在者としてだけではなく，共に暮らす地域住民として受け入れ，行政は地域と連携して外国人住民と共に暮らしていく」ことを課題解決への基礎と定めている［出雲市 2016］。

　外国人住民の急増にともない，外国人医療の充実へのニーズも高まっている。『プラン』でも，病院受診時に症状などを医師や看護師に正確に伝えることが困難な人（日本語能力が限られている人，LJP：Limited Japanese Proficiency）がいること，それに対して医療機関での通訳支援等が課題として述べられている。その上で，「健康で生活するための支援」のための取り組みとして，「医療用翻訳アプリを活用した通訳，翻訳支援」「問診票等の多言語化」「多言語による医療費負担制度の情報提供」「要介護認定等に係る通訳支援」「多言語による介護施設等のマップ作成」などが明文化されている。実際，これを契機に，市内の医療機関，消防本部において外国人支援体制の充実が図られている。

3-2　公立病院での多言語対応

　島根県立中央病院は，出雲市内の中心に位置する基幹病院で，病床数670をこえる県内随一の大規模病院である。これまでにも外国人患者の受診はあったが，例えば上述したような工場労働者であれば，実際に外国人を雇用している請負会社から通訳の付き添いがあることも多く，さほど大きな問題となっていなかった。しかし最近では，配偶者の妊娠出産をはじめ，家族の受診も増えており，通訳同伴とは限らないケースも多くなってきている。外国語対応を必要とした外国人患者のうち，8割以上がブラジル人で，ポルトガル語での対応をしなければならないという点も課題となっていた。

　同病院では，2017年度より，外国人患者の受け入れ体制を整備するため，さまざまな取り組みが行われている。なかでも新しい方法が，ICT機器を活用した多言語対応である。具体的には，診察時に利用するテレビ電話通訳システムがあらたに導入された。タブレット端末をもちいて，契約する外部の通訳会社と回線をつなぎ，医療従事者と患者との会話を通訳者が逐次通訳するもので，院内に

第9章　地方在住の外国人住民への医療・福祉対応　｜　149

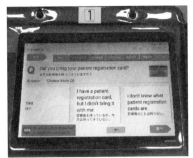

写真 9-1　テレビ電話通訳のタブレット（左），およびタブレット型案内表示機（右）
（筆者撮影）

　3台の端末を配置している。画面上からワンタッチで通訳者を呼び出すことができ，ポルトガル語，中国語，英語，ベトナム語をはじめ，合計12か国語に対応している。導入してからの2か月間で14件の利用があったが，言語はすべてポルトガル語であった。密接なコミュニケーションを必要とする場合に有効で，外国人患者への質問や説明，医療費負担に関する確認などに活用されている（**写真9-1参照**）。
　おなじくICT機器を活用したものとして，受付等で利用するタブレット型案内表示機も導入された。これは定型的な応対をするためのもので，おもに受付や会計で利用される。頻用の質問・応答がプログラミングされており，利用者自身がタブレット端末の画面で操作しながら内容を確認できる。病棟の自動案内誘導にも利用でき，貸し出して，画面の指示にしたがって病院内を移動してもらうこともできる。独自開発により，ポルトガル語，中国語，英語，ベトナム語の4言語に対応している。
　こうしたICTの積極的な活用は，医療通訳を常時確保することが難しい地方において，今後，多くの医療機関での導入が期待されるところである。ただし導入にあたっては課題もある。やはり費用の問題である。上に示したテレビ電話通訳システムでも，年間で数百万円単位のコストがかかる。医療通訳を雇用することにくらべれば，格段に費用は抑えられるが，病院の負担となることにかわりはない。
　タブレット型案内表示機も，独自のプログラムを用意する必要があるため，大きな費用がかかる。一般的なフォーマットにもとづく既成商品もあるようだが，

病院によって建物内の施設・設備，診療科をはじめ，あらゆる対応手順にもちがいがあるため，病院ごとのカスタマイズが必要となる。そうしたコストのため，対応する言語は，テレビ電話通訳システムよりも限られてしまうようである。ICT の積極的な活用をすすめるにあたっては，フォーマットの標準化が今後の課題となるだろう。

　以上，出雲市の公立病院における多言語対応の取り組みについてみてきた。人口減少がすすむ地方にあって，ブラジル人急増という状況のなかで，ICT を積極的に活用することにより，すみやかに課題対応に動き出せたといえるだろう。導入にあたっては，前出の『プラン』に具体的な支援策が明確に謳われていたことが，大きな後押しとなったという話をうかがった。導入時の合意形成，および予算確保にあたって，自治体が確固とした方針を打ち出すことの意味はきわめて大きい。

3-3　医療通訳派遣システム

　本節の最後に，島根県内で取り組まれている通訳派遣システムの事例を取り上げたい。

　公益財団法人しまね国際センターでは，2006 年より，「コミュニティ通訳ボランティア制度」による通訳派遣を実施している。県内在住の外国人住民を対象に通訳ボランティアを派遣するもので，派遣の対象となるのは「行政手続きに関すること」や「医療に関すること」など，公共性のある分野に限られるが，無料で利用できる。65 名のボランティア登録があり，6 言語（英語，中国語，ポルトガル語，タガログ語，韓国語，スペイン語）に対応している。上にみた出雲市のブラジル人増加もあり，近年はポルトガル語の依頼も多く，ポルトガル語のボランティア確保が当面の課題である。

　派遣の依頼は，外国人住民本人，あるいは組織・機関（役所，病院，自治会など），いずれからでもでき，センターでは，日時や場所，通訳種別にもとづき，マッチングする。2017 年度の 1 年間の派遣件数は 199 件，そのうち 129 件が「医療に関すること」で，医療通訳のニーズが高いことがうかがえる。ただし医療通訳においては，診療内容によっては同性のボランティアに依頼するといった配慮を要することもある。派遣依頼の多い平日昼間に活動できるボランティアは限られており，マッチングに苦労も多い。

医療通訳の必要性に疑うところはないが，とりわけ地方において一足飛びに十分な人材を確保することはやはり難しいだろう。その点で，通訳ボランティアの活動はきわめて貴重なものである。李節子も指摘するとおり，「外国人集住地域の都市が行っている医療通訳の養成・派遣内容をそのまま地方都市にもってきても，ニーズの不一致を招く」［李 2014：809］こともある。ボランティアを中心とする地域人材が持続的に活躍できるようなコーディネート機能がコミュニティ通訳派遣の要であるといえるだろう。

4　多言語対応の方策と課題

以上，地域の NPO 法人の活動，医療機関における多言語対応を中心に，地方における外国人医療の支援についてみてきた。

医療通訳の制度化については，一部の医療関係者や通訳ボランティアのあいだでは以前から課題とされており，日本国内でもその必要性が認識されつつある。ただし，対応すべき言語の多さ，人材確保の難しさ，それにともなう費用といった面で，とりわけ地方社会において十分な体制をただちに実現するのは容易ではない。地域特性にあわせた，地方発の外国人支援のあり方について，模索していくことが重要であるだろう。具体的な方策としては，出雲市の事例にみたように，ICT 機器の積極活用が挙げられる。人的リソースが限られる地方において，とくに有効な手段となるだろう。

課題として，やはり費用負担が高いハードルとなる。根本的な解決としては，医療通訳を診療報酬対象として，保険適用とすることである［中村 2014；杉山2016］。これには十分な議論が必要となるが，言葉の壁によって外国人の受療行動が抑制され，結果として，かえって医療費が増大してしまうこともありうる。医療過誤リスクを抑えるといった点で，医療提供者側・受け入れ社会側にとっても，医療通訳を公的に整備するメリットは大きい。

急増する外国人は，一時的な労働力としてだけではなく，結婚，出産，子育て，教育，地域活動をとおして，地域社会を構成する主要なメンバーになる。外国人住民にとって暮らしやすい社会は，すなわち誰にとっても暮らしやすい社会となるのであり，そうした視点からの取り組みがもとめられる。

152 | 第Ⅱ部　生活基盤の整備

● 注

1）但馬地方は兵庫県北部に位置し，豊岡市・香美町・新温泉町（北但馬），養父市・朝来市（南但馬）の３市２町から構成される。

2）出雲市消防本部でも，多言語対応システム「多言語コールサービス」を 2016 年度より導入している。外部の通訳者につないで，通報者・消防本部・通訳者の３者間で通話をするもので，英語，中国語，韓国語，ポルトガル語の４か国語に対応している。利用件数は導入以降の２年間で 32 件，そのほとんどがポルトガル語であった。増加する外国人住民からの 119 番通報への対応は課題となっていたが，ここでも『プラン』の策定がシステム導入の決め手になったという。

● 参考・引用文献

出雲市［2016］『出雲市多文化共生推進プラン』，出雲市ホームページ（http://www.city.izumo.shimane.jp/www/contents/1467621853264/index.html）．

外国人集住都市会議［2001］「外国人集住都市会議　浜松宣言及び提言」外国人集住都市会議ホームページ（https://www.shujutoshi.jp/siryo/pdf/20011019hamamatsu.pdf）．

小林米幸［2016］「在日外国人医療の変遷および現状と課題」『三田評論』1203．

島根県［2015］『島根県人口ビジョン』，島根県ホームページ（http://www.pref.shimane.lg.jp/admin/seisaku/keikaku/sousei/index.data/shimane_vision.pdf）．

杉山明枝［2016］「現状における日本の「医療通訳システム」構築のための課題——アメリカと国内自治体における先行事例から」『大妻女子大学紀要—社会情報系—社会情報学研究』25．

多言語センター FACIL［2016］『インタビューから学ぶ医療通訳——医療通訳に携わる７人の知恵と経験』多言語センター FACIL．

中村安秀［2013］「医療通訳士の必要性と重要性」，中村安秀・南谷かおり編『医療通訳士という仕事——ことばと文化の壁をこえて』大阪大学出版会．

――――［2014］「なぜ，いま，医療通訳なのか」『保健の科学』56(12)．

水野真木子・内藤稔［2015］『コミュニティ通訳——多文化共生社会のコミュニケーション』みすず書房．

李節子［2014］「自治体の地域特性を活かした「医療通訳」のあり方」『保健の科学』56(12)．

吉富志津代［2009］「地域医療における医療通訳の重要性——兵庫県のシステム構築に向けた取り組みから」『移民政策研究』1．

第10章

地方に暮らす外国人のメンタルヘルスと
異文化適応過程
―― 結婚移住女性を中心として ――

一條玲香

はじめに

　東北地方は，相対的に外国人が少ない地域であり，外国人支援組織や体制，移民のメンタルヘルスにおいて重要とされるエスニックグループによるサポート資源などが限られている。本章では，このような状況において東北地方で暮らす結婚移住女性がどのように地域社会の中で暮らしてきたのか，人間関係，日常生活の自立，文化葛藤の側面に着目して考察を行う。これらに基づき，地方で暮らす外国人のメンタルヘルスについて検討する。

1　東北地方に暮らす外国人の特徴

　筆者がフィールドとする東北地方に暮らす外国人は，2017年12月末現在5万5646人である［法務省 2018］。その数は，日本全体に暮らす外国人の約2.2%であり，外国人比率は0.63%と全国と比較して低い。東北地方は，日本国内において外国人が相対的に少ない地域であると言える。また外国人女性の割合を全国と比較すると，全国が51.8%であるのに対し，東北地方は60.6%であり，女性の割合が高いという特徴がある。

　では，どういった外国人女性が多いのか。国・地域あるいは在留資格と都道府県及び男女の3つを掛け合わせたデータが公表されていないため，正確に把握することは難しい。そこで，都道府県×男女のデータが公表されている上位5か国の全国と東北の女性割合を比較してみると（表10-2），中国，韓国，ベトナム，フィリピンの女性の割合が全国と比べて10%以上高い。さらに，都道府県×在留

第Ⅱ部　生活基盤の整備

表 10-1　地域別外国人分布割合及び外国人比率

	外国人分布割合（%）	外国人比率（%）
北海道	1.27	0.61
東北	2.17	0.63
関東	47.39	2.81
中部	19.14	2.30
近畿	18.99	2.17
中国・四国	5.32	1.22
九州・沖縄	5.63	1.01
不明	0.08	
全国	100	2.02

出所：総務省［2018］及び e-stat（人口推計平成 29 年 10 月
　　　1 日現在人口）より作成。

表 10-2　外国人女性の割合

	全国		東北	
	順位	割合（%）	順位	割合（%）
中国	1	55.83	1	66.22
韓国	2	54.36	3	64.77
ベトナム	3	43.84	2	59.22
フィリピン	4	71.32	4	81.41
ブラジル	5	45.60	11	46.22

出所：法務省［2018］より作成。

資格のデータが公表されている上位 5 か国の全国と東北地方の在留資格割合の比較を行ったところ（**表 10-3**），東北地方では，全国と比較して永住者，日本人の配偶者等，技能実習の割合が高いことがわかる。全国のデータにおいて永住者，日本人配偶者等の在留資格の女性割合は 6 割を超えており，女性割合の高い在留資格を持つ人の多さが東北地方の女性割合の高さのひとつの背景にあると考えられる。

　また東北地方では，1985 年に嫁不足に悩む自治体が外国人女性との集団お見合いに踏み切って以降，アジアを中心とする外国人女性との国際結婚が増え，特に 1990 年代後半から 2000 年代にかけて急増した。日本人と結婚した外国人の在留資格は，「日本人の配偶者等」から 3 年以上経つと「永住者」への切り替えが可能となる。さらに，彼女たちの中には日本国籍を取得する人もおり，これらの人びとは在留外国人統計には含まれなくなる。こういった人びとを含めると，東北地方では日本人男性と結婚した結婚移住女性が多いと推察される。

表10-3 上位3つの在留資格割合の比較

国籍	全国		東北	
	在留資格	割合（%）	在留資格	割合（%）
中国	永住者	34.05	永住者	40.12
	留学	17.01	留学	13.91
	技術・人文知識・国際業務	10.26	技能実習2号ロ	13.26
韓国	特別永住者	65.64	特別永住者	47.31
	永住者	15.40	永住者	36.80
	技術・人文知識・国際業務	4.79	日本人の配偶者等	5.41
ベトナム	留学	27.54	技能実習2号ロ	40.24
	技能実習2号ロ	24.36	技能実習1号ロ	31.19
	技能実習1号ロ	21.96	留学	16.62
フィリピン	永住者	48.89	永住者	55.87
	定住者	19.10	日本人の配偶者等	12.38
	日本人の配偶者等	10.13	定住者	9.04
ブラジル	永住者	58.99	永住者	58.39
	定住者	29.51	定住者	23.19
	日本人の配偶者等	8.69	日本人の配偶者等	13.65

出所：法務省［2018］より作成。

本章では，筆者がこれまで研究してきた結婚移住女性について取り上げることとする。

2 移住者のメンタルヘルスと影響因

Kirkbride and Jones［2011］は，移住と心の病の疫学的側面についてレビューを行い，移民集団とその子孫に精神病性障害の有病率が高いことを明らかにしている。移民女性の健康についてレビューを行った Aroian［2001］は，心理的問題の表出には，ジェンダー差があるとしながらも，移民女性は，移民男性やホスト国のマイノリティの女性よりも心理的問題を抱えるリスクがあると結論づけている。移民の心理的問題に関連する変数は，収入，仕事，教育，文化変容の程度と伝統的価値観の保持度合い，言語，年齢，一般的な生活ストレス，健康，ソーシャルサポート，コーピング資源，移住以前のトラウマがあり，これらの変数は女性においてより影響があるとする。さらに移民の密集度は，メンタルヘルスに影響を与えるとされ，密集度が高いほどメンタルヘルスが良いといわれる［Halpern and Nazroo 2000；Pickett and Wilkinson 2008]。その理由について，Halpern and Nazroo [2000] はマジョリティグループからの直接的な偏見にさらされにくいこと，相互のサポートが増加することを挙げている。

　結婚移住女性のメンタルヘルスについては，近年韓国や台湾を中心として研究が盛んに行われている［一條・上埜 2016]。これらの研究において，概ね結婚移住女性たちのメンタルヘルスの状況は，現地の女性たちも良好ではないと結論付けられている。都市や地方といった地域特性に着目した結婚移住女性のメンタルヘルス研究は数少ない。Chen, Shiao, Lin, and Lin [2013] は，都市と地方の結婚移住女性の身体的健康とメンタルヘルスを比較し，身体的健康において差は見られなかったがメンタルヘルスでは，地方の方が良好ではないことを明らかにした。一方で，文化変容度，社会経済的地位，ソーシャルサポート，家族構造といった変数を統制した結果，都市と地方のメンタルヘルスの差はなかった。つまりは，これらの変数が地方に暮らす結婚移住女性のメンタルヘルスに影響を与えている可能性を示している。また王 [2005] は，日中国際結婚をした中国人を対象とし，日本での居住地をもとに都市男性，都市女性，農村女性に分けて研究を行った。農村女性は，都市女性，都市男性よりも満足度（人間関係，交流，文化体験，言語），適応度（人間関係，異文化適応，心身健康・情緒，ストレッサー）が低く，都市女性よりもサポート必要度（生活環境・文化風俗）が高いことが示された。その要因として，都市の方がさまざまな人と付き合う機会が多く，日本語学習の機会にも恵まれ，サポート体制や仕事のチャンスに恵まれていることなどを挙げている。

　以上をまとめると，移民は現地の人よりもメンタルヘルスが悪く，中でも女性のリスクが高い。さらに，都市部よりも地方の結婚移住女性のメンタルヘルスのリスクが高いと言える。その背景として地方では，都市よりも同国人によるサポートが少ない事，学習や仕事の機会が少ない事，マジョリティグループからの偏見にさらされやすいといったことがある。徳田 [2016] も「非集住地域」の特徴として，日本社会側の受け入れ・支援体制や，同じエスニック集団による相互扶助ネットワークの形成が不十分であることが多いと指摘している。

　そこで，本章では東北地方の結婚移住女性を事例とし，上記のようなサポート資源が限られている状況のなかでどのように暮らしてきたのか，人間関係，日常生活の自立（日本語，仕事），文化葛藤の側面に着目して考察を行うことを目的とする。

3 事例の概要

3-1 方法

　研究協力者は，日本滞在年数が概ね10年以上の，日本語で面接可能な結婚移住女性（日本人男性と結婚した外国出身女性）で，臨床基準として，CES-D【うつ病（うつ状態）自己評価尺度】において16点より低く抑うつが疑われないことを条件とした。

　10名の研究協力者に半構造化面接を行い，条件を満たした9名を分析の対象とした。本章では，地域社会との関係から異文化適応過程を考察することに焦点を当てるため，調査の中で地域特性がより鮮明に語られていたマリとエミ（仮名），2名の事例を取り上げ，人間関係，日常生活の自立（日本語，仕事），文化葛藤という視点から事例をまとめた。なお，全体のデータについては，拙著『結婚移住女性のメンタルヘルス』[一條 2018a]でまとめている。

3-2 地域の概要

　平成27年度の国勢調査[総務省統計局 2017]から計算すると，全国の外国人比率（外国人人口／人口総数）は1.38％で，マリが暮らすA地域は0.4％，エミが暮らすB地域は0.3％であった。A地域，B地域いずれも，外国人の割合が非常に少ない地域であるといえる。三世代同居率（三世代世帯数／一般世帯数）は，A地域で10.3％，B地域で23.9％と，全国5.7％と比べて高い。また両地域とも公共交通機関は極めて少なく，買い物などの日常生活において自動車が欠かせない。日本語教室は，A地域で4団体，B地域で1団体が活動している。

3-3 マリの事例

　マリは東アジア出身の40代，日本滞在歴は12年，義父母，夫，子ども2人で暮らしている。夫は，出張が多く，家にいることは少ない。30代になり結婚を意識はじめたとき，日本にいる知人を通じて夫を紹介された。当時は，母国で付き合っている人がいたが，その人とは別れ，優しいと思った夫と結婚に踏み切ったという。マリは都会育ちで，田舎のことをよく知らなかった。「その不便さとかがわかったら……。現実のことがちょっとわからなかったというか……」と田

舎の現実を知らなかったことも結婚を後押ししたと当時を振り返っている。

（1）来日当初の人間関係と日本語学習——同国人とのつながり

　結婚後，マリはすぐに地域の日本語教室に通い始めた。ひらがなも読めないで来たマリは，母国語を話したくなり，同国人と友だちになろうとした。しかしながら，その時の事をふり返って「寂しくて，なんでも付き合えば，それは危ない」と言う。このような田舎に国際結婚で来るなんて，何か特別な理由があるのだろうと同国人の間で噂話になるというのである。「ローンがあるから逃げてきた」とか，「母国に子どもがいる」とか，「初婚じゃない，2回目の結婚だ」といった噂が同国人の間で広まることが辛かったという。

　一方で，先に来日していた結婚移住女性の話を聞いたことが，その後のマリの日本語学習の動機付けとなった。マリが日本語教室で会った来日12年目の結婚移住女性サラは，日本語があまり上手ではなく，子どもの身の回りの世話はできても，学校行事や面談に行くことができず，役員も務めることができなかった。そこで，日本語教室に通い始めたというが，すでに小学校高学年になっている子どもからは，「お母さんが来ると恥ずかしいから，学校に来ないで」と言われていたという。その話を聞いたマリは，このような状況にはなりたくないと必死で日本語を勉強するようになった。日本語が出来なければ，子どもの教育をすべて夫や義父母に任せることになり，母親としての自分の存在意義に危機感を覚えたのである。

（2）子どもを通じた人間関係の広がり——日本人とのつながり

　マリの住む地域には，若妻会があり，この地域に嫁いだ嫁は基本的にはこの組織に参加することになっていた。しかし来日後の数年間は，日本語が難しいということで，義母が参加を断っていた。日本語がある程度できるようになった頃，マリも若妻会に参加するようになった。その理由について，マリは狭い地域なので地域の人にある程度知ってもらわないと，その後の学校での保護者関係などにも影響があると考えたという。しかしながら，最初の3，4か月は周りから声をかけられなかった。「どれくらい話せるかもわからないし，声をかけられなかった」という周囲の気持ちを後から聞かされた。たまたま子どもを同じ幼稚園に通わせている母親が同じ若妻会におり，一緒に活動していたことで，周囲も「あの人が知っているなら，話しかけてみよう」となったのではないかと振り返る。

「私，やっぱり最初は一人ぼっちみたいな感じで，子どもが幼稚園とか保育園とかでもそれも小さな社会じゃないですか。そのお母さんと知り合うようになってから，やっぱり私もその社会に入ったというか，前よりは。あまり付き合っている人もいなかったし，だから日本人と友達になるとかはちょっと難しかったんです。(中略) そのお母さんと付き合うようになってから，(子どもが) 小学校に入って，そのお母さん (の子ども) も入って，わからないときは正直言って，それはわからないんだって，私の小学校と違うから，一から十で全部，正直言っても恥ずかしくないというか。」

　子どもを通じて知り合った日本人のママ友がマリの人間関係拡大のきっかけになった。また，夫が不在がちで地域の行事や PTA にマリ自身が出席せざるを得なかったことも社会参加を後押しした。狭い地域社会では，自分が誰なのか周囲に知ってもらうことが関係性を作る上で重要になる。地域や学校の行事に夫や義父母ばかりが参加すると，たまに外国人の母親が授業参観などに来たときには，「あの人，だれ？」という風になるという。また，マリは母親同士の人間関係が子どもの関係にも影響すると考えている。例えば，メディアでマリの母国に対するマイナスのイメージが流れたとしても，マリをよく知っていれば，少なくともあからさまにマリやマリの子どもに嫌な顔をしたり，冷たくしたりすることはないという。もちろん母親同士の関係は面倒なこともあるが，子どものためと思えば苦にならないという。

　さらには，外国人だからと言って教育をおろそかにしていると思われたくないという思いや，地域の子どもの全体数が少なく，子どもが二人いれば子供会やPTA などで何回も役員をせざるを得ないことも参加を後押した。今では，マリはさまざまな役員の仕事について新しく加わってくる母親に教える立場になっている。

（3）日常生活での自立 ── 日本語，自動車免許，仕事

　第一子を出産後，ある程度日本語ができるようになるまでは，ほとんどすべての生活に姑が付き添っていたという。日本語もできなければ，公共交通機関が少なく，車がないと外に出ることが難しかったためである。妊娠の定期健診にも姑が付き添って，すべて説明してくれたという。いろいろと世話を焼いてくれたことにマリは感謝しているが，買い物ひとつにしても誰かに頼まないと出かけられ

ないことは，とても不便だった。第二子を出産する頃には，運転免許を取得し自分で健診にも行けるようになった。

その後，義母に働けと言われてマリは仕事を探すこととなる。仕事を探す際に，自分の母国での経験や学歴が全く役に立たないことにショックを受けた。その時の心境を次のように語っている。

「早目に仕事探したいなら，掃除とかベットメイキングとかくらいかなと言われて。帰りずっと悲しくなったんです。涙出て。私はここでなにやっているんだろうと思って……，（中略）レジにもいったんですよ。外国人はレジ任せませんと言われたんです。あのー，現実はそうなんです。直接言われた。で，ここあんまり外国人いないから，家の周りも外国に行ったこともないじいちゃん，ばあちゃんいっぱいいるよ。日本から出たことない人いっぱいいるよ。」

そこで，介護のボランティアをした経験があったので，その経験を活かしてヘルパー資格を取得することを思いつき，通信教育で資格を取得し就職した。人間関係が大変だったが，会社が倒産した後も関係が続いている人もいるという。日本人と一緒に働いたことで，日本人のやり方，しゃべり方が身についたという。そのことについて，外国人だと気付かれなったというエピソードとともに複雑な心境を語っている。

「馴染んでいるのかなと思ったけど，私が帰らないから。ここで死ぬつもりだから。日本人と合わせないと結局一人になる。だから，うれしいというか，かなしいというか，複雑な気持ちなんですけど……」

仕事をしたことで，義母との関係がかわったという。「うちの姑さん，前は，働いていないうちに車運転して外に出ると，息子のお金使うばっかりで」と言っていた。自分の自由に使えるお金が増えたことで，自由に出かけたり，義父母を食事に連れていくこともできるようになった。このように，運転免許や仕事を持ったことについて，マリは，「言葉を覚えて，何でもできるようになった。頼らないでできるようになったし，運転もできるようになったし，仕事もできるようになったし，無視されても一人でできるようになったし，何でも頼るばっかりだと，やっぱり無視されるとか，嫌なのに頼まないといけない。」と語っている。自立性が上がることは，周囲に頼らなければならないという心理的負担を軽減す

ることにつながっていた。

　また日本語が上達にするにつれ，姑にも反論できるようになっていった。日本語で自分の気持ちを伝える大切さをマリは以下ように語っている。

　　「言葉ができるようになってから，そこまでは我慢したというか，なんか上手くできない，私の考えをうまく言えなくて。勉強した分だけしゃべるようになる。基礎くらいでは自分の考えを喋れないんです。上まで上がらないと自分の考え，気持ちを伝えられない。（中略）だんなと喧嘩するくらい，早口言葉で喧嘩するくらいになったら日本語 OK。頭にきたとき絶対に外国語でしゃべらないで。相手がわからないから。自分が頭にきても，頭にきたと日本語でしゃべれば相手もわかる。でも外国語で言ったって相手はわからない。そしたら，何も解決できない。なんのために喧嘩するの，自分の気持ち伝えるために喧嘩するの。言葉が足りなくて，結局外国語が出てしまうというか，それとやっぱり旦那に伝わらない，姑に伝わらない，何の解決にもならない。不満がだんだん増える。」

3-4　エミの事例

　エミは欧米出身の 30 代，日本滞在歴は 13 年で，そのうち 1 年間は母国に帰国していた。夫，子ども 2 人で，義父母の土地の敷地内に家を建て暮らしている。20 代前半のときに仕事で来日し，日本人の夫と出会い，結婚することとなった。エミは来日以来，外国語を教える仕事についており，出産後も仕事を続けている。来日一年目は，言葉，生活，食事すべてにストレスを感じていた。その当時，地域では外国人がまだ珍しく，見た目で外国人と分かるエミはジロジロと見られることもストレスだったという。しかし交友関係も少なく，出かけるところもなかった。国際運転免許は持っていたが，当時はカーナビもなく，漢字も地図も読めなかったので出かけることができなかった。退屈なので，仕事が終わるとスーパーでお菓子や食べ物を買ってきて「家に帰って，寝るまでほとんど食べてた」という。そのため 1 年で 10 キロ太った。2 年目からは日本語が少しずつ話せるようになったことで，ストレスも少しは良くなり痩せてきたという。

（1）日本語の上達と困難

　たまたま行った歯医者さんに日本語を教えてもらうようになった。その歯医者さんと出会ったことで，地域の人ともつながるようになり，習字やお花，茶道を

習うようになったことで，さらに日本語も上達していった。

　しかしながら結婚を機に，また日本語に悩まされることとなった。日常生活に支障はなくとも，本当の自分の気持ちを伝えられるほどの日本語能力がなく，不安になったという。エミ曰く「日本語しゃべれない人ストレスある。日本語しゃべってもストレスがある」。エミはもっと良い単語，良い表現があるとわかっているのに日本語が上手く使えないという思いを抱えている。友人の日本人に週1回，日本語を教えてもらいながら，今も日本語の勉強をし続けている。

（2）義母，親戚，地域との関係

　夫は農家の長男で，出会った当時は別の仕事をしていたが，いずれ実家を継ぐことになっていた。はじめの結婚生活は義父母と別の土地で暮らしていた。夫が事業に失敗したことにより，夫の実家に戻り，同居することとなった。エミによると同居以前の義母との関係はとてもよかったという。しかし一緒に同居を始めると，互いの家事や子育ての仕方が違うことがストレスとなった。そのときのことをエミは次のように語っている

> 「お母さん，全部家のことやっていた。でも私入ったとき，まだ全部やってくれた。料理とか，家事とか，で，そういう関係ちょっと難しかった。私，自分，母親なのに，自分のやり方もやりたかったのに，結局彼女のやり方，全部なったんです。掃除のやり方とか，やっぱりそれ我慢すること難しかった。」

　同居を始めてからは義母との関係だけでなく，夫との喧嘩も増え，関係が悪化した。そこで，エミは別居を訴え続け，ついには敷地内に家を建てることになった。この地域では，義父母と同居することが当たり前で，自分の主張が通ったのは自分が外国人だからできたことかもしれないと振り返っている。

　また義父は長男であり，エミたちの暮らす家は本家であるため，お盆や正月には親戚が多く集まる。その際エミの家では，親戚にいつ来るか，何人で来るか，いつ帰るかを事前に聞かないことになっている。エミの家は本家であり，親戚にはいつでも帰ってきて良いという意味だとエミは理解しているが，親戚に振る舞う料理や部屋の準備があるため気が気ではない。

> 「田舎では聞かないし，聞くって，あんまり温かい考えじゃないみたいで，いつ来るか，いつまでいるか，絶対いつまでいるか聞かないよ，おばあちゃん。（中

第 10 章　地方に暮らす外国人のメンタルヘルスと異文化適応過程　*163*

略）田舎の文化。まわりのお嫁さんも，お盆お客さん，まだわからない。たぶん
あまり聞かない。前の日とか。彼女たちもイライラ，ストレスになるんですけれ
ども，仕方なくて。田舎というか，そういう文化」

　エミも普段は田舎の文化に従っているが，家族の間で親戚が犬を連れてくるか
もしれないということが問題になった際には，家族から「エミだったら，電話し
て（聞いて）いいですよ」と言われたという。エミは「こっちからみると，みん
な意見あるから言ったほうがいいんじゃないかと思うんですけど……。結局エミ，
たぶん，みんなエミのことちょっと怖いと思っている。だけど仕方がない。自分
のために，ストレスならないようにやらないといけないと思います。」と語って
いる。

　このように自己主張をする一方で，地域の文化に合わせることを「しょうがな
い」とあきらめることもある。夫が地域のイベント実行委員をした際，イベント
当日にエミには予定が入っていたが，その予定をキャンセルしてイベントに出る
ように言われたという。しかたなくエミはイベントに出たが，そのエピソードを
地域の嫁に話したら，当たり前だと言われたという。「それはすごい，日本の文
化か，田舎の文化か，やっぱり，それ絶対母国ではしないと思います。出たかっ
たら出る。でも別の用事あれば用事にいく。でもしょうがない」エミは，このよ
うな慣習に賛同はしないが，妥協して合わせている。

4　地方に暮らす外国人のメンタルヘルスと異文化適応

　先行研究では，異文化で暮らす人のメンタルヘルスにとって同国人によるネッ
トワークやサポートが重要であると指摘されている［Halpern and Nazroo 2000］。し
かしながら同国人が少ない地域では，このようなサポートを期待することは難し
い。エミのように，同国人はおろか外国人すら周囲におらず，日本人と関係を築
いていくしかない場合もある。マリの例にもみられるように，同国人だからとい
って，誰しもと仲良くできるわけではない。このような地域・ケースでは，日本
人とのネットワークを構築していかざるを得ない。さらに属性という点から見て
も，数年もしくは数か月後には地域を離れていく留学生や技能実習生，日系定住
者と違い，その地域で十数年以上子育てや暮らしを営んでいく結婚移住女性にと

って，地域の日本人とのつながりは非常に重要である。それは日本人が圧倒的マジョリティである地域で，子育てをし，その地域で暮らしていくためのストラテジーでもある。

　日本語能力は，生活の自立性と大きく関係している。子どもの教育に積極的に関与するためにも日本語が欠かせない。仕事では，エミのように外国語や外国人であることを活かせる仕事は非常に少なく，日本人と競争して職を探さなければならない。三世代同居が一般的で，外国語が分からない家族や親族，あるいは外国人と接したことのない地域の人びとと円滑なコミュニケーションをはかるには，自らの日本語を上達させるしかない。マリもエミも子どもに教育戦略として母語を教えているが，彼女たち自身が日常生活の中で重要視しているのは日本語である。日本人と交流しなくても生活できる環境が整ったエスニック・コミュニティ［小内 2003］とは異なり，これら散住地域では日本語能力は人間関係や生活の自立性に大きな影響を与えている。日本語能力を高め運転免許を取得することは，公共交通機関が少ない地域において，家族に頼らなくても外出することができる前提条件である。生活の自立性が低いことは，自己効力感や自尊心を低くし，心理的ストレスとなる［一條 2018b］ことを考えると，日本語を身に着けて生活の自立性を向上させることがウェルビーイングに繋がっている。

　文化葛藤は異なる文化と出会うときに生じ，心理的ストレスに繋がる。マリもエミも多くの場面で，日本の文化，地域の文化，家族の文化に合わせている。それは，マリの「ここで死ぬつめりだから。合わせないと一人になる」という言葉に表れているように暮らしていくための適応戦略でもあるが，同時に「かなしい」という心理的ストレスを生じさせている。エミも地域の行事に義務として参加することに全面的に納得しているわけではないが，仕方なく合わせている。異なる文化で暮らし始めたとき，とりあえずその文化に合わせるというのは無用な衝突をさける合理的なやり方であり，それは日本人であっても同様であろう。

　一方で，マリもエミも合わせてばかりではない。マリは日本語ができるようになったことで，夫や義母に反論するようになり，エミも自分の考えを通したり，周囲もエミだからと許容したりする部分も見える。地方に暮らす結婚移住女性は，日本文化という圧倒的なマジョリティの中で暮らすマイノリティであり，ともすると「同化によって，その家族や地域社会に認められてきた［吉富 2012：207］」，「一方が片方に合わせるだけの関係［吉富 2012：207］」，「他者化」あるいは「不可

視化」される対象［李 2018］として捉えられることがある。こういった状況が全くないとは言わないが，マリやエミのように食事，教育，言語などのすべての領域で同化を迫られているわけではないし，経時的に見ていくと，最初はホスト社会に合わせていても次第に自己主張をするようにもなっている。渡辺［2002］は，結婚移住女性によって，文化の違いに起因する問題とともに，農村の構造に関わる問題，すなわち嫁姑問題，世代間同居の問題，大家族的経済制度，婦人の自立，夫である長男の自立といった問題が家族や農村社会につきつけられたとしている。「外国人妻側はストレスにさらされるが，受け入れ側の家族もストレスにさらされる (p. 28)。」「家庭を崩壊させないためには，妥協が不可欠である (p. 28)。」と渡辺［2002］が述べるように，一方が一方に合わせるだけでは，それこそ互いのメンタルヘルスにとってマイナスであろう。異文化と自文化という葛藤を抱えながらも，生活戦略上，お互いに歩み寄りつつ，時には自分を主張したりしながらバランスを取ることが，文化葛藤をやり過ごす，あるいは乗り越えるカギとなる。

　地方では，都市と比べて相対的に外国人支援組織や人的資源が少ない。さらには外国語が通じたり，外国人対応に慣れた医療機関も少ない。そのような地域に暮らす外国人のメンタルヘルスには，日々の生活を支えることに加え，地域社会のなかで自立した個人として生活できるようにサポートしていくことが重要である。そのためには，地域の人びととのつながり，かつ日本語を習得して自立性を獲得してくことがまず望まれよう。

● 参考・引用文献

一條玲香・上埜高志［2016］「日本・韓国・台湾における結婚移住女性のメンタルヘルスに関する研究動向」『東北大学大学院教育学研究科研究年報』65(1).

一條玲香［2018a］『結婚移住女性のメンタルヘルス——異文化ストレスと適応過程の臨床心理学的研究——』明石書店.

————［2018b］「在住外国人のエンパワーメントとメンタルヘルス——公益財団法人宮城県国際化協会の活動を事例として——」『東北文化研究室紀要』59.

小内透［2003］「在日ブラジル人の教育問題——群馬県太田・大泉地区の実態をふまえて——」，駒井洋監修・石井由香編著『移民の居住と生活』明石書店.

総務省統計局［2017］「e-Stat 政府統計の総合窓口　国勢調査／都道府県・市区町村別統計表（国勢調査）／都道府県・市区町村別統計表（男女別人口，年齢3区分・割合，就業者，昼間人口など）」https://www.e-stat.go.jp/stat-search/files? page=1&layout=datalist&toukei=00200521&tstat=000001049104&cycle=0&tclass1=000001049105&stat_infid=000031594311&result_page=1&second=1&second2=1（2018年8月23日）.

徳田剛 [2016]「「非集住地域」における外国人支援セクターとしてのカトリック教会」，徳田剛・二階堂裕子・魁生由美子『外国人住民の「非集住市域」の地域特性と生活課題——結節点としてのカトリック教会・日本語教室・民族学校の視点から——』創風社出版.

法務省 [2018]「在留外国人統計　2017 年 12 月末」http://www.moj.go.jp/housei/toukei/toukei_ichiran_touroku.html（2018 年 7 月 23 日）.

吉富志津代 [2012]「市民意識と多文化共生——阪神・淡路大震災の経験から東日本大震災の支援へ」，駒井洋監修・鈴木江理子編著『東日本大震災と外国人移住者たち』明石書店.

李善姫 [2018]「外国人結婚移住女性と「東北の多文化共生」——「他者化」と「不可視化」を乗り越えて——」『東北文化研究室紀要』59.

渡辺雅子 [2002]「ニューカマー外国人の増大と日本社会の文化変容——農村の外国人妻と地域社会の変容を中心に——」，宮島喬・加納弘勝編『変容する日本社会と文化』東京大学出版会.

王寧霞 [2005]「日中国際結婚に関する研究」『鹿児島大学医学雑誌』56.

Aroian, K. J. [2001] "Immigrant women and their health." *Annual Review of Nursing Reseach*, 19.

Chen, W., Shiao, W.-B., Lin, B. Y.-J. and Lin, C.-C [2013] "Rural and urban married Asian immigrants in Taiwan: Determinants of their physical and mental health." *Journal of Immigrant Minority Health*, 15.

Kirkbride, J. B. and Jones, P. B. [2011] "Epidemiological aspects of migration and mental illness." In Bhugra, D. and Gupta, S. (Ed.), *Migration and mental health*. Cambridge: Cambridge University Press.

Halpern, D. and Nazroo, J. [2000] "The ethnic density effect: results from a national community survey of England and Wales." *International journal of social psychiatry*, 46.

Pichett, K. E. and Wilkinson, R. G. [2008] "People like us: ethnic group density effects on health." *Ethnicity & health*, 13.

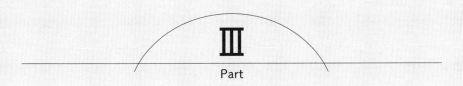

Part III

子ども・若者の教育とキャリア形成

第11章

地方の民族学校と在日コリアンコミュニティ
――四国朝鮮初中級学校のフィールドワークから――

魁生 由美子

はじめに

　本章では，四国で唯一の民族学校である四国朝鮮初中級学校（以下，四国朝鮮学校と記す）を中心とする在日コリアンコミュニティについて，予備調査と科学研究費補助金による3か年の調査研究にもとづき，具体的に記述する。移住と定住の歴史がもっとも長い在日コリアンは，地方でどのようにコミュニティをつくり，受け継いできたのだろうか。

1　四国朝鮮初中級学校のコミュニティ

1-1　データで見る四国の在日コリアン

　「平成17年（2005年）国勢調査」で日本の人口は「減少局面」に入りつつあるとされ，2010年以降，定常的な人口減少期に入った。日本社会と同様に，在日コリアンの人口も減少が続いている。在日コリアンの国籍は，韓国籍，朝鮮籍，日本籍，無国籍等であるが，在留外国人統計に表れる「韓国・朝鮮」（2016年以降は「韓国」「朝鮮」の別表記）は，ここ一世紀のあいだ日本における在留外国人の最大多数であった。「中国」の急伸により2007年に第2位の人口規模となり，それ以降も人口の減少が続いている。この減少は，日本国籍取得の影響と，人口の自然減によるものである。日本国籍を取得した者の累計は，約36万5000人となっている［一般社団法人在日コリアン・マイノリティー人権研究センター　2018：88］。

　四国朝鮮学校のある愛媛県の在日コリアンの人口もおおむね毎年微減が続き，2008年「韓国・朝鮮」1505名が2017年「韓国」「朝鮮」を合わせて1332名と，

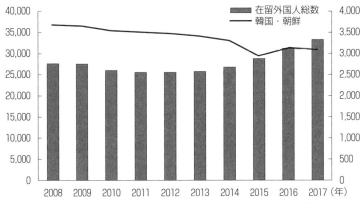

図 11-1　四国四県における在留外国人人口と「韓国・朝鮮」人口
出所：旧登録外国人統計・在留外国人統計をもとに筆者作成。

ここ 10 年で 10％を超える人口減少となっている。四国四県（徳島・香川・愛媛・高知）の在留外国人の総数と，「韓国・朝鮮」の人口のグラフ（図 11-1）を見てほしい。ここ 10 年で「韓国・朝鮮」は約 15％，実数で 600 名近く減少したが，在留外国人の総数は約 20％，実数で 5700 名強の増加となっている。

　在留外国人の増加は，高齢化し縮小する日本社会の労働力を海外に求める日本政府の「移民政策」が背景にある点に注意しておきたい［髙谷 2018］。四国四県の 2010（平成 22）年および 2015（平成 27）年の国勢調査を比較すると，四県の合計で約 11 万 2000 人の人口減となっている。その一方で，同時期，在留外国人は約 3000 人増加した。2017 年 12 月末時点で，愛媛県の在留外国人の国籍別人員を多い順にみると中国，ベトナム，フィリピンについで「韓国」および「朝鮮」である。中国，ベトナム，フィリピンの在留資格は主に「技能実習」，「留学」である。「韓国」および「朝鮮」の大半は「特別永住者」であり，サンフランシスコ講和条約発効直前まで日本国籍をもっていた朝鮮からのオールドカマーとその子孫である。

　ここでオールドカマーがなぜ朝鮮から日本に来ることになり，その後定住したのか，背景について簡単に補足しておきたい。彼・彼女らは，1939 年以降行政手続きに則った「強制連行」で日本各地に労働力として投入され，愛媛県内では別子銅山や，現在の松山空港の前身である吉田浜航空基地等で劣悪な条件下，重労働に就いた［朝鮮人強制連行真相調査団 1994：151-181］。「食える生活を求めて」朝

鮮から渡日してきた人びとも少なくないが，それは単なる出稼ぎではない［愛媛新聞在日取材班編 2004：15-18］。韓国併合（1910 年）以前から韓国は実質的な植民地支配下に置かれ，併合以降，宗主国である日本は「土地調査事業」（1910-1918 年），「産米増殖計画」（1920-1934 年）等により，朝鮮の経済基盤を徹底的に収奪した。収穫の秋まで食いつなぐ食糧がなく，春に飢える朝鮮の春窮農民は渡日以外に生きるすべがないから渡日したのである。日本から見ると，朝鮮からの労働力は賃金も安く，戦時期の労働力需要を最適化する絶好の調整弁であった。日本の植民地政策は，朝鮮人を故郷から引きはがし，安価な労働力として日本社会に吸引した。韓国併合により，「内地」の国籍とは分別された「外地人」として朝鮮人には日本国籍が付与された。「内地」在住の朝鮮半島出身者で 25 歳以上男性の場合，参政権をもっていた。しかし，敗戦直後の 1945 年 12 月には参政権は停止され，さらに後でも触れるように，1952 年，日本政府は「外地人」の日本国籍を無効化し，日本が認定する「朝鮮」籍へと振り替えた［中村 2017］。朝鮮人に付与した「日本人」としての権利をなかったものにしていく一方，解放直後，帰国を急ぐ朝鮮出身者の金品の持ち出しを通貨「千円」，荷物「250 ポンド＝約 113 キロ」に制限し，すでに日本に生活基盤をもつ朝鮮人の帰国を妨げた。また，解放後の朝鮮半島はアメリカによる南側の支配が実質化し，政情不安は済州島四三事件（1948 年），朝鮮戦争（1950 年）へと連なっていった。以上のような経緯に驚く日本人も多いかと思うが，自分のルーツを学んだ在日コリアンにとっては歴史の基礎知識である。

1-2　四国朝鮮初中級学校の概要

　朝鮮学校は在日コリアンのコミュニティにおいてもっとも重要な拠点のひとつである。ここではまず，朝鮮学校についてほぼ何も知らない読者を想定して，朝鮮学校の概要を整理しておきたい。

　朝鮮学校は都道府県の認可を受けた各種学校として，北海道から九州の各地で運営されている。公立・私立の小中高の各学校は学校教育法の第一条により設置されているが，なぜ朝鮮学校はそうでないのか。その理由は朝鮮学校が誕生した背景に着目すると理解できる。1945 年の日本敗戦，朝鮮からみると解放の直後から全国で次々に立ち上げられた国語講習所に由来する学校が朝鮮学校である。ここでいう国語とは，主としてハングルで表記する朝鮮語である。植民地政策に

より学校における朝鮮語の使用が禁じられ，朝鮮人は自分たちのことばを学ぶ機会を奪われた。解放直後，朝鮮への帰国準備の必要もあり，子どもに自分たちのことばを教えたいという親世代の悲願もあり，民家や寺の一角等使える場所とものをすべて利用して，猛烈な勢いで国語講習所が開設された。解放後，1952年のフランシスコ講和条約発効直前まで日本国籍を持ち日本に居住した朝鮮人が，国語を子どもたちに教えるために教科書を編纂し，国語を話す教員を自前で養成した。現在も，文部科学省が提示する学習指導要領に準じて独自に編纂した教科書を用い，民族教育を行うために，各種学校という位置づけになっている。

　学校を朝鮮語では「ハッキョ」という。朝鮮学校の卒業生や在校生をはじめとする関係者は「ウリハッキョ」と呼称する。「ウリ」とは私たちを意味するが，日本語でいう私たちの地球，私たちの国・地域，私たち家族等々と同様に，「ウリ」の空間や範囲，属性やそこで結ばれる関係性はそのときどきによって変容する。愛着や親密感を込めて使われる言葉が「ウリ」であり，「ウリハッキョ」という表現には学校をつくった先人の苦労と，その後の差別と弾圧に抵抗して学校を守ってきた現在進行中の運動にまつわる思いと，未来への希望が込められている。阪神教育闘争（1948年）や現在も裁判係争中である高校無償化からの排除，勝訴した京都朝鮮第一初級学校へのヘイトクライム等，70年以上にわたって朝鮮学校に対する弾圧と差別は続き，現在に至っている。それらに対抗し，守ってきた「ウリハッキョ」である。

> 「全国どの朝鮮学校も恐らく同じ状況だろう。朝鮮学校は，ほぼもれなく立地条件が悪い。脆く辺ぴな土地にしか建てられなかった。本当に，いろいろ悔しい。古く，寒く，暑く，無いものばかりのハッキョだけど，大事な大事な私たちの学校，ウリハッキョ。どんなに古くても そこにあって欲しい。なくなった母校，第3初級の事が思い出され余計にそう思う。帰れる場所，集まれる場所，笑顔が溢れる場所，繋がれる場所，元気になれる場所。私たちの大事な学び舎。」

　これは2018年度京都朝鮮中高級学校オモニ会の会長を務める朴錦淑さんが，2018年7月に発生した豪雨災害の際，朝鮮学校の被災に心を痛めてつづった言葉である。

　四国朝鮮学校も古い。現在地への移転の際，1964年に新築された校舎は半世

写真 11-1　四国朝鮮初中級学校の低学年生のようす

紀以上の年月を経て，老朽化が進んでいる。公立では整備されていて当然である体育館やプール，グラウンドのライト設備はない。用務員を雇用する余裕がなく，校内の整備，美化はすべて教員と日本の学校のPTAに相当するアボジ会，オモニ会，そして卒業生ら関係者が行っている。四国朝鮮学校がある愛媛県松山市では2017年度以降，小中学校におけるエアコン整備と使用が始まったが，四国ハッキョは対象ではない。教室の高温対策は在日同胞からの援助で導入された業務用扇風機である。行政からの補助金は県と市を合わせて年額80万円にとどまっている。ハッキョの財政をぎりぎりで支えているのは在学生の父母が支払う学費，在日同胞からの寄付，その他日本人も含む支援者からの寄付である。どこの朝鮮学校でも教職員の給与は極限まで抑制されている。だから，結婚して家庭を持つ世代が教員として活躍し続けることは現実的にたいへん難しい。朝鮮学校でフィールドワークを行い，卒業論文を書いた卒業生が地元で教員になり結婚したと，指導して下さったソンセンニム（＝先生）に報告して，大変驚かれたことがある。大学卒業後，日本の学校で正規の教師になることは経済的に安定することを意味する。だから早々に結婚し，子どもを持つ若手教員が少なくない。これと比較して，朝鮮学校で教員を務めることは経済的安定を実質的に度外視する選択であり，民族教育へのストレートな献身であるともいえる。

　2018年度，初中級合わせて15名が在籍し，複式学級を導入した授業が行われている。二十代，三十代を中心とする専任の先生方とベテランの校長先生，非常勤の先生方が，子どもたち一人ひとりに目を配る，子どもたちときわめて距離の近い，密な教育を行っている。**写真11-1**を見てほしい。このようにまるで家族のように近く，心理的にも距離が近い。生徒たちのハッキョ内外での生活の様子は「子どもの顔を見ると，すぐにわかります」と，自信をもって語るソンセンニムたちである。

1-3　授業と行事

　ふだんの授業は国語である朝鮮語によって行われている。日本語は「日語」という科目で学ぶ。朝鮮学校の時間割や教育カリキュラムは，文部科学省が提示するカリキュラムに準じて組まれ，教科書・教材も随時改訂されている。朝鮮学校の教室には，日本の教室と同様，手作りの時間割表が掲示されている。

　初級の1年生で入学してくる学生は，日本生まれの3世から5世であり，ほぼ日本語を使用しながら育ったので入学直後は朝鮮語の挨拶もたどたどしい。そのような子どもたちが朝鮮語で授業を受け，サッカーや空手等のスポーツ，舞踊や歌唱，美術作品の創作，キャンプや遠征試合等の課外授業でたいへん忙しい学校生活を過ごす中，目覚しい勢いで朝鮮語と朝鮮的な身体技法を身につけていく。その成長の過程は，年間行事である運動会や公開授業，学芸会等で一般に向けて発表される。全国どこの朝鮮学校でも行っており，地域の市民，行政・学校関係者等，だれでも参観することができる。ところで，初めて行事を参観しにいく大学生が「児童・生徒は日本語がわかりますか」と質問してきたことは一度や二度ではない。日本で生活する日本人の隣人である在日コリアンがどのような人びとなのか，学生だけでなくより多くの市民が関心を持ち，実際に出会ってくれることを願ってやまない。

　四国朝鮮学校は四国四県から入学者を集め，在校生が設立以来最多の156名となったのが1959年である。同年，寄宿舎制度の実施が始まった。その後，1988年には四国と本州を結ぶ瀬戸大橋が開通し，香川の学生にとっては岡山朝鮮初中級学校の方が通学にしても寄宿にしても利便性がよくなり，生徒数にも影響した。決定的であったのは，朝鮮民主主義人民共和国による日本人拉致問題が顕在化した2002年以降である。それまでは，入学者も今ほど少なくはなく，近隣の公立学校との交流行事も行われていた。しかし，外交問題である拉致問題が「北朝鮮バッシング」にまで展開し，「北朝鮮」ということばに無条件に否定的な意味を持たせる風潮が広まった。「北朝鮮」という国名はなく在日コリアンに「北朝鮮」籍はないにもかかわらず，朝鮮民主主義人民共和国と日本でふつうに暮らす朝鮮籍の人びとに悪のレッテルを貼るのである。繰り返すが，拉致問題は外交問題であるので，本来，在日コリアンの民族教育とは関係はない。大都市自治体の首長が積極的に関与する形で朝鮮学校への補助金を打ち切り，地方へと波及した［山本かほり 2018；山本崇記 2018］。国会議員や地方議員に対して朝鮮学校差別を煽動す

るロビー活動も組織された。国連の社会権規約委員会は 2013 年に，人種差別撤廃委員会は 2014 年にそれぞれ，「高校無償化」制度を朝鮮学校にも適用するよう日本政府に勧告している。2017 年 11 月の国連人権理事会に続き，2018 年 8 月の国連人種差別撤廃委員会も再度，朝鮮学校への「高校無償化」制度の適用を勧告した。これらの国際的な批判に逆行する教育行政が，排外主義の風潮をけん引する中で，地方の小さな民族学校が近隣の学校と交流する貴重な行事が相次いで中止されてきた。地域に存在する民族学校はまたとない異文化理解，多文化共生の学びの場であるはずなのだが，「北朝鮮バッシング」が影響し，現場の教職員が及び腰になり行事の中断に至ってしまう。学校行政を行う各自治体の教育委員会は文部科学省の通達に大きく左右される。地域の特性を生かした国際交流であっても，国からの通達や報道に水を差され，有志の教員の人事異動によって恒例の活動も途絶えるのである。

　初対面でも，子どもたちはすぐに友達になれる。1 年に 1，2 度会いながら交流を続けた日本と朝鮮の子どもたちは，楽しみにしていた恒例の機会をなくしてしまった。日本人と同様に日本で生まれ，地域で育った朝鮮の子どもたちが，自分のルーツを尊重した教育を受けるというシンプルなことが，残念ながら保障されていないのが現状である。それでも朝鮮学校の学生たちは日々はつらつと学び，ソンセンニムは惜しみなく教育に傾注している。学父母や卒業生はふだんから何気なく「ウリハッキョ」を訪問し，真夏にはかき氷を提供し，米やさまざまな食料，教材，学用品を寄贈する等，物心両面で「ウリハッキョ」を支えている。

2　「ウリマル」と「ウリパンチャン」

2-1　朝鮮の文化を身体化する

　朝鮮語と日本語は語順がほぼ同じで，椅子（ウィジャ），眼鏡（アンギョン）のように，漢字語であれば読み方は異なっても相似する場合が多い。日本語を母語として育った場合，朝鮮語はもっとも学びやすい言語であるといえよう。ただし，日本語では基本の母音が 5，子音が 10 であるのに比べて，朝鮮語は基本母音が 10，基本子音が 14 あり，さらに複合母音や喉の奥から息を詰めて発音する濃音があるので，日本語より多様な音から構成されている。どの言語でもそうであるが，発音しにくい音については修練が必要となる。通常科目の授業を通じて朝鮮

語を徹底的に学習し，「ウリマル」で歌を歌い，普段の会話を重ねる中で，子どもたちは民族的な知識と身体を獲得していく。

　朝鮮学校のコミュニティでよくみられる特徴的なことばの使い方について例を挙げてみよう。朝鮮語の一人称は，「チェ」，少しくだけた「ナ」という名詞と，冒頭で触れた複数形の「ウリ」である。これを日本語の会話の中に自然に混ぜる形で使うケースが，とくに女性に多く見られるようである。「ナの場合も，そうですね」のように使われる。その他，あいさつの言葉や名詞，感嘆詞も日本語会話の中に頻繁に登場する。「インマシないから，ピビして食べる」は「食欲がないから（ごはんにおかずを）混ぜて食べる」という意味である。二か国語話者である卒業生，在学生は自由自在に朝鮮語と日本語を混合・攪拌・チャンポンする。そのような会話の応酬をみると，ことばがコミュニティにとって非常に重要な要素のひとつであることがわかる。

　次に，歌唱や舞踊，スポーツを通じて身に着ける身体の使い方についてである。四国朝鮮学校では，毎年５月に「同胞運動会」，２月に「学芸会」を開催し，一般にも公開している。運動会の競技種目は日本の学校とは違う，創意工夫に富んだ演出がなされており，参加して楽しく，見て楽しいようにプログラムが組まれている。そこでの学生たちのパフォーマンスは，集団の競技であっても，合唱，演舞であっても，自分こそが主人公であるという気迫をみなぎらせて，たいへん見ごたえがある。オモニ会，アボジ会をはじめ，家族席はほとんどが朝鮮学校出身者であるので，応援パフォーマンスもそれぞれ主役級の迫力である。おなかの底から声を響かせ，全身を使う。舞踊では，まだ幼い学生が手の先から足の先，そして視線を向ける先まで神経を張りつめて踊る。その迫力に，日本人の参加者は感嘆する。というのも，筆者もそうであったが，日本の学校では，歌はできるだけ小さな声で歌い，ダンスは最小限に身体をつかってやり過ごす傾向があるからである。グラウンドで行われる行事のフィナーレは，圧巻の統一列車である。参加者が前の人の肩に手を添えて初めは短く列をつくり，次第に列と列を長くつないでいく。最前列では肩車にのった学生が，大きな旗を見事に降って気勢を上げる。

　もう一点，あいさつをはじめとする礼儀の徹底について指摘しておきたい。学生たちは来客を見つけると，しっかり目を見張って大きな声で「アンニョンハシムニカ」とあいさつしてくれる。ハッキョの食堂で食事をすると，学生たちが率

先して世話をしてくれる。ふだん大学のゼミ生たちとの飲み会では，すぐにテーブルの上が空いた食器だらけになるので，片付ける作法をそれとなく指導することになるが，朝鮮学校の先生方や学生たちとテーブルを囲むと，客人は徹底的にもてなされ，片付けるものがなにもない状況を経験することになる。目上の方が箸を動かすまで目下は食事に手を付けない，これと同様に，祝杯をする際，目上の方が酒杯に口をつけるまで目下は行儀よく待つという朝鮮由来の作法は，実は朝鮮学校の子どもたちも静かに実践している基本である。

2-2 「ウリパンチャン」による民族的食育

　四国朝鮮学校では，食の教育も行われている。朝鮮の家庭料理は，しばしば雑穀を加えて香ばしく炊くごはん，常備菜にあたる多彩なパンチャンとキムチ，そして「クンムル（＝スープ）がなければご飯を食べられない」とまでいうスープ類を基本に，豊富な野菜と一緒に準備される。麺料理やチヂミ，鍋料理も基本である。これら料理の味は，朝鮮語でソンマッ（＝手の味）が左右するといわれ，それはレシピ通りに作って出せる味ではない。ソンマッは，食材の切り方や下ごしらえ，火加減と煮炊きする時間等，熟練者の「勘」とともに，合わせ調味料であるヤンニョムが決め手となる。在日コリアンの2世以降は大多数が日本生まれの日本育ちであるので，唐揚げ，ハンバーグ，おでん等の定番メニューはもちろん，育った土地それぞれの食材を生かした料理も好んで食べることになる。盆や彼岸の法事に当たる祭祀（チェサ）ではお供え用の特別なパンチャンを準備する。この祭祀用の料理は，故郷である朝鮮半島の地方によって食材や調理法，呼び名がそれぞれ異なっており，各家庭で伝承されている。

　「韓流ブーム」以来20年近くになるが，韓国のドラマや映画，K-POP等は日常的にアクセス可能となり，日本のさまざまな文化に影響を及ぼしている。東京ならば新大久保，大阪ならば鶴橋に行くと衣食住に必要なものがすべて入手できる。地方のスーパーでも輸入品の調味料等，基本の食材が揃う。1999年以降，日本でもっとも多く消費されている漬物はキムチである。

　現在のようなグローバライゼーションの時代のずっと以前から，「ウリパンチャン（私たちのおかず）」をつくってきたオールドカマーの在日コリアンは，独自の流通や行商ルートを開拓し，必要な食材や調味料，菓子等の嗜好品を入手してきた。材料さえあれば，キムチもコチュジャンなどの調味料も自前で拵えること

ができる。あるべきものがないとなれば，代用品を見つける。朝鮮料理では，イワシやアミエビ等の魚醤をキムチのヤンニョムはじめ，調味料として多用する。瀬戸内海に近い町で暮らす在日コリアン2世の女性は，かき醤油が調味の決め手であると教えてくれた。セリ，ワラビ等春の山菜は，毎年たくさん摘んでオモニどうし分け合う。「食べることは生きること」は厨房を担うオモニたちの人生訓であるといってもいい［NPO法人コリアンネットあいち編 2013］。ただし，あの食材，この調味料とあれこれとこだわった議論を重ねたあげく，特定の商品名を上げて「結局，うまみ調味料が料理の秘密」とひっくり返す定番のジョークも存在する。ダイナミックに会話の場面転換を引き起こす高等な話術もまた，定番である。

　ところで，ある程度の規模のある朝鮮学校では，オモニ会，オモニ会のOBが中心となって給食の調理から提供，後片付けまで行う活動を行っている。構成メンバーがある程度多人数であれば，それぞれの都合を調整し，輪番制が可能であるからである。しかし，四国朝鮮学校のようなオモニ会の構成メンバーが10人に満たない小規模校の場合，給食は困難である。というのも，子供を朝鮮学校に送っている家庭のオモニは，焼肉店等飲食店を自営していたり，パートタイムの場合，仕事を複数もっているケースが驚くほど多い。当然のことながら家事も担っている。すでに触れたように，オモニ会の活動もある。子どもを朝鮮学校に通わせるということは，経済的にも日々の労力においても相当の負担である。それでも民族教育を選択するということの意味を想像してみてほしい。

　四国朝鮮学校の食堂は，29歳で同い年の夫を早くに亡くし，4人の子どもを育ててきた食堂オモニが40年にわたって守ってきた［朝鮮新報 2015］。2017年度の卒業式では，新年度から愛媛を離れ，広島朝鮮初中高級学校に進学する学生が食堂オモニにねだって特製のラーメンを拵えてもらい，鍋が空になるまでおかわりし続けたという偉業を聞いた。かつて全校生が100名を超え，寄宿生も多かった時代からずっと厨房に立ってきた食堂オモニのソンマッは，ごく普通のとてもおいしい家庭料理の味である。だから，レシピというレシピはなく，出汁も素材も手順もごくシンプルである。シンプルなものこそ難しいということなのか，筆者の手で再現できたためしはない。

　ハッキョ関係者以外のゲストならば，運動会等で提供されるクッパがおなじみである。卒業生のグループが焼肉を焼いたり，日本人の支援団体がうどんや朝鮮の海苔巻きであるキンパを出すこともあるが，クッパはやはりオモニたちのメニ

178 | 第Ⅲ部 子ども・若者の教育とキャリア形成

ューである。限りある時間でなるべく手早く，たくさん作ることができて，お客さんにおいしく素早く提供できる。ベテランのオモニたちが見事な連係プレーで出してくれるクッパに自家製キムチを好きなだけ添えて食べる，四国朝鮮学校の名物である。このキムチもすでに 20 年以上続く名物である。1995 年，オモニ会OB の女性たちがハッキョの資金作りのために自家製キムチを無添加で漬け始めた。キムチのヤンニョムに欠かせない唐辛子は，辛みの中に甘さがあり，鮮烈な赤の色味がでる本場のものでなければならない。同じ種でも，日本で栽培するとあまりに辛く，苦く育つという唐辛子の都市伝説のような話は地域を問わずよく聞く。ヤンニョムの出汁に煮干しを入れるが，これは愛媛の地元で水揚げされたイワシを加工した「いりこ」である。

　名物クッパのレシピもごく平凡である。ベースとなるスープは，牛肉を大根やニンジン，エノキ等ふんだんな野菜と煮て，塩や醤油で調味するという。おいしいクッパの秘密はソンマッに加えて，醤油である。山の頂の四国朝鮮学校から海側に向かっていくと三津浜という港町があり，そこに醤油の醸造所が複数ある。食堂オモニは，あるメーカーの醤油の特級を少しだけ使うのだと教えてくれた。若手のオモニからは，焼肉店が長年の信頼関係にある店から仕入れる高級和牛の切り落とし肉を使うので，まずいはずがないとも教わった。

　大都市のように在日コリアンが集住しているわけではない松山で食べる朝鮮の味には，あと数点，特徴が見いだされる。四国朝鮮学校の卒業生が経営する焼肉店が松山市内に複数あり，いずれも都市部の有名店以上の美味である。それらの店では，基本のスープを鶏ガラで取っている。朝鮮料理では地方にもよるが，牛や豚の骨，または煮干しや貝の出汁を使うことが多い。朝鮮料理の基本であるわかめスープを鶏ガラで仕立てると，これもたいへんおいしい。調理するオモニたちは結婚以前，愛媛県外の別の土地で育った方も多く，そこで全羅道や慶尚道，済州島から日本にやってきた在日一世のオモニの料理を見て食べて学んできた。結婚後に，しばしば郷里の異なる姑や親族の女性にまた教わり，今はそれぞれのソンマッを出している。このように，主に地元で入手できる食材と調味料でつくった在日コリアンの朝鮮料理を食べて，四国朝鮮学校の子どもたちが育っていく。日本各地，そして愛媛で朝鮮人として生きてきた食堂オモニたちが少しずつ工夫を加えながら，それぞれの地域で「ウリ」の食文化を守っている。

3 地域の中の民族学校

3-1 卒業生の活躍

　日本に数ある朝鮮学校の中でももっとも小規模な四国朝鮮学校であるが，小さい学校であるからこそできる教育があると先生方は自信を持って語る。卒業後，広島朝鮮中高級学校，さらには東京の朝鮮大学校に進学した学生たちが運動会等の行事に合わせて帰省し，競技を盛り上げ，ソンセンニムや先輩後輩と近況報告しあう様子は恒例である。それぞれの土地で活躍する卒業生たちは折に触れて母校を訪問し，物心両面で後輩たちを盛り立てている。芸能界で活躍する卒業生，朝鮮学校コミュニティにおける芸術の最高峰である金剛山歌劇団で朝鮮民謡の歌手として活躍後，独立し教室を立ち上げた卒業生もいる。サッカー，野球，柔道等スポーツで世界的に活躍するスポーツ選手も数多い。テレビや映画で名前をみる四国朝鮮学校の卒業生たちを，ハッキョ関係者は陰になり日向になり応援している。直訳すると「私たちの人」，日本語では「われわれ身内」というニュアンスが近いであろうか，「ウリサラム」の活躍は朝鮮学校コミュニティの誇りである。

　また，流ちょうな朝鮮語を活かして，日韓交流事業の通訳ボランティアを行う等，国際交流事業に貢献している卒業生もいる。2018年4月，朝鮮民主主義人民共和国の最高指導者金正恩委員長と韓国の文在寅大統領の頂上会談が板門店で開催され，両国の実質的交流の促進が期待されている。実は，日本は朝鮮籍をもつ朝鮮人と，韓国籍をもつ韓国人がもっとも対面しやすい国のひとつであった。

　2014年7月，韓国における朝鮮学校の支援団体であるモンダンヨンピルの一団が四国朝鮮学校を訪問し，「ウリマル」で話しながらいろいろな遊びを楽しみ，合唱した。その交流の様子が写真パネルになり，2018年10月13日，ソウル市内で行われ

筆者撮影（2018年10月13日）

たアピール活動の際に展示されていた。パネルには「『声を振り絞って叫びます。お元気で，また会いましょう』30年間，子どもたちを育ててきた朝鮮学校のソンセンニムの目には，あふれる涙。たった2時間だけ会って，私たちは熱い涙を流さずにはいられなかった。必ずまた会いに行きます。これからはもう，離れ離れになりません」とある。この文中のソンセンニムも，朝鮮学校の卒業生である。

　ここまで見た通り，朝鮮学校の教員の給与待遇は最小限であるが，それぞれの担当授業数はもちろん，クラブ活動や長期休暇中の活動等，長時間労働は日本の学校以上である。それでも教育者として学生に接する態度には情熱があふれている。ほめる，叱る，導く等ふだんの所作に家族のような情がこめられている。朝鮮学校ではさまざまな障害をもった学生も学ぶが，特別な支援を必要とする学生が入学し，一緒に学生生活を送る中で，学友である学生たちはもちろん，教員も深い学びを経験するという。学生たちは家庭でも朝鮮文化を教わり，身につける。例えば，入学以前の幼い子どもが自分の菓子を周囲の人びとに分けてから食べるような所作を身につけるのである。この子どもたちは，入学後のインクルージョン教育を経験する中で，自分より障害をもつ学友を優先するふるまいを日々の学校生活で当然のように行うことができるように育っている。これは誰をも排除しない公共的な社会をつくっていく個人として，もっとも重要な知恵と態度である。障害をもつ当事者の学生も学友と一緒に，卒業式や入学式，学芸会の舞台で奇跡のようなパフォーマンスを披露してくれる。このような学びを共有した教員と学生，学生と学生のつながりは，卒業後何十年経っても変わることなく継続していくという。

　教育という仕事に全身全霊をかけているといっても過言ではない朝鮮学校のソンセンニムであるが，経済的に自立して家庭を持つために離職せざるを得ないというケースは当然少なくない。ベテランの教員経験者である高正剛さんは，学校生活に支援を必要とする生徒たちを対象とする放課後等デイサービス事業を立ち上げた。愛媛県西条市に本部をおく「レインボーキッズメソッド」は2015年度以降，西条市内に3か所，松山市内に1か所と次々に事業所を設置し，支援が必要な子どものケアを行っている。子どもの送迎も行い，学級担任とその日の体調やクラスでの様子を情報交換し，それを踏まえて事業所でのケアを組み立て，放課後の様子を家庭に伝えるというたいへん細やかなサービスを行っている。ストレスを抱えこみ，孤立しがちな子どもと親を，ふだんの密なやり取りの中で学校

と地域に繋いでいこうとしている。これまでニーズがありながらも着手されなかったケアであり，学校や地域にとって非常に重要な社会教育となっている。

3-2　対ヘイトクライムの活動と新しい支援者コミュニティ

　在特会らによる京都朝鮮第一初級学校襲撃事件（2009 年 12 月），徳島県教組襲撃事件（2010 年 4 月，以下徳島事件と記す）等，朝鮮学校とその支援者を標的とするヘイトクライムについては裁判での勝訴が続いている。行政による朝鮮学校差別である高校無償化排除については，現在，全国五か所で裁判闘争が行われており，この裁判への関心と支援を訴える定例の街宣活動が国内の各地，そして韓国各地で続いている。裁判とそれに関連する活動が続き，朝鮮学校の関係者，とくに本来学業に専念すべき在学生は心身を消耗している。それにもかかわらず，朝鮮学校のコミュニティは，場面にもよるが，不思議なくらいに明るい。それぞれの被傷体験と日々の仕事と暮らしを背負って集いながら，新たな被差別体験，体調不良，点滴，入院等，決して笑い事ではない近況を親しい間柄で静かに情報交換し，くすくす笑いは次第にハンカチ必携の泣き笑いになっていく。苦境にあるときほど相互に励ましあい，厳しいときほど大らかに笑いあう文化がそこにはある。不当判決にうなだれて泣く。支援者であるはずの関係者から差別的発言をされて，やはりうなだれ，それでも時間をかけて自尊心を取りもどし，顔を上げる。負の経験を顧みる余裕ができるころには，それらも徐々に泣き笑いのエピソードになる。四国朝鮮学校の支援者も，そのような場所で励まされ，近年新たに支援のすそ野が広がっている。各地で地域的に行われてきた朝鮮学校の支援の輪が統一列車のように繋がり始めている。

　徳島事件裁判の完全勝訴（2016 年 4 月 25 日）を支援した香川県隣保館連絡協議会の女性スタッフは，勝訴をよろこぶあるオモニが弁護人に「先生，ありがとうございます。こんなに嬉しい日はありません。私たちは，ここにいていいんだ。ここで生きていていいんだといわれた気がします」と泣きながら語った言葉と，「それが常であったから『差別』と分からなかった」というこれまで遭遇した被差別体験に衝撃を受け，「申し訳なさと我々の責任の重さに改めて気づかされた」と綴っている［香川県隣保館連絡協議会 2017］。

　徳島事件裁判の勝利報告集会（2017 年 2 月 4 日）でパネルディスカッション「女性たちの反ヘイト──私たちは沈黙しない」が開催され，勝訴した被害女性とと

もに京都，香川，愛媛の支援者が登壇し，フロアは全国各地からの参加者で埋め
つくされた。登壇者それぞれが徳島事件を振り返り，被害女性と自分自身の被差
別経験を往還しながら，ともに「回復」に向かうために繋がっていくという知恵
と希望を語る，涙と笑いと歌声が溢れる一日であった。異なるものがともに学び
ともに生きる，これもまた，朝鮮学校を起点とするコミュニティである。

● 参考・引用文献
一般社団法人在日コリアン・マイノリティー人権センター［2018］「在日コリアン『帰化』
　　者統計」『在日コリアン人権白書　2017年版』.
NPO法人コリアンネットあいち編［2013］『ハンメの食卓──日本でつくるコリアン家庭料
　　理』KTC中央出版.
愛媛新聞在日取材班編［2004］『在日──日朝韓の狭間に生きる』愛媛新聞メディアセンター.
香川県隣保館連絡協議会［2017］「共生きの社会をつくるために──出会い繋がった思いを繋
　　げたい」，四国朝鮮学校の子どもたちの教育への権利実現・市民基金編『四国朝鮮学校市
　　民基金だよりむぐんふぁ』(11).
髙谷幸［2018］「『移民はここにいる』現実を直視して政策の確立を」WEBRONZA（2018年11
　　月9日　https://webronza.asahi.com/politics/articles/2018102500009.html?page=1　2018
　　年11月10日閲覧）.
朝鮮新報［2015］「〈特集・ウリハッキョの今〉四国初中」(2015.2.28).
朝鮮人強制連行真相調査団編［1994］『朝鮮人強制連行調査の記録　四国編』柏書房.
中村一成［2017］『ルポ　思想としての朝鮮籍』岩波書店.
水野直樹・文京洙［2015］『在日朝鮮人──歴史と現在』岩波新書.
山本かほり［2018］「外国人学校」，移民政策学会設立10周年記念論集刊行委員会編『移民政
　　策のフロンティア──日本の歩みと課題を問い直す』明石書店.
山本崇記［2018］「朝鮮学校を支援する人びととは誰か──民族性と住民性という視点に着目
　　して」立命館大学生存学研究センター編『立命館生存学研究』(1).

第12章

地方に暮らす外国ルーツの子どもたちを支える
——いずも多文化こどもプロジェクトの実践から——

堀西雅亮

はじめに

　在日ブラジル人向けのフリーマガジン「Alternativa」第439号（2018年5月発行）には，当地の人気観光スポットのひとつである「いなさの浜」の写真を背景に，島根県出雲市がブラジル人にとっての新たな都市として注目されつつある，との記事が掲載されている。日本においてブラジル人が多く居住する地域として知られている愛知，静岡，岐阜，群馬，三重などにある都市に交じって，出雲市がブラジル人居住数で全国18番目にランクされていることが示され，島根県にある小さく静かな都市が多くのブラジル人を惹きつけ，日本における主要なブラジル人コミュニティのひとつになっていると，記事は伝えている。

　出雲市では，市内にある大手メーカー企業の工場で増産が続き，労働力の需要が伸び続けていることが大きな要因となって，ブラジル国籍人口が増加の一途をたどっている。また，ベトナムからの技能実習生の急増もみられ，地域社会における「多文化化」が急速に進んでいる。ことばや文化が異なる人たちが，ともに働き，ともに学び，ともに地域で暮らす，という状況が，ますます身近なこととなっているのである。このような状況の中，さまざまな組織・個人が関わって，いわゆる「多文化共生」に向けた取り組みが進展している。

　本章では，出雲市において進められている多文化共生の地域づくりを，地方での取り組みの一例として紹介する。はじめに出雲市の現況を概観したのち，出雲市を中心として多文化共生の取り組みを展開している（筆者も所属，活動に従事している），NPO法人エスペランサの活動を紹介する。なかでも，家族連れでの来日，家族の呼び寄せなどによって増加している，いわゆる「外国ルーツの子ども」た

184 | 第Ⅲ部　子ども・若者の教育とキャリア形成

ちを支える活動，「いずも多文化こどもプロジェクト」（以下，「こどもプロジェクト」）について詳述する。そして，これまでの活動の成果や課題，出雲市という一地方都市の地域特性などを通して，これからの展望と，地方における多文化共生への取り組みの意義を考える。

1　出雲市の状況

　島根県東部に位置し，「縁結びの神様」出雲大社で知られる出雲市では，この2〜3年，地元の新聞や雑誌，テレビ，市の広報や地域の取り組みなどにおいて「多文化共生」ということばを目にする機会が増えている。2018年8月末現在の外国籍市民は4488人，人口比で約2.6％に達している。このうち7割を超える3298人がブラジル国籍の市民で，2014年4月末（1075人）のほぼ3倍となっている。また，近年急増しているのがベトナム国籍市民で，これも同時期で比較すると6倍以上（39人→250人）となっている。このほか，減少傾向にはあるが依然としてブラジルに次いで多い中国籍市民や，ほぼ同数で推移しているフィリピン，韓国，また近年増加がみられるカンボジアやミャンマー国籍の市民など，出雲市民の国籍は日本を含めて35か国にのぼる（このほか無国籍等が含まれる）。

　また，世帯数に目を向けてみると，2014年4月末には外国籍人口2019人に対して世帯数1392であったが，2018年8月末には同4488人（2469人増）に対して2908世帯（1516世帯増）となっている。ブラジル国籍以外に増加が顕著なベトナム，ミャンマー，カンボジア国籍の多くが技能実習生（単身で在住）であることからすると，ブラジル国籍市民の家族での滞在が大きく増加していることがうかがえる。

　小・中学校で日本語指導を受ける児童生徒の数も，2014年（5月現在）の52人から，翌2015年（同）には95人に急増。その後も増加が続き，2018年8月現在で174人にまで達している。この中には日本国籍をもつ児童生徒も含まれているが，逆に外国籍で日本語指導を受けていない児童生徒もおり，出生地，来日時期や滞日年数，移動（日本国内，日本と自国など）の状況，家庭での使用言語なども含め，多様で複雑な状況がある。

　また，幼稚園，保育所・認定こども園の在籍外国籍児童数は，全体で69人（2018年4月現在）に上り，前年の49人からさらに増加している（これ以外に，日本

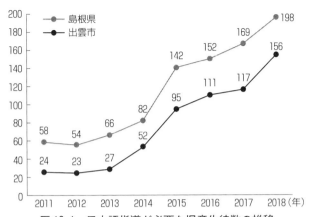

図 12-1 日本語指導が必要な児童生徒数の推移
出所：出雲市教育委員会提供資料をもとに筆者作成。

国籍で外国にルーツをもつ子どもも在籍していると考えられる)。近年は，出雲市で誕生する外国ルーツの子どもも増えており，上記の数字は今後ますます増加することが予想される。

18歳までの外国籍人口（2018年3月末現在）は，0〜5歳が121人，6〜11歳が117人，12〜14歳が46人，15〜18歳が60人となっている。このうち15歳以上については，高校生のほか，中学卒業後高校に進学できなかったり，義務教育年齢を過ぎて来日し，高校に入学・転入できなかったり，親や自らの選択で高校に通っていない子どももいる。その中には，アルバイトや日本語教室，スポーツ教室などを通じて社会との関わりがある子どももいる一方，幼い妹や弟の面倒をみるなどして自宅にこもりがちになる者もみられる。

このような多文化化の進展に伴い，行政，学校や幼稚園・保育園，企業，日本語教室，地域団体などが，それぞれに，また協力・連携しながら対応に当たっている。2016年には「出雲市多文化共生推進プラン」が策定され，出雲というまちのめざす姿と具体的な取り組みが行政主導で示された。NPO法人エスペランサも，そのような状況の中で以前にも増して求められる役割が大きくなっている。

2　NPO法人エスペランサの沿革，活動

エスペランサの原点は，2008年秋の経済危機で苦境に立たされた外国出身市

民へのサポート活動にある。当時，市民や行政，関係団体などが協力し，職を失った外国出身市民の日本語学習・就労支援などの活動が行われた。そこに携わった市民が中心となり，継続的な支援や交流事業を行うための団体設立を模索。2010年4月に，「出身国や，ことば・文化のちがいにかかわらず，誰もが安心して暮らせるまち」をめざして，NPO法人エスペランサが設立された。以来，外国出身市民がより暮らしやすくなるための事業（日本語教室，日本文化理解講座など），受入れ社会市民が外国出身市民のことばや文化，多様性への理解を深める事業（外国語教室，異文化理解講座など），そして，さまざまなちがいを超えて，ともにパートナーとして共生の地域づくりを進める事業（多文化交流イベント，学習会，外国ルーツの子どものサポートなど）を行ってきた。

　活動地域は，松江市や大田市，浜田市など，島根県内の他の地域にも及ぶが，現時点では，次節で詳しく触れるこどもプロジェクトと，同じく2015年度にスタートした「いずも多文化にぎわい創出事業」（交流イベントを軸とした，にぎわいづくりと，担い手のつながりづくり）を2本柱として，出雲市での活動を重点的に展開している。行政や企業，大学，高校，地域団体など，多様な主体との関係を深めつつ，外国人と日本人，被支援者と支援者という関係を超え，ことばや文化が異なる人たちも共に創る，「一人ひとりが安心して生きることができる社会」「誰も排除されることのない社会」をめざして活動している。

3　「いずも多文化こどもプロジェクト」の取り組み

3-1　プロジェクトスタートの経緯

　出雲市では，2014年半ばごろから，家族連れでの来日，自国からの家族の呼び寄せや，他県からの転入が続き，教育現場では急増した外国ルーツの児童生徒に対する日本語指導や保護者への対応に困難をきたす事態となった。このため，当該児童生徒の保護者の多くを雇用している請負会社2社に対し，出雲市教育委員会が協力を要請。請負会社は，もともと協力関係にあり，地域に根差した活動をしている団体として，NPO法人エスペランサに子どもたちのサポート事業を委託。これにより2015年4月，外国ルーツの子どもたちのサポートプロジェクト「いずも多文化こどもプロジェクト」がスタートした。プロジェクトは，行政や学校，幼稚園・保育園など，子どもたちに関わる多様な担い手による協働サポ

ート体制を構築することを目標とし，その期間は3年を目途にすることとした。

その後，予定どおり2018年3月までプロジェクトを実施，同年4月からは一部の事業について，行政が引き継いだり，協働・共催の形をとるなどして，他の担い手への事業継承を進めつつも，こどもプロジェクトとしては4年目の現在も活動を継続中である。

3-2 プロジェクトの概要

こどもプロジェクトは，「めざすもの」を以下のように掲げている。

> 《企業，行政，NPOが中心となり，学校，保育園・幼稚園，保護者，ボランティア等，外国にルーツをもつ子どもの子育て，保育・教育に関わる多様な担い手が協働することにより，「外国にルーツをもつ子どもも，ともに安心して成長していける社会」（＝言語や文化的背景のちがいにかかわらず，①そこで『受け入れてもらっている』と実感できる社会，②そこに居場所があり，頼れる人がいる社会）の形成に寄与する。》

キーワードは，「安心」。まずは子どもたち，そしてその保護者が抱える困難・不安が軽減・解消され，子どもたちが安心して学校に通い，友だちと遊び，地域に暮らし，家族とともに過ごすことができる，そのような環境を多様な担い手によって作っていくことをめざすものである。プロジェクトは，エスペランサの非専従職員3〜4人と，請負会社2社から1名ずつ加わっている業務協力者（ポルトガル語の通訳・翻訳が可能な人材）が中心になって推進。これに加え，年代や出身国，経験など，多様で多彩なボランティアスタッフ（最も多いときで38名が登録）が，こどもプロジェクトの活動の大きな力になっている。

3-3 プロジェクトの事業内容

こどもプロジェクトは，外国ルーツの子どもの「今」に少しでも安心をもたらすと同時に，その安心が将来にわたって継続するよう，目の前の課題への対応と，持続可能な取り組みのための基盤づくりを同時に進めている。以下，主な取り組みを紹介する。

（1）課題への対応

① 多文化こども教室（「にこにこひろば」・「わくわくひろば」）

　外国ルーツの子どもたちが多く住む市内２地区で週１回ずつ，放課後及び夏休みに開催している，こどもプロジェクトの中核的な取り組みである。ストレスフルな日常を送る子どもたちが，言いたいことを自分のことばで言い，遊びたい遊びをし，甘えたいときに甘え，楽しいときに思い切り笑える，そんな「安心の場」をめざして開設している。活動は，宿題（時に大人の助けを借りながら）と，思い思いに遊ぶこと。参加者は小学生が中心だが，学校になじめない中学生が，ここでは年下の子どもに生き生きと勉強を教える姿もみられる。教室では，ことばや文化的背景，年代もさまざまなボランティアスタッフが，活動をサポートする。その中には，義務教育年齢を超えて来日した（過年齢の）青年の姿もある。また保護者や小学校の教員が相談に訪れたり，地域のイベントに出かけていったりと，この教室が人を集め，人をつなぎ，「安心」を広げる拠点となっている。

　また，この教室の一環として，夏休みに「多文化サマースクール」を実施している。出雲市の山間部に位置する乙立地区において，地元の小学生と，外国ルーツの子どもや保護者，乙立地区の住民，エスペランサのボランティアなどが参加し，夏休みの宿題や，川遊び，食事づくりなどを行う。人口減少が進む乙立地区にとっては，外国出身市民に乙立というまちを知ってもらい，将来的には居住してもらえるように，との意味ももつ。

② ポルトガル語母語教室

　母語の習得・保持をめざし，主に読み書きを学ぶポルトガル語母語教室は，もともとエスペランサの事業として2014年10月にスタートした。わが子に母語を学んでほしいと願う保護者２人が自ら立ち上げた教室で，そのうち教師の経験をもつ１人が講師をつとめる。2016年度からはこどもプロジェクトの事業として継続実施，同年度途中から受講者の増加に伴い初歩と初級の２クラスに分割し，それぞれ週１回ずつ開催している。

③ 保護者向け学校説明会

　就学前や来日して間もない子どもをもつ保護者を対象とした，多言語での学校説明会である。日本の教育制度や学校に関する基本事項とともに，給食や登下校，各行事，部活動，制服など，特に文化的差異の大きい事項について，そのちがいや背景，理由，意味などについての理解を促し，少しでも入学前の不安（保護者

多文化こども教室

多文化サポーター

保護者向け学校説明会

及び子どもの）を軽減させるための取り組みである。当初から，小学校や出雲市教育委員会の協力を得て実施してきたが，2017年度は，教育委員会に加え，出雲市文化国際室，子ども政策課との共催，2018年度は，これに保育幼稚園課が加わり，行政と民間の協働による説明会へと進化しつつある。

④ 多文化サポーター

出雲市教育委員会との提携により，日本語とポルトガル語を使用して子どもや保護者のサポートを行う人材「多文化サポーター」を，各学校に派遣する事業である。その業務は，授業内外での子どものサポート，子どもや保護者向けの学校文書の翻訳，保護者面談や家庭訪問の通訳，入学説明会，授業公開日などの保護者サポート，学校と保護者間の連絡のサポートなど多岐にわたり，前述の業務協力者2名がその任に当たっている。3年間で多文化サポーターを派遣した学校は，小学校7校，中学校5校に及び，週当たり約30時間の中で定期的もしくは不定期で，各学校のニーズに応じてサポート業務を行っている。なお2018年度からは，出雲市雇用の「通訳・翻訳支援員」が2名となり，多文化サポーターは通訳・翻訳支援員のみで対応できない際に，補助的に業務を行う形となった。

⑤ その他の活動

就学前の子どもが日本語などを学ぶプレスクール，過年齢の青年たちのサポート（進学，就労など），保護者の個別相談・サポート（教育・子育て，就労など），親子で参加できるイベント，特にケアが必要な子どもや保護者の個別支援などを行っている。

（2）持続可能な取り組みのための基盤づくり

① 担い手づくり（ボランティア）

こどもプロジェクトの運営のみならず，出雲における外国ルーツの子どもを支える取り組みにとって，ボランティアスタッフは非常に大切な存在である。こどもプロジェクトでは，プロジェクトの各事業，特に多文化こども教室に関わってもらう人材として，ボランティアの募集を進めてきた。日本語教室の学習者，多文化共生について学ぶ地元の高校生（その中には小学校で外国出身の子どもと共に学んだ生徒も），過年齢の青年，教員を目指す大学生，留学生，元教員など，出身国や年代，経験もさまざまなボランティアスタッフが取り組みを支えている。また，ボランティアスタッフ向けの研修や交流会も実施している。

② 啓発・情報発信

子どもたちの現状やこどもプロジェクトの活動を広く知ってもらうため，SNSでの発信，公開講座の開催，地域のイベント等での広報，学習会等への出講，マスメディアを通じた活動紹介などを行っている。冒頭で触れた「Alternativa」でも，取り組みが紹介された。

③ 地域連携

こどもプロジェクトは期間限定の取り組みであるため，プロジェクト終了後の事業継承，地域への活動の広がりを考え，地域の団体・学校などとの協力・連携を意識的に進めている。前述のサマースクール開催を通じた乙立地区の自治協会との協力は，同地区の多文化共生のまちづくりの取り組みへと発展しつつある。外国出身市民の集住地区の社会福祉協議会とは，同会主催イベントへの参加，広報・企画などの面で協力関係にある。また，授業や研究活動への協力，ボランティア参加を通じた大学や高校との連携も進めている。

3-4　成果と課題

3年間のこどもプロジェクト実施の成果について，定量的な評価やこどもプロ

第12章　地方に暮らす外国ルーツの子どもたちを支える　｜　*191*

高校生ボランティア

社会福祉協議会主催イベント

公開講座

ジェクトのみの成果と判断することは難しいが，子どもと保護者，また受入れ社会にはいくつかの変化がみられた。一方で，こどもプロジェクトとして，また出雲全体の取り組みとして，依然として残る課題もある。

(1) 成　果

　まず子どもに係る変化は，こどもプロジェクトの活動への参加を通して，学校と家庭以外の新たな居場所・行き場所や，人・社会との関わりができたことが挙げられる。多文化子ども教室など，こどもプロジェクト内の場はもちろん，それをきっかけとして地域のさまざまな活動（児童クラブ，スポーツ教室，地域のイベントなど）に参加，たくさんの大人たち，また子どもたちと接し，日本語使用機会も増えている。自分が暮らす社会に自分を知ってくれている人，声をかけてくれる人が増えることは，安心感や自己肯定感につながる。保護者や学校の教員からは，学習意欲や学習内容の理解が向上したとの声も聞かれる。最近では，来日間もない子どものこどもプロジェクトへの参加も多く，そこで楽しむ子どもの姿は，保護者にとっても来日直後の不安やストレスを軽減させるものであろう。

　また過年齢の青年が，ボランティアなどに支えられて来日して1年足らずで高

校に入学したり，こどもプロジェクトによるマッチングでアルバイトに就いたりしたケースもある。社会に受け入れられながら自分の目標を達成したり，組織の一員として役割を果たせたりしていることは，人生が一変するほどの大きな環境変化（＝国境を超える移動）を肯定的にとらえて生きていくための，大きな自信につながるであろう。それは同時に，国境を超えて移動することや複数の言語・文化をもつことを「価値あるもの」ととらえていく，受入れ社会の変化にもつながると言えよう。

　保護者も同様に，職場と家庭以外の場，人，サービスにつながりができたことは大きな変化と言える。例えばこどもプロジェクトのサポートを受けて，行政による子どもの預かり・送迎サービスを利用，こどもプロジェクトの活動に子どもが参加できるようになったケースもある。また，学校などでの母語によるコミュニケーション手段（通訳，文書翻訳など）の確保は，言語・文化的差異による誤解の減少や，日本の教育制度や子育て文化への理解を促し，保護者の「安心できる」との声につながっている。こどもプロジェクトが開いているSNS上のコミュニティは，こどもプロジェクトの活動に参加する子どもの様子を保護者が知ったり，気軽に相談できる場のひとつともなっている。

　受入れ社会では，子どもたちの活動範囲の広がりとともに，地域住民との接点も増えている。外国出身市民が多く住む地域を中心に，団体や個人，また大学や高校などで外国ルーツの子どもへの関心が高まり，実際のサポート活動やボランティア参加につながっている。行政においても，学校における支援人材の増員，関連する部署のこどもプロジェクトとの協働，連絡会議等を通じた関係者による情報共有など，取り組みが進展している。

（2）課　題

　外国ルーツの子どもの全体数からすれば，こどもプロジェクトと関わりがある子ども，保護者はまだまだ限られている。特に，少数在住地域の子どもや保護者へのサポート，ポルトガル語以外の言語によるサポートは十分ではない。過年齢の青年の就学や就労，特別支援など特にケアが必要な子ども，子どもどうしの人間関係など，子どもや保護者が抱える困難も多様になり，それぞれに丁寧に対応していくことが容易ではなくなってきている。

　出雲全体の取り組みをみても，このような個々の課題に対応していく体制は十分に整備されているとは言えず，日本語と外国出身市民の母語を使用してサポー

トにあたる専門人材もまだ限られている。とりわけ，少数ながらニーズがある中国語，タガログ語などによるサポートは手薄であり，言語的・文化的少数者の中にさらに少数者を生んでいる。現在教育現場に配置されているポルトガル語によるサポートも，どうしても在籍児童生徒数が多い学校に偏りがちである。こうした専門人材は業務外で頼られることも多く，負担が増大している一方で，サポートが行き届かないところでは，子どもや保護者に通訳をさせてしまうケースもみられる。

　また，こどもプロジェクトがめざす「多様な担い手の協働・連携による子どものサポート」についても，その調整役としての役割を未だ十分には果たせていない。教育・保育の現場を含め，急増する外国ルーツの子どもたちを支える取り組みは，目の前の課題への対応が精一杯で，取り組みの指針やプランを定めたり，全体のバランスを保ちつつ必要な資源を整理し適切に配分するための機能や人材を整備したりするまでには至っていない。

4　地方における多文化共生の取り組みの意義
──出雲市の強みを活かす

　以上，出雲市における多文化共生の取り組みのひとつとして，外国ルーツの子どもたちのサポート活動を紹介してきた。ところで，「地方における多文化共生」を進めるにあたっては，各地方に共通してみられる傾向とともに，立地，社会の成り立ち，人間関係，社会資源といった，その地方特有の地域性も大きく関わってくる。ここからは，出雲市における外国ルーツの子どもたちを支える活動の成果や課題を踏まえつつ，この一地方都市の取り組みの今後の可能性と，地方における多文化共生の取り組みの意義を考えてみたい。

　前節で述べたような，こどもプロジェクトの課題，また出雲市における外国ルーツの子どものサポート活動の課題は，そのまま出雲市における多文化共生の取り組みの課題とも重なる点が多い。専門人材の配置など，取り組みの対象（地域，人）は，その急激な増加を背景に，「集住地区」「ブラジル出身市民」に偏りがちである。出雲市には，多文化共生の取り組みを組織的・体系的に行う中核的な機関（いわゆる「国際交流協会」など）がないため，中間支援，事業やしくみづくりの企画・立案，コーディネートなどの機能が不足している。外国出身市民の年代，

家族の形，抱える困難なども多様になり，受入れ社会との関わりも増えていると考えられるが，既存の組織やしくみが，ことばや文化のちがいに配慮しつつ，外国出身市民に対して必要なサポート，サービスを提供することは容易ではない。急激な多文化化への不安や，多文化共生の取り組みへの否定的な声も聞かれる。

　また第3章で触れているように，出雲市は市の規模も小さく，多文化共生の取り組み，外国ルーツの子どもを支える活動に携わるアクターが限られている分，協力・連携がとりやすいが，このような協力・連携関係の中に外国出身市民が参加できる機会はまだまだ限られており，立場や視点の偏りがみられる。

　こういった課題を抱え，今後出雲市における取り組みは，どのような方向に進むことが可能であろうか。この数年の間に見えてきた成果を踏まえつつ，既存のさまざまな社会資源を見直し，取り組みに活かしていくことで，出雲市の地域性を強みに変えていくことができるのではないだろうか。今後の出雲市の取り組みを，潜在的な担い手，外国出身市民の参画，基盤づくりとコーディネート機能の整備，の3点から考えてみたい。

（1）潜在的な担い手

　多文化共生は，「外国人支援」や「異文化交流」といった文脈で語られることも多いが，ことばや文化などが異なる人どうしが社会で共に生きていくための取り組みであるから，一人の人間が生きるためのあらゆる分野に関わるものである。出雲市でも，公共サービスや教育・子育て，雇用，医療，地域生活などさまざまな分野ですでに多くの関わりがある。最近では，農業や，住宅取得にかかる不動産業，金融機関などでの関わりも増えている。そして，それぞれの関わりの中で，ことばや文化のちがいを超えていこうとする動きもみられる。例えば，顧客としてのブラジル出身市民に対応するためブラジル人店員を雇用（過年齢の青年もその一人）している商業施設もある。外国ルーツの子どもも多く住むある公営住宅では，コミュニケーションの方法を工夫したり，自治会の役員に割り当てられた外国出身の住民を周囲の住民が支えていこうとしたりする動きがみられる。

　また出雲市はボランティア活動も盛んで，その拠点として出雲市総合ボランティアセンターがある。登録をしている約2万4000人の市民が中心となり，さまざまなボランティア活動が展開されている。外国出身市民がこの施設で英語教室を開いたり，来日後すぐにボランティア活動の相談に訪れ，こどもプロジェクトのボランティアとして参加したケースもある。島根県はボランティア活動行動率

が全国 3 位（33.1%，2016 年度）で，出雲市も 1995 年に「ボランティア推進都市」宣言を決議している。現時点では，多文化共生の取り組みに直接携わっているボランティア団体や個人は多くないが，今後それぞれの活動の中で，外国出身市民，外国ルーツの子どもとの関わりが増えてくる可能性は大きい。

　地域の組織や拠点としては，市内各地区に「コミュニティセンター」があり，地区内の住民を中心に，イベント，スポーツ，文化教室など，さまざまな目的で広く利用されている。最近では外国出身市民が多く住む地区で，地区をあげて多文化共生の地域づくりに取り組んでいるところもある。コミュニティセンターを中心に，多言語マップの作成，防災訓練，外国ルーツの子どもに関する学習会開催，地区内のイベントでの通訳配置，多言語チラシの作成などの取り組みが進んでいる。

　このように，地域社会を支える既存のしくみ・主体をはじめ，これまで多文化共生の担い手と考えられていなかった受入れ社会のさまざまな分野の組織・個人が，それぞれの地域，分野において，ことばや文化をはじめあらゆる多様さに配慮する視点（「多文化な視点」）を加えることで，新たな多文化共生の担い手となることができる。そして，それぞれの地域，分野において多文化共生への関心，取り組みを広める力となることが期待できよう。

（2）外国出身市民の社会参画

　外国出身市民の中には，生きがいや自分の存在意義を見出すように，地域イベントに運営者の一人として参加したり，英語教室を開いたり，ポルトガル語教室にボランティアで参加している人たちがいる。子どものときに日本に住み，日本の学校に通った経験のある人がこどもプロジェクトに関わったり，SNS で子育てなどの情報交換をするブラジル出身の母親たちが，災害支援の活動をしたりしている。自治会加入が入居条件となっている公営住宅で外国出身市民が自治会の役員になっているケースや，自治会対抗の地区の運動会に自治会チームの一員として参加する外国ルーツの子どもの姿もある。多数を占める工場勤務のブラジル出身市民の多くは，勤務時間や休日がそれぞれ異なることから，大きなコミュニティは作りにくいと考えられるが，そのことが，逆に地域社会での「顔の見える関係」につながっているとも言えよう。異文化環境での生活に困難や不安を抱きつつも，社会と関わり，誰かの役に立ちたいという外国出身市民の声に，受入れ社会はもっと耳を傾けなければならないであろう。

第Ⅲ部　子ども・若者の教育とキャリア形成

（3）基盤づくりとコーディネート機能

　以上のように，出雲市では外国出身市民も含めた潜在的な担い手，既存の施設や組織などの社会資源の存在が考えられるだけに，一部の関係者や社会的多数者だけでなく，それぞれの分野に関わる組織や個人，外国出身市民の視点が取り入れられ，共に多文化共生の取り組みのパートナーとなることが，特に重要になろう。また担い手，特に専門人材が限られている中では，通訳・翻訳のみに頼るのでなく，例えばやさしい日本語や，翻訳機などのコミュニケーションツールをより効果的に活用することにより，言わば「多文化対応力」を向上させることも必要だ。こうした基盤づくりにこそ，専門人材の能力や経験が活かされよう。そのためにも，各分野・地域に広がる多様な担い手や，既存の社会資源が最大限有効に活用されるためのしくみづくり，コーディネート機能の整備が急務であろう。

　出雲市における多文化共生の取り組みは，現時点では，急激な外国出身市民の増加に対し，まずは目の前にある困難を取り除くための課題対応的な取り組みが中心となっている。しかし，人口減少が進む地方において進展している多文化化は，地域の持続性，さらにはそこで暮らす一人ひとりの日常生活に深く関わっている問題である。従来の社会のしくみや既存の社会資源を再点検し，多様な住民が暮らす社会のあらゆる分野に「多文化な視点」を加えていくことは，外国出身市民に対してはもちろん，あらゆる多様さへの配慮につながるであろう。たまたま起こった多文化化ではあるが，それによって従来の社会が，誰もが安心して生きることができる社会，誰も排除されない社会へと再構築されていく——そこに，地方における多文化共生の取り組みの大きな意義があるのではないだろうか。

おわりに——一人ひとりの人生のために

　筆者は現在，出雲市内の寺院で住職を務めている。筆者が携わっている多文化共生の活動に対しては，僧侶の「ボランティア活動」「副業」ととらえられることもあるが，「一人ひとり（＝私も，あなたも）が安心して生きるために」という点において，寺院の活動と多文化共生の取り組みは別々のことではないと，筆者は考えている。前述のとおり，多文化共生は生まれてから死ぬまでのすべての人生のステージに関わってくることであるから，当然お寺も無関係ではない。事実，

第12章　地方に暮らす外国ルーツの子どもたちを支える　│　*197*

出雲で亡くなられた外国出身の方の葬儀や法事をおつとめしたり，悩みをもった方が相談に来られたりしたケースがある。また，日本語教室の企画で学習者がお寺を訪問したり，お寺の子ども会，法話会などの行事に，外国ルーツの子どもやその保護者が参加してくれたりしたこともある。多様な一人ひとりを受容していくことができる存在がお寺であり，その意味において，お寺もまた，多文化共生の地域づくりの，そして多様性に配慮した社会づくりの担い手のひとつになり得るはずだ。

　一地方都市で進展している多文化化は，依然として残る差別や偏見（や，「私」の中にある差別心，自己中心性）という重大な問題にも，あらためて目を向けさせている。地域の持続性という観点に触れ，国境をこえて移動する人びとの人生，思いや苦悩，その背景，歴史への配慮を忘れ，受入れ側の都合による「共生」に走りがちであることに気づかされる。そこに立ち帰ることができて初めて，「一人ひとりが安心して生きることができる社会」「誰も排除されない社会」への長い道のりの，スタートラインに立てるのではないだろうか。

　今後は，地球規模の人の移動・人口変動，その背景・要因にも視点を置き，日本国内外の経験に学びつつ，出雲の地域特性を活かした，言わば「出雲モデル」の多文化共生の取り組みを確立していきたい。一時的な「外国出身市民増加への対応」ではなく，いかにして多様な住民が暮らす地域社会を運営していくか，また「多様性に配慮した社会」へと転換していけるか，という点において，人口減少が進む地方での多文化共生の取り組みは，今後の日本における地域づくりのモデルのひとつになり得る。それはまた，受入れ社会の都合だけではない，普遍的・本質的な社会のあり方をも示すものとなるであろう。

● 参考・引用文献 ─────────────────
笹川平和財団「人口変動の新潮流への対処」研究［2010〜2011］「外国人労働者問題をめぐる
　　資料集Ⅰ〜Ⅲ」笹川平和財団.
総務省統計局［2016］「平成28年社会生活基本調査——生活行動に関する結果——」.

第13章

地方大学の留学生の就職活動に関する実態と課題
—— 愛媛県松山市の台湾人元留学生を事例として ——

大黒屋 貴稔

は じ め に

　昨今，「留学生 30 万計画」［文部科学省他 2008］をはじめとする留学生の増大を企図した政府の政策は着実に実を結び，4 年制大学（以下「大学」と表記）に留学する外国人学生の数も全国で増大傾向にある（2012 年：6 万 9274 人→2017 年：7 万 7546 人［日本学生支援機構 2013, 2017］）。それにともなって，大都市圏のみならず，地方部でもこれらの留学生の数は増えており，そこで就職するケースも少なくない。そこで，本章では，就職活動を中心に，地方大学の留学生のキャリア形成について考えてみたい。

　地方大学の留学生の就職活動というテーマに関する先行研究としては，全国調査に基づくものと地方調査に基づくものとがある。前者では，新日本有限監査法人［2015］やディスコ［2017］が全国の大学の留学生を対象に，後者では，末廣［2013］や松本［2013］，赤坂［2014］が地方大学の留学生を対象に，就職活動の開始時期や方法，就職結果等についてインタビューやアンケート調査を行って，重要な知見を供してくれている。だが，これらの研究はいずれも，複数の出身国の留学生を対象としており，ひとつの出身国の留学生を対象とするものではない。日本と母国のどちらで就職するか等，出身国の政治状況や経済状況の如何によって左右される問題が留学生の就職活動にはつきものである以上，ひとつの出身国に限定してそれについて検討してみることには大きな意義があるだろう。そこで，本章では，台湾出身の留学生に対象を限定し，地方大学の留学生の就職活動について検討してみたい。本章で事例とするのは愛媛県松山市の大学を卒業した台湾人元留学生たちである。愛媛県松山市をとりあげるのは，同市が，国立大学を中

心に複数の私立大学が設置されているという，地方における大学分布のひとつの典型をなすと考えられるからである。また，台湾をとりあげるのは，同国が同市において，留学生数（大学正規生）が45か国中第4位と（2018年4月1日現在，愛媛県経済労働部国際交流課［2018］より算定），主要な送り出し国のひとつとなっているからである。

　以下ではまず，本章が実施した調査の概要について説明する。そのうえで，元留学生たちの「日本での就職活動」や「台湾での就職活動」，「日本語能力と就職結果の関連」等の主な結果について報告するとともに，そこから導かれる支援課題と対策について検討する。

1　台湾人元留学生の就職活動調査の概要

　愛媛県松山市の大学を2017・18年度に卒業した台湾人元留学生9名（表13-1）を調査対象とした。対象者がA大学とB大学に在籍する者のみであるのは，同市の大学に正規学生として入学する台湾人留学生は例年この2校の学生だからである。また，A大学に在籍する者が多数を占めているのは，実際の分布状況を考慮してのことである。これらの対象者の選定は機縁法により行った。

　以上の対象者より，2018年3月に松山市在住者に対して，同年8月に台北市在住者に対して半構造化インタビューを1対1ないし1対2の形式で現地にて行った。インタビューはすべて日本語で行われ，所要時間はいずれも90分程度であった。必要に応じてメールや電話等を用いて，簡単な追加取材も実施した。主な質問項目は「日本および松山への留学理由」[1]「大学生活について」「人間関係に

表13-1　調査対象（データはすべてインタビュー時のもの）

対象者	性別	年齢	学部	居住地
JE1（A大学）	女性	22	私立文系学部	愛媛県松山市
JE2（A大学）	女性	24	私立文系学部	愛媛県松山市
JE3（B大学）	男性	25	国立文系学部	愛媛県松山市
JTE1（A大学）	女性	25	私立文系学部	台湾台北市
JTE2（A大学）	女性	24	私立文系学部	台湾台北市
TE1（A大学）	女性	24	私立文系学部	台湾台北市
TE2（A大学）	女性	23	私立文系学部	台湾台北市
TA1（A大学）	女性	23	私立文系学部	台湾台北市
TA2（A大学）	女性	23	私立文系学部	愛媛県松山市

200 第Ⅲ部　子ども・若者の教育とキャリア形成

ついて」「就職活動について」等である。インタビューの内容は対象者の許可を得て録音した。これをすべて文字化したのち，分析の対象とした。データの分析に際しては，KJ法を援用した。各データに対し，その内容を表すラベル付けを行ったのち，内容の近いラベル同士をひとつのグループへまとめた。そのうえで，各グループに対して，その内容全体を反映するグループ名を付し，データの分類・整理を行った。以下では，就職活動に関するデータをとりあげ，その主な結果について分析・検討する。

2　調査結果と考察──日台での就職活動結果と日本語能力

2-1　日本と台湾のどちらでの就職が希望か

　日本と台湾どちらでの就職が希望かたずねたところ，4パターンの回答が得られた。多い順に「日本での就職が希望」4名，「当初は台湾での就職が希望だったが，日本での就職希望に変化」2名，「当初は日本での就職が希望だったが，台湾での就職希望に変化」2名，「台湾での就職が希望」1名である。全員が日台いずれかでの就職を希望している。途中で変化した者も合わせると，日本での就職を希望する者が6名，台湾での就職を希望する者が3名となっており，日本での就職を希望した者の方が多い。なおこの6名のうち，3名が愛媛県内での就職を，2名が東京や大阪等の大都市での就職を志望し，1名はどちらでもよいとの回答であった。以下，これら4パターンについて具体例をあげながら詳しくみていく。

（1）「日本での就職が希望」（JE2，JE3，JTE2，TE2）

　1番多い本パターンにはさらに2つの下位パターンが存在する。日本での就職を「一定期間に限って希望する」パターン（JE3，JTE2）と，「可能な限り長く希望する」パターン（JE2，TE2）である。前者のパターンに該当するものとしては例えば「日本で働きたい希望はあるんですね。せっかく日本留学に来たので少しでも仕事の経験があったほうがいいかなと。でも，これからずっと日本にいる，そういう決心はないんですね。いつか帰りたいです。それは30歳のことかもしれないし，40歳のことかもしれないけど，いつかは台湾に戻りたいです」（JE3）のようなケース，後者のパターンに該当するものとしては「日本でずっと就職し

暮らしたいです。将来は永住権をとりたい。できれば日本の男性と結婚もしたい。そして子供を産んで，日本の教育で育てたいです」(JE2) のようなケースがあげられる。

（2）「当初は台湾での就職が希望だったが，日本での就職希望に変化」 (JE1，TE1)

このパターンは，時間がたつにつれ，該当者が日本で就職する意義や日本の良い点等を意識するようになり，台湾から日本へと，希望を翻意したパターンである。本パターンにも日本での就職を「一定期間に限って希望する」パターン (JE1) と，「可能な限り長く希望する」パターン (TE1) の２つの下位パターンが存在する。前者のパターンには「最初は台湾にめちゃくちゃ帰りたかったけど，就職せずにそのまま帰ったら，ろくな就職もできないかなって。今は日本で就職して３年ぐらい経験してから，台湾に帰るつもり」(JE1) のようなケースが，後者のパターンには「日本にいた時は日本で仕事を探す必要性を感じていなかった。台湾に帰って就職すればよいとかんがえていたので。こちらにもどってきてからは，日本で就職しずっと残っていた方がよかったと思います。日本の生活の方がずっと好きなので」(TE1) のようなケースが該当する。

（3）「当初は日本での就職が希望だったが，台湾での就職希望に変化」 (JTE1，TA2)

本パターンとは，日本での就職活動に挫折したり就職結果が不本意だったりしたために，該当者が日本から台湾へと就職希望を翻意したパターンである。「日本で就職したかったが，難しかったので，台湾に帰り就職します」(TA2) のようなケースがこれにあたる。

（4）「台湾での就職が希望」(TA1)

本パターンとは，日本ではなく台湾での就職が希望のため，就職活動も日本で留学中にはほぼ行わず，留学後台湾に帰国してから本格化の見込みであるようなパターンである。「日本に来る前から台湾で就職したかったんです。やっぱり留学が終わったら，台湾へ帰る，そういう感じがある。帰国したら，向こうは家族もいるし，友達もいるし。長く会えないのは寂しいので」のようなケースが該当

する。

2−2　日本と台湾のどちらで就職活動・就職したか

　日本と台湾のどちらで就職活動・就職したのか，たずねたところ，以下の5パターンの回答が得られた。「日本で就職活動し就職した」3名，「日本で就職活動し内定を得るないしは就職したが帰国し，台湾でも就職活動し就職した」2名，「日本で就職活動したが内定を得られず帰国し，台湾でも就職活動し就職した」2名，「日本で就職活動したが内定を得られず帰国し，台湾では就職活動をせずに現在アルバイト中」1名，「日本で就職活動をせずに帰国し，台湾でも就職活動をせずに現在アルバイト中」1名の計5パターンである。2番目のパターンを台湾で就職したケースとして捉え，これらのパターンより，日本で就職した者と台湾で就職した者の数を集計してみると，日本で就職した者3名，台湾で就職した者4名，どちらでも就職していない者2名となっており，台湾で就職した者が一番多かった。

　以下では，元留学生が行った日本と台湾での就職活動の実態について，上の5番目のパターンに該当する日台のいずれでも就職活動を行っていない者1名（TA1）をのぞく計8名を対象に，順をおってくわしくみていくことにしたい。

2−3　日本での就職活動について

　前項で対象に選定した8名全員が卒業前に日本で就職活動を行っている。そのうち，JE1，JE2，JE3，JTE1，JTE2の5名が内定を得て，JE1，JE2，JE3の3名が最終的に日本で就職した。JE1とJE2の就職地は愛媛県，JE3の就職地は東京都である。なお，前項の2番目のパターンで言及したとおり，JTE1は内定を辞退したのち，JTE2は数か月ほど就業したのち帰国し，台湾で就職した。以下，（2）②「内定先の業種」という項目については日本で内定を得た5名を，同「就職先の業種」という項目については日本で就職した3名を，それ以外の項目については日本で就職活動を行った8名をとりあげ，論じる。

（1）就職活動の方法と開始時期
① 就職活動の方法について
　就職活動をどのような方法によって行ったのか，たずねた。最も多い回答は

「リクナビやマイナビ等の就職ポータルサイトへの登録」6名で、「ハローワークの求人紹介」3名、「知人からの紹介・推薦」2名、「企業ホームページでの問い合わせ」1名、「合同説明会への参加」1名と続く。リクナビやマイナビ等の就職ポータルサイトはほとんどの者が利用している。

　また、これらの方法の併用状況について聞くと、「リクナビやマイナビ等の就職ポータルサイトへの登録のみを利用」4名、「ハローワークの求人紹介のみを利用」1名、「就職ポータルサイトへの登録とハローワークの求人紹介を併用」1名、「就職ポータルサイトへの登録、知人からの紹介・推薦、企業ホームページからの問い合わせを併用」1名、「ハローワークの求人紹介、知人からの紹介・推薦、合同説明会への参加を併用」1名となっており、複数方法を併用する者は少なかった（8名中3名）。

② 就職活動の開始時期について

　就職活動の開始時期については、「3年生の3月」2名、「4年生の9月」2名、「4年生の10月」2名、「4年生の12月」2名との回答が得られた。日本人学生における現行の標準的な就職活動の開始時期が「3年生の3月」であることに照らせば、ほとんどの者がきわめて遅い時期から就職活動を開始したといえる。

　では、なぜこれほどまでに遅い時期からなのか。その点についてたずねると、開始の遅かった者全員が日本の就職活動は3年生の3月にはじまることを知っているとしたうえで、「最悪、台湾に帰って就職先を探すという選択肢があるため、日本で就職活動をはじめる意欲がなかなかわいてこなかった」（JTE2、TE1）、「台湾に帰るか、日本に残るか、決心がつかなくてズルズル遅くなってしまった」（JTE1）、「9月のはじめに結果が出る日本語能力試験でN1をとってから就職活動をはじめようと思った」（TE2）、「先輩が4年生の10月から活動をはじめても間に合ったと言ってたから」（JE1）、「台湾では6月に大学を卒業後、9月くらいから就職活動をはじめる者が多く、なんとなくそれにしたがってしまった」（TA2）等の理由をあげた。

（2）エントリー・内定・就職先について

① エントリー数と内定数

　企業へのエントリー数についてたずねたところ、「5社未満」4名、「15社以上20社未満」4名との結果であった。エントリー数の少ない者と多い者とに2

極化している。エントリー数の平均は 9.1 社であり，40 社弱とされる日本人学生の数値はもとより，30 社弱とされる留学生の全国平均とくらべてみても（2017年7月時点の調査［ディスコ 2017：8］による），はるかに少ない。その要因としては，前述した開始時期の遅さから示唆されるように，元留学生たちの就職活動がそもそも低調であること，外国人留学生向けの求人は地方部より大都市圏に多くみられるが，そうした求人には地方の留学生は時間や費用の点でアクセスしにくいこと等が考えられる。

また，企業から得た内定数についてたずねたところ，「0 社（内定無し）」3 名，「1 社」3 名，「2 社以上5 社未満」2 名との回答だった。過半数の者が内定を得ている。平均は 1.1 社であり，留学生の全国平均 1.6 社［ディスコ 2017：8］とくらべてみても，エントリー数の少なさを考えれば，それほど低くはなく，元留学生たちは多いに健闘しているといえるだろう。

② エントリー先・内定先・就職先の業種

エントリー先企業の業種としては次の8 業種があげられていた。一番多いのは「免税店（外国人向けに観光地等で消費税を免税して販売する Tax-free Shop と空港等で関税を免税して販売する Duty-free Shop の双方を含む）」3 名で，次いで「旅行・ホテル」2名，以下横並びで「貿易」1 名，「人材派遣（外国人関連）」1 名，「造船」1 名，「OA 機器（リース）」1 名，「電子機器（開発）」1 名，「食品（菓子製造）」1 名と続く。

内定先企業の業種としては，「旅行・ホテル」2 名，「貿易」1 名，「人材派遣（外国人関連）」1 名，「OA 機器（リース）」1 名，「電子機器（開発）」1 名の5 業種があげられていた。また，就職先企業の業種としては，「旅行・ホテル」2 名，「貿易」1 名の2 業種があげられていた。

元留学生らと企業による相互選択のプロセスが〈エントリー→内定→就職〉と進展するにつれ，複数言語が運用可能という留学生の特性にマッチしたものへと，当初は多様であった業種が次第に収斂していく様がみてとれ，興味深い。

2-4 台湾での就職活動について

前々項で対象に選定した8 名のうち，台湾に帰国し就職活動を行った者はJTE1，JTE2，TE1，TE2 の4 名である。全員が日本でも就職活動をした経験があり，全員が台北市内の企業に内定を得て就職している。以下では，これら4 名

第13章　地方大学の留学生の就職活動に関する実態と課題 | *205*

を対象に，台湾での就職活動の実態について検討することにしたい。

（1）就職活動の方法と開始時期

① 就職活動の方法について

　台湾での就職活動をどのような方法によって行ったのか，たずねた。「パソナをはじめとする日系の人材紹介会社への登録」のみを利用したと全員が回答した。これは，日本企業を主要取引先とする台湾企業や，台湾の日系企業など，日本語の運用可能な台湾人を求人する企業への就職を，日本から帰国した元留学生等に対し斡旋するシステムである。その大まかな仕組みは次のようになっている。求職者は経歴や資格，志望業種等の情報を人材紹介会社のサイトに登録しておく。人材紹介会社はそれを閲覧し，関心のありそうな企業があれば人材を推薦する。推薦された人材が自社の条件等にかなっていれば，企業は人材紹介会社を通じてその人物に面談の申し込みをする，という具合である。

　複数人の聞き取りから，元留学生たちは，日本で得た経験や知識，日本語能力といった自分たちの強みをいかせる職場への就職を強く望んでいることがうかがえた。以上のようなシステムのみを利用して彼女たちが就職活動をしていたことも，そうした志望の反映として理解することができるだろう。

② 就職活動の開始時期について

　就職活動の開始時期については，「日本で大学を卒業し帰国した直後の４月」３名，「日本で企業を退職し帰国した直後の５月」１名（JTE2）との回答であった。日本で就業していた JTE2 をのぞき，すべての者が，日本で大学を卒業し帰国後，ほとんど時をおかずに就職活動を開始したことになる。日本での開始時期の遅さを考えると，いささか奇妙に思える事態だが，これが何によるのかは本調査では判然としなかった。

　他に特筆すべき点として，就職活動開始から入社までの期間がすべての者においてきわめて短いことがあげられる。就職活動をはじめてから，短い者で約３週間，長い者でも約２か月で，就労開始にいたっている。これは，日本とは異なり，新規学卒者であっても通年採用を行う台湾の雇用慣行によるところが大きいと思われる。

206 第Ⅲ部　子ども・若者の教育とキャリア形成

（2）面談・内定・就職先について

① 面談数と内定数

（1）①でみたとおり，台湾での就職活動について話を聞いた元留学生はその全員が日系人材紹介会社を通じて就職活動を行っていた。その場合，元留学生の側から企業にエントリーすることはなく，その意味で，その就職活動には「エントリー」は存在しないといえる。あえて，それに類似した事態を探すとすれば，「元留学生が数ある申し込みの中から選定し，いくつかの企業との面談に応じること」が，それにあたるだろう（ちなみに，企業側の採用可否の判断はそうした面談を1回するだけでなされることが台湾では一般的であるようだ）。それゆえ，以下では，「エントリー数」「エントリー先の業種」にかえて，「面談数（元留学生が面談に応じた企業の数）」「面談先の業種（面談に応じた企業の業種）」を問題にすることにしたい。

　面談の申し込みに応じ，実際に面談するにいたった企業の数についてたずねたところ，「1社」1名，「2社」1名，「7社」1名，「10社」1名との回答であった。ここでもまた，元留学生らの日本における就職活動でのエントリー数と同様に，少ない者と多い者とに2極化しているといえる。平均は5.0社と，同エントリー数の平均（9.1社）にくらべ低調である。エントリーするよりも面談に応じることの方が時間的にも労力的にもはるかに負担を要するためだろう。

　また，面談した企業から得た内定数についてたずねたところ，「2社」2名，「4社」1名，「1社」1名との回答だった。すべての者が内定を得ている。平均は2.3社であり，面談数が少ない割には，日本の就職活動における日本人学生の平均（2.2社［ディスコ 2017：8］）を上回るほどである。とはいえ，人材紹介会社が間に入り元留学生らと企業とを事前にマッチングしていることを考えれば，これはある意味，当然の帰結といえるのかもしれない。

② 面談先・内定先・就職先の業種

　面談先企業の業種としては次の6業種があげられていた。多い順に「貿易」2人，「情報・通信」2人，「化学」2人，「専門サービス業（法律）」1人，「電子機器（開発）」1人，「加工機器（販売）」1人となっている。

　内定先企業の業種としても同じ6業種があげられており，その内訳は「貿易」1人，「情報・通信」1人，「化学」1人，「専門サービス業（法律）」1人，「電子機器（開発）」1人，「加工機器（販売）」1人となっている。就職先企業の業種としては，「化学」1人，「専門サービス業（法律）」1人，「電子機器（開発）」1人，

「加工機器（販売）」1人の4業種があげられていた。

　人材紹介会社の仲介の有無や「エントリー先」と「面談先」等の違いがあるため，単純に比較することはできないが，就職活動を行った者の数が半分（日本：8人，台湾：4人）であることに鑑みれば，日本での就職活動にくらべ，台湾での就職活動の方が面談先，内定先，就職先のいずれにおいても挙示された業種が多岐にわたっているといってよい（日本については2-3（2）②を参照）。また，各段階であげられた業種のリストの内容にも小さからぬ違いがみてとれる。なぜ日本と台湾での就職活動にそのような違いが生じるのか。ここで決着をつけることは到底できないが，その見通しを述べておくとすれば，次の相互に関連する3つの仮説が考えられる。ひとつはやはり，人材紹介会社による仲介の有無が大きく影響しているのではないかとする仮説である。もうひとつは，台湾人留学生を求める業界が日本と台湾では大きく異なっているのではないかとする仮説である。前者では中国人や台湾人を主要なターゲットとする業界が，後者では日本人を主要なターゲットとする業界がそうした留学生を特に必要とするだろう。いまひとつは，台湾人留学生を求める業界が日本の1地方都市（愛媛県松山市）と世界的な大都市（世界都市・台北）では大きく異なっているのではないかとする仮説である。前者ではいわゆる「非高度人材」を求める業界が，後者ではいわゆる「高度人材」を求める業界が主にそうした留学生にアプローチしてくるのではないか。

2-5　日本語能力と就職活動の結果の関連について

　本項では再び，本調査でとりあげた台湾人元留学生9名全員を対象にすることにする。「就職活動はなぜうまくいったか」「就職活動はなぜうまくいかなかったか」等，日本や台湾での就職活動の結果を左右したと思われる要因についてたずねたところ，ほぼ全ての者が「日本語能力試験」[2]およびそれに象徴される日本語能力レベルとの強い関連を指摘した。以下，その主だったものを紹介する。

　「やっぱり N1 は大きい。ないと日本での就職はかなり難しいですね」（JE2），「日本で就職するなら，N1 がベストです。貿易企業とか，普通のオフィスの仕事なら N1 クラスの日本語能力が必要です。ホテルとかなら N2 クラスでもいけるかも。N3 レベルの能力だと本当に就職は無理だと思います。居酒屋とかコンビニのアルバイトならいけるかもしれない」（JTE2），「もし N1 が〔4年生の9月で〕とれていれば，日本で就職できたと思います。もっと早くから勉強してい

たらって，もう後悔しています」（TE2），「台湾で，日系企業や日本と関係のある台湾の大手企業に入るなら，N1 レベルの能力が必要です。N2 レベルなら，日本と関係のある台湾の中小企業に入ります」（JTE2），「台湾でも，N3 しかもっていないと，日本語を使う職場への就職はむずかしいです。日本に留学していないのと同じあつかいになるから。それだと，日本語のできない台湾人の大卒と同じ仕事をするしかない。普通のサービス業とか，日本語と関わっていない仕事です」（JTE2）。

　そこで，元留学生たちの日本語能力試験のレベルと就職結果をリスト化し，2つの関連について実際に検討してみることにしよう（**表 13-2**）。日本での就職活動時に N1 だった者は 3 名中 3 名が就職しているのに対し，N2・N3 だった者は 5名中 1 名しか就職していない。また，台湾での就職活動時に N1 だった 2 名は 1名が台湾大手企業に，1 名が日系大手企業に就職しているのに対し，N2 だった2 名の就職先はいずれも台湾中小企業である。さらにいうと，日本で就職活動を行わなかった 1 名，台湾で就職活動を行っていない 2 名はいずれも N3 以下であり，その内訳は N3 が 1 名，レベル無し（未受験）が 1 名となっている。日本語能力試験（日本語能力）のレベルが高いほど，元留学生は日本と台湾のいずれにおいても，就職結果に恵まれているといってよいだろう。それゆえ，こと就職に関する限り，日本語能力は高ければ高いほどよい。聞き取りからも，元留学生たちのほぼ全てがそのことをよく理解していることがうかがえた。それではなぜ，就職活動時点においてもなお，その大半が N2 以下と，元留学生たちの日本語能力は低いままなのか。

　地方部においてとりわけみられる以下の 3 つの問題がこの点に大きく影響しているというのが本章の見解である。ひとつは「日本語能力がそもそも低い状態で留学生たちが入学してくる」という問題，もうひとつは「大学における日本語教育が十分でない」という問題，いまひとつは「日本人学生とのコミュニケーション・交流が難しい」という問題である。順をおってみていくことにしよう。

　ひとつ目の「日本語能力がそもそも低い状態で留学生たちが入学してくる」という問題であるが，これには，昨今のとりわけ日本の地方私立大学がおかれた次のような状況が関係している。地方部で急速に進行する人口減少により，地方の私立大学は「入学者の減少」という課題に直面しており，定員を充足するために外国人留学生に頼らざるを得ないところも多い。なかには，日本語能力試験や日

第 13 章　地方大学の留学生の就職活動に関する実態と課題 | *209*

表 13-2　日本語能力試験のレベルと就職結果

対象者	入学時のレベル	日本での就活時のレベル（※就活を行っていない者については最終学年時のレベル）	日本での就職先	台湾での就活時のレベル（※就活を行っていない者については帰国時のレベル）	台湾での就職先
JE3（B大学）	N1	N1	日本中小（東京都）		
JE2（A大学）	N3	N1	日本中小（愛媛県）		
JTE2（A大学）	N4	N1	日本中小（愛媛県）	N1	台湾大手（台北市）
JE1（A大学）	N4	N2	日本中小（愛媛県）		
TE1（A大学）	レベル無し（未受験）	N2	無し	N1	日系大手（台北市）
JTE1（A大学）	N4	N2	内定辞退（1社）	N2	台湾中小（台北市）
TE2（A大学）	レベル無し（未受験）	N2	無し	N2	台湾中小（台北市）
TA2（A大学）	N4	N3	無し	※N3	就活せず
TA1（A大学）	レベル無し（未受験）	※レベル無し（未受験）	就活せず	※レベル無し（未受験）	就活せず

本留学試験のレベルを実質的には問わない等，日本語能力に関するハードルを引き下げることで，留学生の確保に努める大学も少なくない。本調査でとりあげた元留学生の大半が所属するA大学もそうした大学のひとつであるとみられる。**表13-2** の左部にあるように，実際，A大学の元留学生たちの多くが「N4」「レベル無し（未受験）」等，日本語能力が相当に低いまま入学してきているのである。地方私立大学の置かれた状況に起因するこうした入学時の日本語能力の低さが，就職活動時点という出口でのその低さの一因となっていることは疑い得ないであろう。

　2つ目の「大学における日本語教育が十分でない」という問題であるが，これもまた昨今の地方の私立大学が置かれた状況に深いつながりがある。「入学者の減少」という課題に直面する地方の私立大学は，それにともなって生じる「学納金の減少」という事態にもまた直面せざるを得ない。そのため，多くの大学において財政は逼迫しており，留学生の日本語教育といういわば「余技」に対しては，いきおい手薄になってしまうところがある。A大学の日本語教育に対しても，「1年生と2年生にしか授業がない」「週に1回か2回しか授業がなく，これでN1を目指すのは不可能」「専任教員に日本語教育の専門家がいない」等，元留学生たちからはそのカリキュラムの不十分さを指摘する声が多く聞かれた。前述したように，地方の私立大学は，留学生たちが日本語能力の相当に低いまま入学

してくる趨勢にある以上，そこでの日本語教育の不十分さという事態は，その出口での日本語能力の低さに直結しかねず，看過しえない問題であるといえよう。

　最後に，3つ目の「日本人学生とのコミュニケーション・交流が難しい」という問題であるが，これは，地方の私立大学というよりも，地方の社会全体に関わる問題である。大都市圏にくらべ，地方部では，一部の例外をのぞき，在留外国人の数がきわめて少ない。そのため，通常に暮らしている限り，外国人と接触する機会が少なく，外国人とのコミュニケーション・交流を苦手とする住民も少なくない。学生に関しても事は同様であり，外国人留学生とのコミュニケーション・交流に消極的な者が大半を占めている。実際，元留学生たちの多くが，「一緒にいても全く話しかけてくれない」「話しかけても話が続かない」「ニコニコしているけれど，仲間にはいれてくれない」等，日本人学生とのコミュニケーション・交流の難しさを口にした。日本人学生とコミュニケーション・交流を日常的にはかることは，留学生の日本語能力の向上に不可欠である。それゆえ，それが低調にとどまることは，留学生の日本語能力増進の妨げになる可能性が高く，十分な対応が検討されるべきだろう。

　「日本語能力がそもそも低い状態で留学生たちが入学してくる」「大学における日本語教育が十分でない」「日本人学生とのコミュニケーション・交流が難しい」という地方部に特有のこれら3つの問題が相まって，就職活動という出口の時点においてもなお，元留学生たち大半の日本語能力は低いレベルにとどまっていたと考えられる。それではこの点をふまえつつ，出口時点の留学生たちの日本語能力を向上させ，よりよい就職結果へつなげていこうとするなら，いかなる支援が大学に可能だろうか。上の3つの問題に即して述べるとすれば次のようになる。ひとつ目の問題に関していうと，これは特にA大学のような地方の私立大学に該当することだが，赤坂［2014：71］も指摘するとおり，日本語能力がきわめて低いにもかかわらず入学を許可した以上，大学は責任をもって留学生たちの日本語能力を向上させ，送り出すべきであろう。そのためには，必要に応じて，既存のカリキュラムを根底から見直し，「全学年において週に3回から4回，日本語関連の授業設ける」等，日本語関連の授業を大幅に増やす方向での改善が必要だろう。場合によっては，日本語教育の専門家を専任教員へ登用することも検討されてしかるべきかもしれない。2つ目の問題に関していうと，これもまたA大学のような地方の私立大学にとりわけあてはまることだが，国立大学等の地域の中核大学

が提供する「留学生就職促進プログラム」や「日本語教育プログラム」といった利用可能な外部資源があるのであれば，その活用も大いに検討すべきである。最後に，3つ目の問題に関していうなら，学びたい言語・話せる言語が合致する学生同士がそれぞれの言語を教えあう「タンデム」等，留学生が日本人学生と日常的に交流をはかりうるシステムを学内に整備し，制度化するべきであろう。

おわりに

　以上，インタビュー調査にもとづきながら，愛媛県松山市の大学を卒業した台湾人元留学生の就職活動の実態について分析した。調査対象とした9名に関する限り，これまでの検討から以下の9つの点が明らかとなった。

　第一に「日本と台湾のどちらでの就職が希望か」をたずねたところ，日本での就職を希望した者の方が多かった。第二に「日本と台湾のどちらで就職したか」をたずねたところ，台湾で就職した者の方が多かったが，日台のいずれでも就職していない者も少なからずいた。第三に「就職活動の方法」については，日本の就職活動では「リクナビやマイナビ等の就職ポータルサイトへの登録」や「ハローワークの求人紹介」を用いる者が多かったのに対し，台湾の就職活動では全ての者が「パソナをはじめとする日系の人材紹介会社への登録」のみを用いていた。第四に「就職活動の開始時期」については，日本の就職活動では4年生の9月以降に開始した者が大半と，きわめてスタートが遅かったのに対し，台湾の就職活動では留学からの帰国後すぐに開始した者が大半と，きわめてスタートが早い。第五に，日本の就職活動での「エントリー数」，台湾での「面談数」のいずれも低調であるのに対し，「内定数」に関しては日台のいずれにおいても健闘していた。第六に「エントリー先・内定先・就職先の業種」をみてみると，日本と台湾の就職活動では大きくその内容を異にしている。第七に，日本語能力と就職結果との間には強い繋がりのあることが推測され，日本語能力が高い者ほど，就職結果に恵まれている。第八に，それにもかかわらず，就職活動という出口での，元留学生らの日本語能力はおおむね低いといってよく，その要因としては「日本語能力が低い状態で留学生が入学してくる」「大学の日本語教育が不十分」「日本人学生とのコミュニケーション・交流の難しさ」といった地方部に特有の問題の影響が考えられる。第九に，これらの問題をふまえたうえで，留学生の日本語能力

を向上させ，よりよい就職結果につなげるためには，日本語関連の授業の大幅な増大，外部資源の活用，日本人学生との交流システムの整備等の支援を，とりわけ地方の私立大学は行っていく必要がある。

　無論，本調査は愛媛県松山市の大学を卒業した台湾人元留学生9名のみを対象とするものであり，以上の知見を日本の地方大学の留学生全体に一般化することは難しい。だが，地方部の大学に正規学生として通う留学生がどのように就職活動を行い，どのようなところへ就職し，どういった課題を抱えているのか，その一端を示すことはできたと考える。そこには，就職活動をはじめとする，地方大学の留学生のキャリア形成について考える上で資する知見も少なからずふくまれているはずである。今後とも同市の他国出身の留学生へと調査を広げると共に，同市における留学生のアルバイト先や雇用先，各種支援団体にもアクセスし，地方大学の留学生に対するよりよい支援のあり方について模索したい。

●注

1）紙幅の都合上，本文では割愛せざるを得なかった「日本および松山への留学理由」について，ここで若干ながら補足しておきたい。A大学・B大学のいずれの元留学生においても，「日本への留学理由」については，「母国での就職に有利なため」「日本で就職したいため」「日本の伝統文化や現代文化に関心があったため」等，いわば積極的な理由が大半を占めていたのに対し，「松山への留学理由」に関しては，「入試のハードルが低かった」「姉妹校だから」「特に理由はない」等の消極的な理由が大半を占めていた。

2）「日本語検定試験（JLPT）」とは日本国内及び海外において，日本語を母語としない者を対象として，日本語能力を測定し，認定することを目的とする世界最大規模の日本語試験である。公益財団法人日本国際教育支援協会と独立行政法人国際交流基金により共催されている。留学生の高等教育機関への入学判定や外国人の日本企業への採用判定等に際し，しばしば利用されており，最高レベルのN1から，N2，N3，N4，N5と5段階のレベルがある。日本国内ではおおむね，7月と12月の年2回開催され，9月と2月にそれぞれの結果が発表される。

● 参考・引用文献

赤坂真人［2014］「日本の地方私立大学で学ぶ留学生」『吉備国際大学研究紀要』24(4).

愛媛県経済労働部国際交流課［2018］「国別学校別留学生数」.

新日本有限監査法人［2015］「外国人留学生の就職および定着状況に関する調査」平成26年度経済産業省委託調査.

末廣啓子［2013］「地方圏における外国人留学生の就職に関する実態と課題：栃木県における外国人留学生のキャリアデザインと企業のグローバル化をめぐって」『宇都宮大学教育学部紀要』63(1).

ディスコ［2017］「2018 年度調査結果 外国人留学生の就職活動状況」.

日本学生支援機構［2013］「平成 24 年度外国人留学生在籍状況調査結果」.

———［2017］「平成 29 年度外国人留学生在籍状況調査結果」.

松本一見［2013］「長崎県内の大学を卒業した元留学生に対するインタビュー調査：日本での就職活動と就労を中心に」『長崎外大論叢』17.

文部科学省他［2008］「「留学生 30 万人計画」骨子」.

あ と が き

　韓国の仁川国際空港からソウル市内へのアクセスは，空港鉄道が便利で楽しい。世界中から集まる人びとと韓国人，それぞれに異なる言葉やいでたちを見聞できる絶好の機会です。2018 年後期に当たる約半年，愛媛大学外国派遣研究員として研究に専念する機会を得て，ソウル市内に向かう空港鉄道では，中国の簡体字が躍るチンタオビールを大量に持ち込んだ中国系の家族と乗り合わせました。大家族の話題の中心は小さな女の子，ぬいぐるみを自分のものだといって「내꺼야！（ネッコヤ！）」とみごとな韓国語でしゃべったので，うれしくなって注意深く聞いたところ，その家族は中国語に韓国語を混ぜて会話していました。

　韓国統計庁によると，韓国における在留外国人は 2016 年に 200 万人を超え，2017 年には 218 万人となっており，うち 158 万人が外国人登録と住所申告を行った長期在留です（http://www.index.go.kr/potal/main/EachDtlPageDetail.do?idx_cd=2756 2018 年 11 月 11 日アクセス）。また，韓国法務省による登録外国人国籍別・地域別現況によると，登録者総数 122 万人のうち，韓国系中国人 33 万 5000 人，中国人 20 万 7000 人，ベトナム人 16 万 5000 人で過半数を占めています（http://www.moj.go.kr/doc_html/viewer/skin/doc.html?fn=7f0858ecdb23d010c5f1456db3e0fb3a&rs=/doc_html/viewer/result/201810/ 2018 年 11 月 11 日アクセス）。空港鉄道の家族もここに含まれているはずです。2017 年末時点，日本の在留外国人が 256 万人ですので，人口規模を考えると，韓国における人的交流のグローバリゼーションは圧倒的です。

　急速な勢いで結婚移住をはじめとする外国人住民が増える韓国は，2008 年に多文化家族支援法を施行しました。テレビでは，2013 年 10 月から EBS メディアで「다문화　고부열전（多文化　姑と嫁熱戦）」という番組が放映中です。外国から「嫁」に来た女性と姑のカルチャーギャップを詳細に見せ，さらに「嫁」の母国を 2 人で訪問させ，そこで生じるさらなるカルチャーギャップを見せたのち，終盤で「姑と嫁」の相互理解の芽生えを描くのですが，その「姑と嫁」の生活拠点である「家」が地方であったり，さらに離島であったりします。地域資源の多い都市部ではない，地方の多文化の実際を垣間見ることができて，大変興味深い番組です。筆者が大都市の街中にあるソウル市永登浦区健康家族・多文化家族支

援センターを訪ねた際は，結婚移民者である外国人女性を対象とした韓国語レッスンの最中でした。多言語対応の生活指南，人権擁護等の冊子はカラー印刷で豊富なイラストもかわいい，親しみやすい作りです。留学生も増加しています。2017年に韓国の外国人留学生数は12万4000人となり，さらに2018年では14万2000人と過去最多を更新しました（中央日報日本語版　2018年10月24日 https://japanese.joins.com/article/395/246395.html?servcode=100&sectcode=100　2018年11月11日アクセス）。K-POP等，韓国文化に惹かれて留学してくる各国の学生，そして，将来韓国で仕事をするために韓国語を学ぶ中国やベトナムの学生たちで大学，韓国語学院は大盛況です。

　2017年時点で，高齢化率約14％，合計特殊出生率1.05の少子高齢社会である韓国は，多文化共生社会としてのありようを最速のスピードで模索しているように見えます。韓国における地方在住の外国人がどのような生活課題に直面しているのか，そして行政機関が地域の外国人についてどのような支援を準備しているのか，日韓比較を視野に入れて，今後調べてみたいと思っています。

　この本の全体を一読し，「あとがき」を書いています。2016年度から2018年度にわたる，科学研究費補助金（基盤研究Ｃ）「人口減少時代の地方都市・中山間地域の多文化化と地域振興に関する社会学的研究」（研究課題／領域番号16K04130）による共同研究に関わった方々と一緒に一冊の本をつくることができました。遠方より松山や岡山までご足労下さった多忙な方々を思い出しながら読むと，一層感無量です。各地での共同調査でお世話になった方々，私が欠席した研究会で報告して下さった方々の中には，まだ一度もお会いできていない方もいらっしゃいますが，研究会での報告でご研究やご活動の一端を知り，そしてこの本に寄せてくださった原稿で，改めて勉強させていただくことができます。大学に在籍する研究者だけではなく，行政，国際交流協会，市民団体等，さまざまな立場で多文化共生の現場に関わりながら，一枚岩ではありえない現場をそれぞれに自分事として引き受け，どこかできちんと楽しむことのできるプロフェッショナルな方々とご一緒できた3年間の研究会でした。

　この研究会に先行して，2013年度当時，聖カタリナ大学に在籍しておられた徳田剛先生が申請し，採択された「カトリック学術奨励金」による共同研究「地域社会における外国人住民の包摂と共生」の成果として出版した『外国人住民の

「非集住地域」の地域特性と生活課題——結節点としてのカトリック教会・日本語教室・民族学校の視点から——』（徳田剛・二階堂裕子，魁生由美子編，創風社出版，2016 年）については，学会誌等で複数の書評をいただきました。貴重な論点整理やご批判だけでなく，継続的課題として大きな期待を寄せていただきました。ご期待に沿うことができたかどうか，私自身は無我夢中の自転車操業で判別できないのですが，本書に関しましても，忌憚のないご意見・ご感想をいただけましたら幸いです。

　研究会の企画・運営は社会学を専門とするメンバーが行い，実際の研究会，現地調査の場では，社会学を超えたさまざまな分野の実際の活動や知見を学び，議論することができました。新たな出会いに大いに鍛えられた成果をこの本に盛り込むことができていれば，何よりのよろこびです。最後になりましたが，私どもの調査に協力して下さった方々，そしていつも丁寧に伴走し，執筆を助けて下さった晃洋書房の阪口幸祐さんに，この場をお借りして心より感謝申し上げます。

　　2018 年 11 月 11 日
　　　ソウルにて，新たなスタートを期して

　　　　　　　　　　　　　　　　　編者を代表して　魁生 由美子

索　引

〈アルファベット〉

EPIC キャラバン支援隊　102-105,107,108
IFC（IIDA Filipino Community）　74
MIA　128
SNS　192

〈あ　行〉

愛南町　11,99,111,113,114,119-123
飯田市　10,68,69,73,75-78
異質性　50
移住女性　111,114,115,118,119,121,122
出雲市　5,10,12,15,53,57,64,140,147,148,
　150,151,183,184,193-196
いずも多文化こどもプロジェクト　12,183,
　184,186
いずも多文化にぎわい創出事業　186
移動領事館　73
居場所　191
異文化ストレス　133
異文化理解　174
今治市　99,103
移民　13
　——政策　7,8,15,35,38,169
医療　11,12,44,58,65,133
医療通訳　139,141-146,150,151
　——システム　144
　——派遣　143
　——ボランティア　142
医療・福祉　24,27,44,57,139
インクルージョン教育　180
インバウンド　45,48
ウェルビーイング　164
受け入れ　8,9,11,15,38
請負会社　59,65,186
うんなんグローバルセンター　30
雲南市　10,20,27-31,33
　——国際文化交流協会　29

うんなん多文化共生推進委員会　30
永住者　22
エスニック　10,60,61
　——グループ　153
　——・コミュニティ　12,68,71,74,76-78,
　121,123,140,146,164
　——集団　156
　——スクール　88
　——・チャーチ　61
　——・ビジネス　60
エスノシティ　13
エスペランサ　12,60,183,185,186
愛媛県国際交流協会　11,98,99,101,102,105,
　113
エントリー　204,207,211
オールドカマー　169,176

〈か　行〉

外国人医療　140
外国人看護師　44
外国人技能実習生　35,42
外国人技能実習制度　35
外国人コミュニティ会議　104,105
外国人材　5,6,8,10,15,36,38,64,104
外国人散在地域　120,146
外国人集住地域　120,151
外国人集住地区　94
外国人集住都市会議　16,40,70,141
外国人人口　2-4,6,10,11,13-16,28,53,57,
　64,65,100
外国人生活支援ネットワーク会議　104
外国人相談員　77
外国人誘致政策　41,49
外国籍県民大学　133,134
顔の見えない定住化　60
学習支援　83,85,119
家族戦略　67
過疎地域　45

カトリック　79,80
――教会　61,74,75
過年齢　191
加配教員　62,92,94
韓国　130,134,184
韓国・朝鮮　3,4,54,99,168
韓国語　150,152
漢字教室　111
監理団体　87
帰国者　10
基礎自治体　8
技能実習　22,135,154
技能実習生　1,4,5,23,35,36,39,42,43,
　　46-50,67,76,82,83,86,87,98,99,103,106,
　　107,112,114,123,129,131,133,135-137,
　　145,163,183
技能実習制度　38
キャリア形成　12,13,198,212
教育　12
――委員会　189
京丹後市　10,20-22,33
――国際交流協会　23
グローバライゼーション　176
グローバル化　69
結婚移住女性　153,154,156,158,163
結婚移民　83
国際結婚　1,73,94,98,133,135
国際結婚移住　132,134
――者　131,136
――女性　111
国際結婚女性　145,146
国際交流　6,7,9,23-26,29,31-33,40,52,56,
　　60,71,98,99,101,120
――協会　23,107,108,141
――事業　179
コーディネート　196
ゴミ問題　76
コミュニティ　181,182
――通訳　141,150
――・ユニオン　85

〈さ 行〉

災害時　11,125
在日コリアン　5,22,168,173,176,177
在留外国人　169
――統計　2,4,5,14
在留資格　4,6,8,15,72
――「興行」　73
差別　181,197
散住　6,7,11,20,32,52,98,101,102,105
四国朝鮮初中級学校　12,168
自然習得　114
自治会　195
自治体国際化協会（CLAIR）　110
島根県立中央病院　148
しまね国際センター　150
社会関係資本　68,80
社会統合　7,15
社会脳仮説　68
集住　4,53
――化　52
――地域　10,13-15,31,67
――都市　16
就職活動　198,202,203,205,207,208,211
就職先　204,206,207,211
出入国管理及び難民認定法（入管法）　38,72,
　　123
少子高齢化　49,123
食品加工　82
書字言語　114
――能力　118
人口減少　1,7,8,10,13-15,20,27,32,35,37,
　　48,49,52,53,65,139,150
人的資源の開拓　122
心理的問題　155
水産加工　82,85-87,90,93
ストレス　12,161-163,165,191
生活ストレス　155
生活農業論　69
生活の自立性　164
生産年齢人口　36

索　引 221

世界都市　207
世界ブラジル人　74
セーフティネット　120
潜在能力の活性化政策　41,50

〈た　行〉

代替不可能性　68,78
第二言語としての日本語　119
第二言語保障　120
台北市　199,207
台湾　199-201,211
タガログ語　77,90,92,93,150,193
多言語コールサービス　152
多言語センターFACIL　144
ダナン大学　46,47
タブレット型案内表示機　149
多文化化　10,14
　——対応　1,5,10,13-16,20,21,30-32,65
多文化共生　6-8,10,13,14,20,21,23,24,26,
　　28-33,36,40,49,52,53,56,60,67,68,70,76,
　　79,91,92,99,101,103,104,108,109,119,
　　122,123,130,133,174,183,184,193-196
　——施策　120
　——市民会議　77
　——推進プラン　14,22-25,33,40,56,60,
　　65,91,141,185
　——政策　40,41
多文化こども教室　188
多文化サポーター　189
多様性　197
地域格差　111
地域国際化協会　10,98,107-110,132,133,
　　135,137
地域社会　8
　——へのソフトランディング政策　41,50
地域振興　31,33,53
地方自治体　8,36
地方私立大学　208,209
地方創生　7,36
　——政策　37,45,48
地方大学　198,212

地方都市　5,9,10,52,137
地方部　1,4-15,20,32,52,64,125
中国　3,4,23,28,54,69,99,112,113,145,146,
　　169,184
中国帰国者　69,70,71
中国語　77,149,150,152,193
中国人　39,43
　——技能実習生　87
中山間地域　1,10,11,20,31,32,35,43,49,53
朝鮮学校　170
朝鮮語　171,173-175,179
津波　11
強い紐帯　121
定住者　4,5,72
出前漢字教室→漢字教室
テレビ電話通訳システム　148,150
(2020年) 東京オリンピック　47
同国人によるサポート　156,163
特定技能　38
特別永住者　4,5,22
都市圏　13
都鄙格差　120
豊岡市　145-147
　——国際交流協会　146

〈な　行〉

内定　204,206,207,211
南米日系人　15
虹の架け橋教室　90,94
日系人　1,38,39
日系南米人　10
日系ブラジル人　11,12,15,53,59,60,75
日本語学習　102,186
　——支援　11,109
　——支援活動　122
日本語教育　15,16,208-211
　——推進基本法案　123
　——の空白地域　111
日本語教室　11,23,25,26,53,59,60,71,76,
　　92,105-108,112,120,131,133,146,147,158
日本語指導　59,61,62,93,136,184

日本語習得　119
にほんご豊岡あいうえお　146
日本語能力　164,207-211
　——試験　207,208
　——不足　115,117
ニューカマー　12

〈は　行〉

派遣会社　90
パソナ　205,211
場の提供　117
ハローワーク　203,211
韓流ブーム　176
東日本大震災　11,125-127,130,132,133,135,
　137
ビサヤ語　92,93
非集住地域　15,70
非熟練労働市場　38,39
非正規滞在者　76
「非定住型」外国人　41
フィリピン　3,4,22,23,28,54,69,74,75,78,
　84-92,94,99,112,113,134,145,146,169,
　184
　——・コミュニティ　75
　——人　82,83,112
ブラジル　3,4,38,39,55,69,74,75,78,84-92,
　94,145,184
　——・コミュニティ　75
　——人　62,72,73,76,82,83,148,150,183
プロテスタント　80
　——教会　75
文化葛藤　164,165
平成の大合併　20,27,32,101
ヘイトクライム　171,181
ベトナム　3,4,22,23,28,55,99,112,135,146,
　169,183,184
ベトナム語　48,149
　——講座　47
ベトナム人　39,43-49,112
　——技能実習生　1,5,98
母語　12

　——教室　188
　——で震災を振り返る会　131,134
保護者　192
ホスト社会　6,15,16,20
ボランティア　112,190,194
ポルトガル語　63,76,77,88,90,92,149,150,
　152,188,193
　——母語教室　188

〈ま　行〉

マイナビ　203,211
まち・ひと・しごと創生法　37
松山市　12,99,100,102,172,198,207,212
見えない存在　119
見える存在　119
美作市　10,36,42-48
　——まち・ひと・しごと創生総合戦略　44
美作日越友好協会　47
宮城県国際化協会　11,126,136
民族学校　12
メディカルツーリズム　142
メンタルヘルス　11,12,153,155,156,163,
　165

〈や　行〉

焼津市　11,15,82-92,94
やさしい日本語　58,92,110,196
抑うつ　157
よそ者　45,48-50,68

〈ら　行〉

リクナビ　203,211
利他性　78
留学生　1,4,5,13,15,45,82,83,129,133,136,
　163
　——30万計画　198
レジリエンス　134,135

〈わ　行〉

われらの子ども　68,70,79

執筆者一覧（＊は編著者，執筆順）

＊徳 田　　剛（とくだ　つよし）**［序章，第 1・3 章］**

神戸大学大学院文化学研究科博士課程単位取得退学，博士（学術）。現在，大谷大学社会学部准教授。「被災外国人支援におけるカトリック教会の役割と意義」『地域社会学年報』（地域社会学会）第 27 集，2015年。『外国人住民の「非集住地域」の地域特性と生活課題——結節点としてのカトリック教会，日本語学校，民族学校の視点から——』（共編著），創風社出版，2016 年。「地域政策としての『多文化共生』と宗教セクターの役割」，高橋典史・白波瀬達也・星野壮編『現代日本の宗教と多文化共生』明石書店，2018年。『ジンメルの論点』（共著），ハーベスト社，2018 年。

＊二階堂 裕子（にかいどう　ゆうこ）**［第 2 章］**

大阪市立大学大学院文学研究科社会学専攻後期博士課程修了，博士（文学）。現在，ノートルダム清心女子大学文学部教授。『民族関係と地域福祉の都市社会学』（単著），世界思想社，2007 年。『外国人住民の「非集住地域」の地域特性と生活課題——結節点としてのカトリック教会・日本語教室・民族学校の視点から——』（共編著），創風社出版，2016 年。『在日外国人教育とコミュニティの力——アイデンティティをはぐくむ——』（共編著），大阪市立大学都市研究プラザ，2017 年。

武 田 里 子（たけだ　さとこ）**［第 4 章］**

日本大学大学院総合社会情報研究科博士課程単位取得退学，博士（総合社会文化）。現在，大阪経済法科大学アジア太平洋研究センター客員研究員。『ムラの国際結婚 再考——結婚移住女性と農村の社会変容——』めこん，2011 年。「震災後の『農村花嫁』」『現代思想』9 月号，2013 年。「東アジアの国際結婚移住——在台・在韓日本人結婚移住女性の比較研究から——」，渡戸一郎編集代表『変容する国際移住のリアリティ』（共編著），ハーベスト社，2017 年。

高 畑　　幸（たかはた　さち）**［第 5 章］**

大阪市立大学大学院文学研究科後期博士課程修了，博士（文学）。現在，静岡県立大学国際関係学部教授。「グローバル化と家族の変容」，宮島喬・佐藤成基・小ヶ谷千穂編『国際社会学』有斐閣，2015 年。「フィリピン系日本人—— 10 万人の不可視的マイノリティ——」，駒井洋監修・佐々木てる編『マルチ・エスニック・ジャパニーズ——○○系日本人の変革力——』明石書店，2016 年。「東海地方における移住労働者のエスニシティ構成の『逆転現象』——静岡県焼津市の水産加工労働者の事例——」『日本都市社会学会年報』36 号，2018 年。

大 森 典 子（おおもり　のりこ）**［第 6 章］**

愛媛大学教育学部卒業。現在，公益財団法人愛媛県国際交流協会 外国人生活相談室長。

髙 橋 志 野（たかはし　しの）**［第 7 章］**

Asian Studies, University of British Columbia M. A. 現在，愛媛大学国際連携推進機構国際教育支援センター准教授。「国際結婚移住女性の書字言語習得支援に関する一考察——ソーシャル・サポートという視点から——」（共著），『Journal Cajle』Vol. 17，2016 年。「留学生受入支援のためのセーフティネット作りと地域の国際化」『調査研究情報誌 Ehime Center for Policy Research』2015 No. 2 Volume 37，2016 年。

新矢 麻紀子（しんや まきこ）[第7章]

大阪大学大学院人間科学研究科博士後期課程単位取得退学。現在，大阪産業大学国際学部教授。『日本語教育でつくる社会——私たちの見取り図——』（共著），ココ出版，2010 年。「定住外国人に対する「学校型」地域日本語教育実践の批判的検討」『比較文化研究』103 号，2012 年。「移民への『第二言語としての日本語』の教育保障——アメリカの実践から学べること——」『月刊社会教育』2 月号，2018 年。

向井 留実子（むかい るみこ）[第7章]

広島大学大学院教育学研究科博士課程前期修了。現在，東京大学大学院人文社会系研究科教授。『Write Now! Kanji for Beginners』（共著），スリーエーネットワーク，2006 年。「国際結婚移住女性への文字学習支援（文化交流茶話会トーク）」『文化交流研究』東京大学文学部次世代人文学開発センター研究紀要，第28 号，2015 年。「国際結婚移住女性の書字言語習得支援に関する一考察——ソーシャル・サポートという視点から——」（共著），『Journal Cajle』Vol. 17，2016 年。

棚田 洋平（たなだ ようへい）[第7章]

大阪大学大学院人間科学研究科博士後期課程単位取得退学。現在，一般社団法人部落解放・人権研究所事務局長。『社会的困難を生きる若者と学習支援——リテラシーを育む基礎教育の保障に向けて——』（共著），明石書店，2016 年。『日本の外国人学校——トランスナショナリティをめぐる教育政策の課題——』（共著），明石書店，2014 年。『「往還する人々」の教育戦略——グローバル社会を生きる家族と公教育の課題——』（共著），明石書店，2013 年。

大村 昌枝（おおむら まさえ）[第8章]

宮城県第一女子高等学校卒業。現在，東北大学医学部・医学系研究科教務課専門職員。

田村 周一（たむら しゅういち）[第9章]

神戸大学大学院文化学研究科博士課程修了，博士（学術）。現在，聖カタリナ大学人間健康福祉学部准教授。「メディアとしての健康——パーソンズの医療社会学——」，大野道邦・油井清光・竹中克久編『身体の社会学』世界思想社，2005 年。「日本の地方的世界における医療——兵庫県但馬地方の医療史・医療再編・地域医療の実践から——」，藤井勝・高井康弘・小林和美編『東アジア「地方的世界」の社会学』晃洋書房，2013 年。

一條 玲香（いちじょう れいか）[第10章]

東北大学大学院教育学研究科総合教育科学専攻博士課程後期 3 年の課程修了（学位：教育学）。現在，尚絅学院大学総合人間科学系心理部門／心理・教育学群心理学類講師。「在住中国人女性の異文化適応における困難とサポート要因——日本人と結婚した中国人女性の PAC 分析を通して——」，日本心理臨床学会編『心理臨床学研究』33(1)，2015 年。『結婚移住女性のメンタルヘルス——異文化ストレスと適応過程の臨床心理学的研究——』（単著），明石書店，2018 年。「外国人相談における相談員のストレス尺度の作成」，日本ヒューマンケア心理学会編『ヒューマン・ケア研究』19(1)，2018 年。

＊魁生 由美子（かいしょう　ゆみこ）[**第 11 章，あとがき**]

　立命館大学大学院社会学研究科応用社会学専攻博士課程後期課程，博士（社会学）。現在，愛媛大学教育学部准教授。『外国人住民の「非集住地域」の地域特性と生活課題──結節点としてのカトリック教会・日本語教室・民族学校の視点から──』（共編著），創風社出版，2016 年。『関係性の社会病理』（共著），学文社，2016 年。「少子高齢社会における地域福祉の多機能化──在日コリアン高齢者のデイサービスから展開するコミュニティケア──」，愛媛大学地域創成研究センター編『地域創成研究年報』第 13 号，2018 年。

堀 西 雅 亮（ほりにし　まさあき）[**第 12 章**]

　横浜市立大学文理学部卒業。現在，NPO 法人エスペランサ理事，浄土真宗本願寺派真宗寺住職。

大黒屋 貴稔（おおぐろや　たかとし）[**第 13 章**]

　早稲田大学大学院文学研究科社会学専攻博士課程単位取得満期退学。現在，聖カタリナ大学人間健康福祉学部教授。シュッツ・ルックマン『生活世界の構造』（共訳），筑摩書房，2015 年。「戦後日本の社会学にみる学知の更新──『社会学評論』における「共生」言説の量的・質的変遷──」，岡本智周・丹治恭子編『共生の社会学──ナショナリズム，ケア，世代，社会意識──』太郎次郎社エディタス，2016 年。『知の社会学の可能性』（共編著），学文社，2019 年。

地方発　外国人住民との地域づくり
——多文化共生の現場から——

2019 年 2 月 20 日　初版第 1 刷発行	＊定価はカバーに
2019 年 5 月 25 日　初版第 2 刷発行	表示してあります

編著者の
了解により
検印省略

編著者　　　徳　田　　　剛
　　　　　　二　階　堂　裕　子Ⓒ
　　　　　　魁　生　由　美　子

発行者　　　植　田　　　実

印刷者　　　田　中　雅　博

発行所　株式会社　晃　洋　書　房

〒615-0026　京都市右京区西院北矢掛町 7 番地
電　話　075 (312) 0788番㈹
振 替 口 座　01040-6-32280

装丁　野田和浩　　　　　　　印刷・製本　創栄図書印刷㈱

ISBN978-4-7710-3149-4

JCOPY 〈(社)出版者著作権管理機構　委託出版物〉
本書の無断複写は著作権法上での例外を除き禁じられています.
複写される場合は，そのつど事前に，(社) 出版者著作権管理機構
(電話 03-5244-5088, FAX 03-5244-5089, e-mail: info@jcopy.or.jp)
の許諾を得てください.